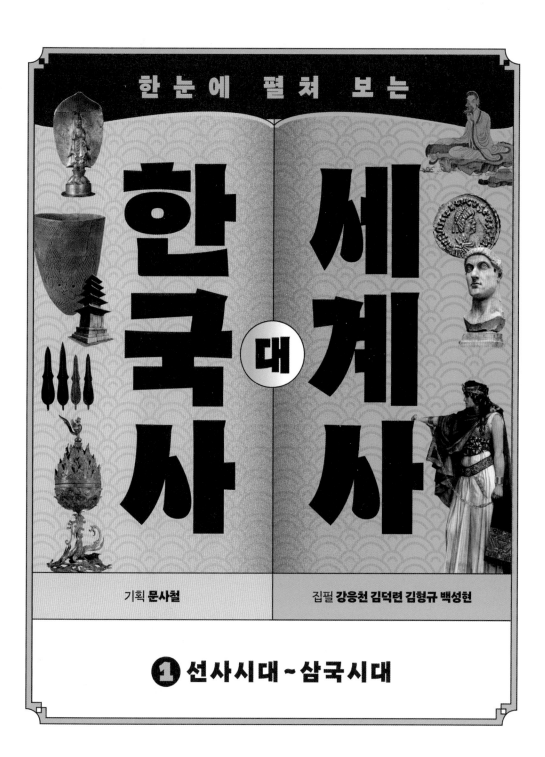

한눈에 펼쳐 보는

한국사 대 세계사

기획 **문사철**

집필 **강응천 김덕련 김형규 백성현**

❶ 선사시대 ~ 삼국시대

다섯
에듀

한눈에 펼쳐 보는

한국사 대 세계사 1

초　판 1쇄 발행 2013년 9월 30일
개정판 1쇄 발행 2024년 12월 2일

기획 문사철
집필 강웅천 백성현 김덕련 김형규
펴낸이 김선식

펴낸곳 (주)다산북스 출판등록 2005년 12월 23일 제313-2005-00277호
주소 경기도 파주시 회동길 490 다산북스 파주사옥 3층
전화 02-702-1724 팩스 02-703-2219 이메일 dasanbooks@dasanbooks.com
홈페이지 www.dasanbooks.com 블로그 blog.naver.com/dasan_books

부사장 김은영
콘텐츠사업본부장 임보윤
책임편집 장종철 **책임마케터** 양지환
콘텐츠사업8팀장 전두현 **콘텐츠사업8팀** 김상영, 김민경, 장종철, 임지원
마케팅본부장 권장규 **마케팅2팀** 이고은, 배한진, 양지환 **채널팀** 권오권, 지석배
미디어홍보본부장 정명찬 **브랜드관리팀** 오수미, 김은지, 이소영, 서가을
뉴미디어팀 김민정, 이지은, 홍수경, 변승주
지식교양팀 이수인, 염아라, 석찬미, 김혜원, 박장미, 박주현
편집관리팀 조세현, 김호주, 백설희 **저작권팀** 이슬, 윤제희
재무관리팀 하미선, 윤이경, 김재경, 임혜정, 이슬기, 김주영, 오지수
인사총무팀 강미숙, 김혜진, 황종원
제작관리팀 이소현, 김소영, 김진경, 최완규, 이지우, 박예찬
물류관리팀 김형기, 김선민, 주정훈, 김선진, 한유현, 전태연, 양문현, 이민운
아트디렉터 가륀드 김원용 **이미지 총괄** 정연경 **지도 일러스트레이션** 임늘선
표지 디자인 어나더페이퍼 **디자인** ns-pole **검토** 김진아 강준선 신영희 김경미
교열 교정 북스튜디오 토리

용지 신승아이엔씨 **인쇄** 민언프린텍
제본 제이오엘엔피 **코팅 및 후가공** 다온바인텍

ⓒ문사철, 2013

ISBN 979-11-306-6084-4 (04900)
ISBN 979-11-306-6083-7 (세트)

1 왼쪽 면에는 한국사, 오른쪽 면에는 세계사의 사건들을 나란히 배치해 같은 시간대에 한
  국과 세계에서 일어난 역사적 사건들을 한눈에 비교하며 볼 수 있게 했다.
2 시대 구분은 한국사의 흐름에 맞추었다.
3 서기 1년 이전의 시대는 교과서에서 쓰이는 '기원전' 대신 '서기의 앞 시기' 라는 뜻에
  서 '서기전'으로 표기했다.

연대 | 이 펼침의 한국사와 세계사 시작 연도를 표시한다.

사건 소개 | 제목과 내용으로 구성된다. 중요한 사건은 제목을 굵은 글씨로 표시하고, 덜 중요한 사건은 내용 없이 제목만 적었다.

한국사 | 한국사의 로고

권별 색상 | 1권은■, 2권은 ■, 3권은■, 4권은■, 5권은■으로 구분했다.

BC **5000**

KOREAN HISTORY

서기전 4000년경 **서울 암사동에 신석기 시대 마을이 생겨나다**

서울 한강변에 수십 채의 움집이 모여 있는 마을이 등장했다. 움집은 약 50센티미터 깊이로 땅을 판 뒤 그 둘레에 기둥을 세우고 이엉을 덮어 만든 반지하 집이었다. 이처럼 집을 반지하로 만든 것은 아직 벽체를 세울 줄 몰랐던 사람들이 겨울의 찬바람과 여름의 더위를 피하기 위해서였다.

한 채의 움집에는 4~5명이 들어가 살 수 있었으므로 신석기 시대 사람들은 부모와 자녀로 이루어진 핵가족 단위로 주거 생활을 했다는 것을 알 수 있다. 가까운 친척끼리 한곳에 모여 사는 혈연과 지역의 공동체를 이룬 사람들은 지도자를 중심으로 함께 일하고 함께 나누며 평등하게 살았다.

암사동 움집터와 움집

서기전 2333년 **고조선이 성립된 것으로 전하다**

주(註) | 본문 내용을 보완하거나 내용에 덧붙일 사항을 서술했다.

1 단군기원 | 조선 전기에 서 거정이 쓴 『동국통감』은 단군 왕검의 건국 연도를 서기전 2333년으로 추정했다. 근대 들어 『동국통감』에 따라 단군 기원을 정했다.

2 천부인(天符印) | 청동기 시대 지배자의 상징으로 청동 검, 청 동 거울, 옥을 가리킨다.

고려 후기에 승려 일연이 쓴 『삼국유사』에 따르면 서기전 2284년 단군왕검이 평양성에서 고조선을 건국했다. 단군왕검은 하느님인 환인의 서자 환웅의 아들이다. 환웅은 '홍익인간(널리 인간을 이롭게 함)의 큰 뜻을 품고 환인에게 천부인을 받아 태백산 정상 신단수 밑에 내려와 신시(神市)를 열었다. 그곳에서 환웅은 바람과 비와 구름을 다스리는 풍백·우사·운사를 거느리고 곡식, 수명, 질병, 형벌, 선악 따위 인간의 360여 가지 일을 주관했다.

이때 곰과 호랑이가 같은 굴에 살면서 환웅에게 인간이 되고 싶다고 기도하자 환웅은 쑥 한 타래와 마늘 스무 개를 주면서 "너희들이 이것을 먹고 백일 동안 햇빛을 보지 않으면 곧 사람의 형체를 얻을 수 있다"라고 했다. 곰은 시키는 대로 하니 21일 만에 여자가 되어 '웅녀'라 불리게 됐으나, 호랑이는 환웅의 말을 지키지 못해 뜻을 이루지 못했다. 환웅은 웅녀와 혼인해 단군왕검을 낳았다. 단군왕검은 평양성에 고조선을 건국한 뒤 백악산 아사달로 옮겨 1500년간 다스렸다.

학자들의 해석에 따르면 환웅의 무리는 하늘을 숭배하는 북방 유목민이고, 곰과 호랑이는 각각 곰과 호랑이를 토템으로 숭배하는 정착민이다. 환웅족이 이주해 와 호랑이족을 몰아내고 웅녀족과 결합해 고조선 사회를 이루게 됐으리라는 것이다.

단군왕검은 종교적 지도자인 '단군'과 정치적 지배자인 '왕검'을 합친 말로 정치와 종교가 통합된 청동기 시대의 지배자를 가리키는 호칭이다. 국가의 탄생은 대개 청동기 시대에 일어나기 때문에 만주나 한반도나 아직 신석기 시대였던 서기전 23세기에 고조선이 건국됐다고 보는 것은 무리라는 견해가 많다.

단군성전과 단군상
서울 종로구 사직공원 안에 자리 잡고 있다. 대종교가 아니라 서울시 소유로, 공공건물로 세워진 최초의 단군성전이다. 이곳에 모신 영정은 정부 표준 단군 영정이다.

20

4 한국사의 연대는 1895년까지는 음력, 태양력을 도입한 1896년 이후는 양력으로 표기했다. 세계사의 연대 표기는 중등 교과서에 따랐다.

5 한글 맞춤법과 외래어 표기는 중등 교과서와 국립국어원에 준하되 편집의 필요에 따라 부분적으로 변화를 줬다.

6 중국의 인명과 지명은 1~3권은 한자의 우리말 발음으로, 4~5권은 현지 발음으로 표기했다.

대륙 구분 | 해당 사건이 일어난 지역을 기준으로 색깔을 나눠 대륙을 표시했다.

세계사 | 세계사의 로고

연대 | 이 펼침의 한국사와 세계사 끝 연도를 표시한다. 1~3권은 일부 예외를 제외하고 한 펼침에 10년씩, 4~5권은 한 펼침에 1년씩 다뤘다.

지도
역사책에는 낯선 지역이 자주 등장한다. 그 정보를 지도로 보완해 역사의 입체적 이해를 도왔다.

노브고로드, 키예프, 노르만족 교역로

세계 지도 속의 해당 지역
일부 지역만 그리면 이곳이 세계의 어디쯤 있는지 알 수 없는 사례가 있다. 이런 맹점을 피하기 위해 해당 지역이 세계 지도에서 차지하는 위치를 별도로 보여줬다.

WORLD HISTORY　　　　　BC **2001**

서기전 3500년경 문명이 발생하다

인류가 문명 단계에 들어섰다. 문명의 첫 번째 특징은 마을이 도시로 발달한 것이다. 큰 강 유역에서 관개농업[2]이 발달하자 농업 생산량이 늘어나고 많은 인구가 살게 되면서 함께 일하고 함께 나눴지만, 이제는 남에게 노동을 강제하는 지배 계급과 남을 위해 노동하는 피지배 계급으로 나뉘었다.

도시의 한가운데에는 신전이 들어서고 주위에는 성벽이 빙 둘러 세워졌다. 법률과 행정 체계가 만들어지고, 이를 집행할 관료 조직이 생겨났다. 다른 도시나 마을을 침략해 약탈하고 지배하는 정복 전쟁이 일어나면서 도시를 방어할 군대도 조직됐다. 수레와 배 등 교통수단이 발달하면서 교역이 활발해졌으며, 법률 조항이나 교역 관계, 신전의 의식 등을 기록할 문자도 발명됐다.

지역에 따라서는 구리와 주석(또는 아연)을 합성한 청동기를 쓰기 시작했다. 최초의 금속 도구인 청동기는 검·거울·방울 등으로 만들어져 지배자의 위엄을 높이기도 했고, 창·도끼 등 무기로 만들어져 정복전쟁을 촉진하기도 했다. 인간이 자연의 위험에서 벗어난 것이 문명의 '빛'이라면, 계급 갈등과 전쟁 등 인간 스스로 위험을 초래한 것은 문명의 '그림자'였다.

1 문명(civilization) | 도시를 뜻하는 라틴어 civitas에서 유래했다.

2 관개농업 | 인위적으로 물을 끌어들여 하는 농업

세계의 4대 문명

세계의 4대 문명
서기전 3500년경 메소포타미아의 티그리스·유프라테스강 유역에서 처음 문명이 발생했고 이집트의 나일강 유역, 인도의 인더스강 유역, 중국의 황하 유역이 뒤를 이었다.

메소포타미아 문명
메소포타미아 남부에 정착한 수메르인은 도시 기원대 지구라트라는 신전을 세우고, 그림 문자[?] 개량한 쐐기 문자의 점성 신화, 홍수 전설 등을 기록했다. BC 3000년과 채굴력이 사용됐고 점성술·수학 등이 발달했다.

인더스 문명
대략적 유적인 모헨조다로와 하라파는 도시 계획에 의해 정비됐다. 벽돌로 반듯한 도로와 배수 시설, 벽돌 주택, 대형 창고 등을 갖추었고, 밀과 보리 등 곡식을 저장하고 동물을 기르고 메소포타미아와 무역을 했다.

이집트 문명
나일강이 범람할 때마다 비옥한 흙을 날라다 준 덕분에 농업이 크게 발달했다. 이집트인은 왕(파라오)은 태양신의 아들이며 살아 있는 신이라 믿었다. 이집트인들은 사후 세계와 영혼 불멸을 믿었고, 이집트에서는 파피루스에 쓴 신성 문자가 있었고, 피라미드에 쓴 민중 문자도 있었고, 태양력도 사용했다.

황하 문명
서기전 2500년 청동기가 시작됐다. 황하와 다른 문화 유적으로 서기전 2070년 중국 최초의 국가인 하나라가 건국됐다.

쐐기 문자
말랑말랑한 진흙 판에 갈대로 쐐기 모양의 표식을 찍은 뒤 아교 뭉쳐서 보존한 것이다.

사진과 사진 캡션

도표와 그래프
수치와 복잡한 관계망을 가진 정보는 알기 쉽게 시각적으로 재구성했다.

주요 국가의 여성 참정권 도입 시기	
뉴질랜드	1893년
오스트레일리아	1902년
핀란드	1906년
노르웨이	1913년
러시아	1917년

한국사와 세계사를 함께 알아야 한다는 목소리가 높습니다. 한국사와 세계사를 함께 서술한 역사책도 나오고, 학교에서 배우는 역사 교과서도 한국사와 세계사를 함께 다루고 있습니다. 그동안 역사 교육과 역사 서술이 한국사에 치우치면서 한국인의 눈과 귀를 가로막고 세계화 시대에 걸맞은 한국인을 길러내는 것을 저해했다는 반성 때문이지요.

『한국사 대 세계사』는 한국사와 세계사를 같은 시간의 흐름 속에서 비교하며 살펴볼 수 있도록 만든 책입니다. 한국사와 세계사를 함께 다룬 역사 연표는 이전에도 있었습니다. 그러나 연대와 사건의 제목만 나열되어 있는 연표는 자료로 쓸 수는 있을망정 한국과 세계가 함께 호흡하며 나아간 역사의 흐름을 이해하며 읽기는 어렵습니다. 그래서 이 책은 역사적 사건들을 항목만 표시하는 데서 벗어나 최소한의 역사적 흐름을 살펴볼 수 있도록 사건의 내용과 역사적 맥락을 서술했습니다.

『한국사 대 세계사』는 한국사와 세계사를 1 대 1로 비교하며 서술했기 때문에 같은 시기에 한국과 세계에서 일어난 일들을 쉽게 대비하며 살펴볼 수 있습니다. 책을 펼치면 왼쪽 면에는 일정한 시대에 한국에서 일어난 사건들이 서술되고, 오른쪽 면에는 같은 시대에 세계에서 일어난 사건들이 서술됩니다. 조선 시대까지는 대개 10년 단위로 한국과 세계의 역사가 비교 서술되고, 1876년 개항 이후에는 1년 단위로 한국과 세계의 역사가 함께 펼쳐집니다.

이처럼 똑같은 시간대에 한국과 세계에서 일어난 일들을 비교하며 살피다 보면 놀랍고 흥미로운 사실을 발견할 수 있을 것입니다. 한국사와 세계사에서 따로따로 알고 있던 일들이 같은 시대에 일어난 일이거나 서로 관련되어 있는 일이라는 사실을 새삼스럽게 발견할 것이라는 말입니다.

예를 들어 한국에서 신석기 시대가 시작되었을 때 세계 곳곳에서도 농경과 목축을 특징으로 하는 신석기 시대가 일어났다는 사실을 쉽게 알 수 있습니다. 그리고 지금처럼 교통과 통신이 활발

하지 않던 시대에 멀리 떨어진 곳에서 비슷한 일이 일어나는 것을 보고 흥미를 느끼기도 할 것입니다. 신라가 백제와 고구려를 멸망시킨 뒤 당나라마저 몰아내고 삼국을 통일한 것도 당나라가 마침 토번(지금의 티베트)과 싸우느라 정신이 없었던 덕분이라는 사실을 알게 되면 역사를 더 쉽게 이해할 수 있을 것입니다. 또 서로 관계되어 있는 일들이 엄청나게 긴 시간을 두고 떨어져 있는 것을 발견하는 일도 있을 것입니다. 한국에서는 오랜 옛날부터 사용하던 종이가 유럽에서는 중세 이후에야 쓰이게 된 사실을 알면 묘한 쾌감을 느끼기도 할 겁니다. 물론 그 반대의 사례도 많지만 말입니다. 한국이 세계와 더욱 밀접한 관계를 가지고 움직이던 근현대사에서는 이러한 비교가 더욱 유용하게 다가오겠지요.

세계사는 한국사보다 내용이 엄청나게 많고 복잡한데 한국사와 세계사를 1 대 1로 비교하는 것은 적절하지 않다고 생각할 수도 있습니다. 하지만 지구가 우주의 미세한 일부라고 해서 우리가 지구에 대한 공부보다 바깥의 우주에 대한 공부를 더 많이 할 수는 없습니다. 아무리 작아도 지구는 소중한 우리의 터전이니까요. 마찬가지로 세계사가 한국사의 커다란 배경이라고 해도 한국사와 세계사를 객관적인 비율대로 공부할 수는 없습니다. 우리는 세계라는 무대를 한국인으로서 살아왔고 앞으로도 그러할 테니까요. 『한국사 대 세계사』는 2013년에 나온 『세계사와 함께 보는 타임라인 한국사』를 더 많은 독자와 만날 수 있도록 체재를 가다듬은 개정판입니다.

자, 이제 한국사와 세계사라는 두 마리 토끼를 잡으러 떠날 준비가 되었나요? 이 책과 함께라면 적어도 두 마리를 다 잡는 길은 활짝 열릴 겁니다. 그리고 더욱 드넓은 역사의 바다를 항해하고 픈 유혹을 느껴 보세요.

2024년 가을 『한국사 대 세계사』를 만든 사람들

서기전

BC 4000000 ~ BC 1

그리스 크노소스 궁전에서 발견된 〈푸른 옷을 입은 여인〉

한반도와 세계에서
인류가 문명의 길로 나아가다
——ㅣ——

서기전의 한국과 세계

한반도와 세계에서 인류가 문명의 길로 나아가다

서기전 400만 년경 지구에 돌연변이가 출현했다. 모든 육상동물이 기어 다니거나 네 다리로 걷는 데 비해 이 동물은 오직 두 다리로만 서서 걸었다.

인간이었다. 인간은 돌연변이답게 이 세상에 나타나자마자 빠른 속도로 세상을 바꿔 나갔다. 다른 모든 동물이 자연에 적응해 살아가는 반면 인간은 자기 방식대로 자연을 변화시켜 원하는 것을 얻는 독특한 동물이었다.

자연을 소재로 도구를 만들어 쓰고, 자연이 준 털을 벗어 던지고 옷을 만들어 입으며, 직접 기른 재료로 음식을 만들어 먹고, 스스로의 힘으로 집을 지어 살았다. 인간은 이 모든 과정을 혼자가 아니라 여럿이서, 즉 사회적으로 이루어 나갔다.

인류 사회가 진화하면서 자연과 대립되는 문명 세계가 지구 위에 우뚝 섰다. 문명은 인류가 탄생하고 수백만 년이 흐른 뒤에야 성립됐지만, 일단 출현하자 그때까지의 인류 사회와는 비교할 수 없는 속도로 질주하며 인간과 세계를 바꾸기 시작했다. 변화와 속도는 돌연변이 인류의 숙명이었을까?

1 대빙하 시대 | 영국의 지질
학자 비키가 제창한 최후의 빙
하기

2 지질 시대 | 최초의 암석이
생겨난 38억 년 전부터 역사
시대 이전까지의 시대. 지층
속에 있는 동물의 화석을 기초
로 시대 구분을 하며, 절대 연
도는 방사성 동위 원소로 측정
한다.

서기전 200만 년경 **대빙하 시대가 시작되다**

북극의 빙하가 지금보다 더 남쪽까지 내려오면서 한반도에도 추위로 얼어붙은 빙하 시대가 시작되었다. 대빙하 시대는[1] 약 200만 년간 계속되었는데, 그 사이에 4~6차례의 추운 빙기(氷期)와 따뜻한 간빙기가 번갈아 찾아왔다. 냉탕과 온탕을 오간 시대였다. 마지막 빙기는 서기전 5만 년경에 시작되어 서기전 1만 년경에 끝났다.

지구의 지질 시대는[2] 시생대·원생대·고생대·중생대·신생대로 나뉜다. 서기전 6600만 년경에 시작되는 신생대 기간에 인간이 속한 영장류가 출현한다(표 참조). 신생대의 제4기는 홍적세와 충적세로 나뉘는데, 홍적세가 바로 대빙하 시대다. 대빙하 시대가 끝나고 따뜻한 충적세가 찾아오면서 인류는 농경을 시작하고 문명을 일군다.

아프리카에서 인류가 등장한 것은 홍적세 이전인 플라이오세(서기전 530만 년경~160만 년경) 때였지만, 한반도에는 홍적세에 들어서도 아직 인류가 살지 않았다. 대신 빙기에는 매머드, 간빙기에는 쌍코뿔소 등 지금은 멸종한 동물이 살았다.

빙기에는 바다의 표면이 낮아져 한반도·중국·일본 열도가 육지로 연결됐으며, 간빙기에는 바다의 표면이 높아져 세 지역으로 나뉘었다. 한반도 곳곳에 강변이나 해안을 따라 계단식 지형인 단구가 만들어진 것도 이때의 일이다. 또한 백두산-울릉도-독도-제주도 등을 연결하는 선을 따라 화산 활동이 활발하게 일어났다.

지질시대의 구분

시대			연대(서기전)	생물	한반도
시생대			38억 년~25억 년	단세포생물	
원생대			25억 년~5억 4000만 년	연질 무척추동물	
고생대			5억 4000만 년~2억 4500만 년	삼엽충 출현, 파충류	
중생대			2억 4500만 년~6600만 년	공룡 출현	
신생대	고제3기	팔레오세	6600만 년~5800만 년	영장류 출현	
		에오세	5800만 년~3600만 년	말, 무소, 낙타의 선조 출현	함경 북부와 함경도의 탄광층
		올리고세	3600만 년~2300만 년	코끼리의 출현	
	신제3기	마이오세	2300만 년~530만 년	초식성 포유류의 번성	포항분지 등 동해안 지형 형성
		플라이오세	530만 년~200만 년	인류의 조상 출현	제주도 서귀포 지형
	제4기	홍적세	200만 년~1만 년	현생 인류의 출현	하안단구
		충적세	1만 년~현대		김해평야

참조 두산백과

인류의 진화

연대	400만 년 전	200만 년 전	180만 년 전	20만 년 전	4만 년 전
이름	오스트랄로피테쿠스	호모 하빌리스	호모 에렉투스	호모 사피엔스	호모 사피엔스 사피엔스
뇌 용량	500cc	800cc	775~1200cc	1350cc	1500~1600cc

오스트랄로피테쿠스는 오늘날의 인류보다 키가 훨씬 작고 척추가 구부정했으며 두개골의 용량도 적었다. 호모 사피엔스 사피엔스는 오늘날의 인류를 가리킨다. 네안데르탈인을 호모 사피엔스의 일종으로 보는 설도 있고, 양자를 분리해 호모 사피엔스를 현생 인류로 보는 설도 있다. 여기서는 전자를 채택했다.

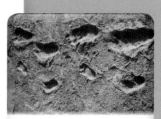

탄자니아 라에톨리 유적의 발자국
세 명의 오스트랄로피테쿠스가 라에톨리 평원을 지나가며 남긴 발자국이다. 남자 어른과 여자 어른, 아이가 지나갔는데, 여자 어른은 아이를 안고 있어서 더 깊은 자국을 남겼다.

아프리카

서기전 400만 년경 **최초의 인류 오스트랄로피테쿠스가 등장하다**

아프리카에서 생김새는 유인원과 비슷하지만 두 발로 우뚝 선 동물이 나타났다. 이 동물의 화석에 학자들은 '오스트랄로피테쿠스'라는 이름을 붙였다. 오스트랄로피테쿠스는 '남쪽의 유인원'이란 뜻이지만, 두 발로 서서 걸었기 때문에 생물 분류에서 사람과(科)에 속한다.

직립 보행, 즉 두 발로 곧게 서서 걷는 자세는 진화에서 매우 중요하다. 두 발로 걷는 자세는 네 발로 걷는 것보다 먼 거리를 지구력 있게 돌아다니기에 적절했다. 이때 자유로워진 손으로 도구를 만들면서 인류의 두뇌는 더욱 정교해졌다.

호모 하빌리스
경기도 연천 전곡선사박물관에 설치된 디오라마

아프리카

서기전 200만 년경 **호모 하빌리스가 등장하다**

동아프리카 탄자니아의 올두바이계곡에서 두 손으로 자갈돌을 깨 도구를 만들어 사용한 인류가 나타났다. 이들은 '손을 자유롭게 쓰는 사람'이라는 뜻의 '호모 하빌리스'로 불린다. 돌을 망치로 사용해 다른 돌을 깨뜨려 도구를 만들었는데, 이 기법을 가리켜 '올두바이 공작'이라고 한다.

올두바이 공작의 석기

아프리카

서기전 180만 년경 **호모 에렉투스가 등장하다**

'곧게 설 수 있는 사람'이란 뜻의 '호모 에렉투스'가 나타났다. 호모 에렉투스는 반듯이 서서 걸을 수 있었고, 불을 사용할 줄 알았으며, 서기전 100만 년경부터 아프리카 북부와 아시아, 유럽 등지로 퍼져 나갔다.

구석기 시대
인류가 동물과 구별되는 특징 중 하나는 도구를 만들어 사용할 줄 안다는 점이다. 그래서 인류 문화의 발전 단계를 인류가 만들어 사용한 도구의 종류에 따라 석기 시대, 청동기 시대, 철기 시대로 나눈다.
석기 시대는 구석기 시대와 신석기 시대로 나뉘며, 구석기 시대는 유인원과 구별되는 인류가 등장한 때부터 약 1만 년 전까지의 긴 시간을 가리킨다. 이 시기의 인류는 자연 상태의 돌을 때려 그 일부를 떼어 내 만든 뗀석기를 사용했다. 뗀석기는 때려서 만든 석기라는 뜻에서 '타제(打製)석기'라고도 한다. 재료가 되는 돌의 한 점에 힘을 집중해 때리면 돌조각이 떨어져 나오는데, 이 돌조각(격지, 박편)이나 돌조각이 떨어져 나온 몸돌(원석, 석핵)이 바로 뗀석기이다.
돌을 떼어 내는 방법은 시간이 흐를수록 발달해 후기 구석기 시대로 갈수록 더욱 작고 정교한 석기가 만들어졌다. 처음 석기를 만들었을 때는 큰 석기 한 개를 가지고 여러 가지 용도로 사용했으나, 점점 격지를 잔손질해 크기를 줄였으며 한 개의 석기가 하나의 쓰임새를 갖게 됐다. 후기에는 가늘고 긴 모양의 격지인 돌날을 같은 형태로 여러 개 만들어 썼다.

서기전 70만 년경 한반도에서 전기 구석기 시대가 열리다

인류가 드디어 아시아 대륙 동쪽 끝 한반도에도 발을 디뎠다. 호모 에렉투스로 알려진 한반도 최초의 인류가 평안남도 상원의 검은모루 동굴, 충청북도 단양의 금굴 등에 도착한 시기는 서기전 70만 년까지 거슬러 올라간다고 한다.

한반도 최초의 인류는 찍개, 주먹도끼 등의 석기를 만들어 채집과 사냥을 하며 살았다. 찍개는 자갈돌을 거칠게 떼어 내 한쪽 면이나 양쪽 면에 날을 세운 것으로, 이런 석기 제작 기법을 '올두바이 공작'이라 한다(서기전 200만 년경 참조). 찍개보다 진화된 주먹도끼는 손에 쥐기 좋도록 돌의 양쪽 면을 잘 다듬은 것으로, 서기전 100만 년경 시작된 이 기법을 '아슐리안 공작'이라 한다.

찍개와 주먹도끼처럼 몸돌을 직접 가공해 큼직한 도구를 만들던 시대가 '전기 구석기 시대'이다. 찍개가 찍는 용도로만 사용된 반면, 주먹도끼는 찍고 자르고 베는 데 고루 사용될 수 있었다. 주먹도끼는 전기 구석기 시대의 기술 수준을 획기적으로 발전시킨 만능 도구로, '구석기 시대의 맥가이버 칼'이라 불린다.

한반도에서 주먹도끼를 사용하는 사람들이 살던 대표적인 전기 구석기 시대 주거지는 경기도 연천 전곡리의 한탄강변에 자리 잡고 있었다. 이 밖에도 한반도에는 90군데가 넘는 전기 구석기 유적지가 있으며, 사람들은 먹을 것을 찾아 무리를 지어 이곳들을 떠돌아다녔다. 그들은 동굴에서 살거나 바위 그늘과 강가에 막집을 지어 놓고 생활했으며, 지도자가 있었으나 평등한 사회를 이뤘다.

서기전 10만 년경 한반도에서 중기 구석기 시대가 열리다

함경북도 웅기 굴포리, 평안남도 덕천 승리산, 제주도 빌레못 동굴 등에서 새로운 구석기가 사용되기 시작했다. 몸돌을 가공해 쓰던 이전 방식에서 벗어나 준비된 몸돌에서 한 겹 한 겹 돌조각(격지)을 떼어 내 그 돌조각들을 다듬어 쓰게 된 것이다. 이에 따라 긁개, 자르개 등 용도에 따라 사용되는 작은 석기들이 만들어졌다. '르발루아 공작'으로 알려진 이 기법을 사용하던 시대를 '중기 구석기 시대'라 한다.

서기전 4만 년경 한반도에서 후기 구석기 시대가 열리다

한반도에 호모 사피엔스 사피엔스가 나타나 평양 만달리, 충청남도 공주 석장리 등에서 눌러떼기 기법을 선보였다. '후기 구석기 시대'로 불리는 이 시대에는 돌이나 동물의 뼈와 뿔을 이용하여 조각품을 만들기도 하고 숭배하는 여신의 모습을 만들기도 했다. 간절히 바라거나 믿는 대상을 묘사하는 수준에 도달한 것이다.

---

1 아슐리안 공작 | 주먹도끼가 처음으로 많이 나온 프랑스 생 아슐 지방의 이름을 땄다. 주먹도끼는 몸돌의 양면을 정교하게 다듬은 석기라서 '양면 핵석기'로도 불린다.

2 맥가이버 칼 | 미국 텔레비전 드라마에 등장하는 첩보원 맥가이버에서 따온 이름으로, 스위스 빅토리녹스 사가 만든 만능 칼을 가리킨다.

전곡리의 주먹도끼
1978년 주한미군 병사 그렉 보웬이 경기도 전곡리에서 우연히 발견했다. 이전에는 전기 구석기 시대 내내 동아시아에서는 찍개를 사용하고, 주먹도끼는 인도 서쪽에서만 발전했다는 모비우스의 학설이 정설로 인정받았다. 전곡리에서 주먹도끼가 발견되자 이 학설은 수정됐다.

3 르발루아 공작 | 프랑스 파리 교외의 르발루아 페레 유적에서 이런 기법으로 만든 몸돌과 격지가 발견돼 붙인 이름이다.

4 눌러떼기 | 돌에 타격을 가하지 않고 다른 물체를 댄 뒤 눌러서 격지를 얻는 기법. 원하는 모양의 격지를 떼어 내 격지긁개, 새기개, 밀개 등을 만들었다.

세계

서기전 100만 년경 **호모 에렉투스가 세계로 퍼져 나가다**

세계 곳곳에 새로운 인류인 '호모 에렉투스'가 나타났다. 중국의 베이징 원인(原人), 인도네시아의 자바 원인, 독일의 하이델베르크 원인이 아프리카 밖에서 발견된 호모 에렉투스이다. 이들은 '전기 구석기 시대'의 주역으로 찍개와 주먹도끼를 만들어 쓰고, 불을 사용해 음식을 익혀 먹고, 맹수로부터 몸을 보호했다. 또 언어를 사용해 의사소통을 하고, 협동해서 큰 짐승을 사냥하곤 했다.

호모 에렉투스
경기도 연천 전곡선사박물관에 설치된 디오라마

세계

서기전 20만 년경 **호모 사피엔스가 등장하다**

인류의 조상 가운데 현생 인류와 가장 가까운 '호모 사피엔스'가 나타났다. 호모 사피엔스는 정교한 주먹도끼와 다양한 격지 석기를 만들어 사용하고, 시체를 매장하기 시작했다.

호모 사피엔스는 아프리카에서 나타나[1] 세계 각지로 퍼져 나갔다는 학설도 있고, 이미 세계 각지에서 살고 있던 호모 에렉투스가 진화한 것이라는 학설도 있다. 호모 사피엔스의 화석은 독일의 네안데르탈에서 처음 발견되었다.[2]

네안데르탈인

세계

서기전 4만 년경 **호모 사피엔스 사피엔스가 나타나다**

'호모 사피엔스 사피엔스'라 불리는 현생 인류[3]가 출현했다. 전 세계로 퍼져 나간 호모 사피엔스 사피엔스는 각지의 기후와 풍토에 적응해 흑인종, 백인종, 황인종 등 오늘날의 인류로 성장했다. 서기전 2만 5000년경에 이르면 지구 상에는 호모 에렉투스와 호모 사피엔스가 사라지고 현생 인류가 유일한 인류로 살아가게 된다.

현생 인류는 도구를 만드는 기술을 크게 발전시켰다. 눌러떼기 기법을 사용해 예리한 석기를 만들었고, 짐승의 뼈를 소재로 한 골각기로 작살, 낚시 등을 만들어 고기잡이도 했다. 이들은 깊숙한 동굴의 벽에 들소, 말, 순록, 멧돼지 등을 그려 사냥감이 많이 잡히기를 바랐다. 또 풍만한 여인의 나체상을 조각했는데 이것은 다산을 바라는 주술 행위로 짐작된다.

1 아프리카 발생설 | 1987년 과학자들은 5대륙을 대표하는 여성 2000여 명의 태반에서 얻은 미토콘드리아 DNA를 조사한 결과 이들이 모두 20만 년 전 아프리카에 살던 한 여인의 후손이라는 사실을 발견했다. 이 여인은 인류의 조상이라는 의미에서 '미토콘드리아 이브'로 불린다.

2 네안데르탈인 | 호모 사피엔스의 화석이 네안데르탈에서 발견되면서 호모 사피엔스를 네안데르탈인이라고도 불렀다. 그러나 네안데르탈인이 호모 사피엔스와는 다른 특성을 가졌다는 주장도 있다.

3 현생 인류 | 현생 인류와 호모 사피엔스의 관계는 아직 밝혀지지 않았다.

선사 시대

인류의 역사를 문자로 기록하기 시작한 시기인 청동기 시대 이후를 역사 시대, 역사 시대 이전 시기를 선사(先史) 시대라고 한다. 지역에 따라서는 청동기 시대를 거치지 않고 바로 철기 시대로 넘어가기도 했다. 선사 시대는 다시 뗀석기를 사용한 구석기 시대와 간석기를 사용한 신석기 시대로 나뉜다.

쇼베 동굴벽화
프랑스 쇼베동굴에서 발견된 선사 시대 벽화

서기전 8000년경 **신석기 시대가 시작되다**

홍적세의 마지막 빙하기가 끝나고 북쪽의 빙하가 녹아내리는 충적세가 왔다. 날씨가 따뜻해지고 녹은 빙하가 흘러내려 물이 풍부해지자 한반도 주민들의 삶에도 큰 변화가 일어났다. 떠돌이 생활을 하던 사람들이 부산 동삼동 같은 바닷가나 평양 남경 같은 강가에 모여 살게 됐다. 강과 바다에는 계절마다 다양한 물고기와 해산물이 넘쳐나 굳이 돌아다니지 않아도 먹을거리를 해결할 수 있게 됐기 때문이다.

정착 생활이 시작된 것과 더불어 도구를 만드는 기술에도 혁신이 일어났다. 돌을 떼어 내 도구를 만들던 방식에서 벗어나 숫돌에 갈아 낚싯바늘, 그물추, 화살촉, 칼 따위 정교한 도구를 만들 수 있게 된 것이다. 이처럼 숫돌에 갈아 만드는 석기를 '간석기'라고 해 이전의 '뗀석기'와 구분한다. 간석기를 사용하는 시대를 이전의 구석기 시대와 구별해 신석기 시대라고 부른다.

간석기를 만든 사람들은 먹을거리를 얻는 방법에서 혁명을 일으켰다. 정교하게 만든 쟁기로 땅을 파 식물의 씨앗을 뿌리고, 다 익으면 칼과 낫으로 거둬들이는 농사짓기를 시작한 것이다. 또 개, 돼지, 소 따위의 동물을 잡아다가 가축으로 길러 일도 시키고 잡아먹기도 하는 목축도 시작했다. 농사짓기와 목축은 한 장소에서 먹을거리를 길러 내는 방식이기 때문에 더는 사냥거리와 채집거리를 찾아서 떠돌아다니지 않아도 됐다.

정착 생활을 하면서 먹을거리나 생필품을 담아 둘 도구가 필요해지자 흙으로 그릇(토기)을 만든 것도 신석기 시대의 혁명에서 빼놓을 수 없다. 흙으로 그릇 모양을 빚어 말리거나 불에 구워 만든 토기는 저장 도구뿐 아니라 음식을 익혀 먹는 조리 도구, 음식을 담아 먹는 식기 등으로도 쓰였다.

신석기 시대의 또 한 가지 특징은 전문가가 등장했다는 것이다. 화살촉, 그물추 따위의 정교한 간석기는 전문 기술자가 별도의 공방에서 만들었다. 물레를 돌려 실을 잣고 옷을 만드는 재단사, 가리비와 점토로 사람의 얼굴을 표현하는 예술가 등이 생활의 수준을 높이고 삶의 모습을 다양하게 만들었다.

빗살무늬토기
한국의 신석기 시대를 대표하는 토기. 나무나 뼈로 만든 새기개로 빗살 모양의 무늬를 새겨 넣었다. 신석기 시대의 북유럽과 시베리아에서도 비슷한 유형의 토기가 쓰였다.

세계

서기전 8000년경 **세계 곳곳에서 농경이 시작되다**

마지막 빙하기가 끝나면서 세계 곳곳에서 농경이 시작됐다. 북아프리카 이집트의 나일강 일대에 살던 사람들은 강이 주기적으로 범람하면서 만들어 놓은 비옥한 들판에서 농사를 지었다. 페르시아만 연안 티그리스강과 유프라테스강 사이의 메소포타미아에 살던 사람들도 농경을 시작했다. 중국의 황하도 때때로 흘러넘치면서 황토 대지를 만들어 놓았기 때문에 사람들은 그 벌판에 파란 밀을 심어 가꾸기 시작했다.

농경과 더불어 야생 동물을 길들여 가축으로 기르는 목축도 시작됐다. 가장 먼저 길들여진 동물은 개였다. 자연 상태에서 떠돌다가 인간이 정착해 살고 있는 주거지에 먹을 것을 찾아 들어온 개는 점차 인간과 친해져 집안일과 사냥을 도왔다. 개에 이어 돼지와 소, 말이 가축 대열에 합류해 인간에게 노동력과 식량을 제공하게 됐다.

인류의 신석기 시대는 이처럼 세계 각지에서 거의 비슷한 시기에 시작됐다. 이때 농사를 지을 수 없는 조건에 있던 초원 지대의 인류는 이전과 같은 사냥과 채집 생활을 계속했다. 그들은 발달한 사냥 도구로 잡은 양과 돼지 따위를 기르기는 했지만, 한곳에 머무르지 않고 끊임없이 이동해야 했다. 이처럼 신석기 시대 들어서도 정착하지 않고 이동 생활을 계속한 사람들을 '유목민'이라고 한다. 이후 산업혁명이 일어날 때까지 농경민과 유목민은 때로 협력하고 때로 갈등하면서 역사를 빚어 나가게 된다.

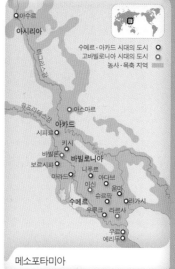

메소포타미아

아시아

서기전 8000년경 **서아시아 예리코에 최초의 도시가 건설되다**

서아시아 요르단강 서안에 있는 예리코에 세계 최초의 도시 중 하나가 건설됐다. 이곳에는 서기전 9000년경 사람이 살기 시작한 것으로 알려졌으며, 그 후 1000년 동안에 걸쳐 거대한 돌로 성벽을 쌓아 마을을 두르는 형태의 도시가 되었다. 2000 ~3000명에 이르는 주민은 밀과 보리를 재배하며 정착 생활에 필요한 건물과 도로 등을 건설했다.

예리코 유적

아메리카

서기전 5000년경 **멕시코에서 최초로 옥수수[1]를 재배하다**

1 옥수수 | 1492년 아메리카에 상륙한 콜럼버스가 옥수수 씨앗을 에스파냐로 가지고 가면서 유럽에 전파됐다. 16세기 초에는 인도와 중국에 퍼졌으며, 한국에도 16세기에 중국을 통해 들어왔다.

서기전 4000년경 **서울 암사동에 신석기 시대 마을이 생겨나다**

암사동 움집터와 움집

서울 한강변에 수십 채의 움집이 모여 있는 마을이 등장했다. 움집은 약 50센티미터 깊이로 땅을 판 뒤 그 둘레에 기둥을 세우고 이엉을 덮어 만든 반지하 집이었다. 이처럼 집을 반지하로 만든 것은 아직 벽체를 세울 줄 몰랐던 사람들이 겨울의 찬바람과 여름의 더위를 피하기 위해서였다.

한 채의 움집에는 4~5명이 들어가 살 수 있었으므로 신석기 시대 사람들은 부모와 자녀로 이루어진 핵가족 단위로 주거 생활을 했다는 것을 알 수 있다. 가까운 친척끼리 한곳에 모여 사는 혈연과 지역의 공동체를 이룬 사람들은 지도자를 중심으로 함께 일하고 함께 나누며 평등하게 살았다.

서기전 2333년 **고조선이 성립된 것으로 전하다**

1 단군기원 | 조선 전기에 서거정이 쓴 『동국통감』은 단군왕검의 건국 연도를 서기전 2333년으로 추정했다. 근대 들어 『동국통감』에 따라 단군기원을 정했다.

2 천부인(天符印) | 청동기 시대 지배자의 상징으로 청동 검, 청동 거울, 옥을 가리킨다.

고려 후기에 승려 일연이 쓴 『삼국유사』에 따르면 서기전 2284년[1] 단군왕검이 평양성에서 고조선을 건국했다. 단군왕검은 하느님인 환인의 서자 환웅의 아들이다. 환웅은 '홍익인간(널리 인간을 이롭게 함)'의 큰 뜻을 품고 환인에게 천부인을[2] 받아 태백산 정상 신단수 밑에 내려와 신시(神市)를 열었다. 그곳에서 환웅은 바람과 비와 구름을 다스리는 풍백·우사·운사를 거느리고 곡식, 수명, 질병, 형벌, 선악 따위 인간의 360여 가지 일을 주관했다.

이때 곰과 호랑이가 같은 굴에 살면서 환웅에게 인간이 되고 싶다고 기도하자 환웅은 쑥 한 타래와 마늘 스무 개를 주면서 "너희들이 이것을 먹고 백일 동안 햇빛을 보지 않으면 곧 사람의 형체를 얻을 수 있다"라고 했다. 곰은 시키는 대로 하니 21일 만에 여자가 되어 '웅녀'라 불리게 됐으나, 호랑이는 환웅의 말을 지키지 못해 뜻을 이루지 못했다. 환웅은 웅녀와 혼인해 단군왕검을 낳았다. 단군왕검은 평양성에 고조선을 건국한 뒤 백악산 아사달로 옮겨 1500년간 다스렸다.

학자들의 해석에 따르면 환웅의 무리는 하늘을 숭배하는 북방 유목민이고, 곰과 호랑이는 각각 곰과 호랑이를 토템으로 숭배하는 정착민이다. 환웅족이 이주해 와 호랑이족을 몰아내고 웅녀족과 결합해 고조선 사회를 이루게 됐으리라는 것이다.

단군왕검은 종교적 지도자인 '단군'과 정치적 지배자인 '왕검'을 합친 말로 정치와 종교가 통합된 청동기 시대의 지배자를 가리키는 호칭이다. 국가의 탄생은 대개 청동기 시대에 일어나기 때문에 만주나 한반도나 아직 신석기 시대였던 서기전 23세기에 고조선이 건국됐다고 보는 것은 무리라는 견해가 많다.

단군성전과 단군상

서울 종로구 사직공원 안에 자리 잡고 있다. 대종교가 아니라 서울시 소유로, 공공건물로 세워진 최초의 단군성전이다. 이곳에 모신 영정은 정부 표준 단군 영정이다.

세계

서기전 3500년경 문명이 발생하다

인류가 문명[1] 단계에 들어섰다. 문명의 첫 번째 특징은 마을이 도시로 발달한 것이다. 큰 강 유역에서 관개농업[2]이 발달하자 농업 생산량이 늘어나고 많은 인구가 살게 되면서 함께 일하고 함께 나눴지만, 이제는 남에게 노동을 강제하는 지배 계급과 남을 위해 노동하는 피지배 계급으로 나뉘었다.

도시의 한가운데에는 신전이 들어서고 주위에는 성벽이 빙 둘러 세워졌다. 법률과 행정 체계가 만들어지고, 이를 집행할 관료 조직이 생겨났다. 다른 도시나 마을을 침략해 약탈하고 지배하는 정복 전쟁이 일어나면서 도시를 방어할 군대도 조직됐다. 수레와 배 등 교통수단이 발달하면서 교역이 활발해졌으며, 법률 조항이나 교역 관계, 신전의 의식 등을 기록할 문자도 발명됐다.

지역에 따라서는 구리와 주석(또는 아연)을 합성한 청동기를 쓰기 시작했다. 최초의 금속 도구인 청동기는 검·거울·방울 등으로 만들어져 지배자의 위엄을 높이기도 했고, 창·도끼 등 무기로 만들어져 정복전쟁을 촉진하기도 했다. 인간이 자연의 위험에서 벗어난 것이 문명의 '빛'이라면, 계급 갈등과 전쟁 등 인간 스스로 위험을 초래한 것은 문명의 '그림자'였다.

1 문명(civilization) | 도시를 뜻하는 라틴어 civitas에서 유래했다.

2 관개농업 | 인위적으로 물을 끌어들여 하는 농업

세계의 4대 문명

세계의 4대 문명 |

서기전 3500년경 메소포타미아의 티그리스·유프라테스강 유역에서 처음 문명이 발생했고 이집트의 나일강 유역, 인도의 인더스강 유역, 중국의 황하 유역이 뒤를 이었다.

메소포타미아 문명
메소포타미아 남부에 정착한 수메르인은 도시 가운데 지구라트라는 신전을 세우고, 그림 문자를 개량한 쐐기 문자로 창세 신화, 홍수 전설 등을 기록했다. 60진법과 태음력이 사용되고 점성술, 수학 등이 발달했다.

인더스 문명
대표적 유적인 모헨조다로와 하라파는 도시 계획에 의해 벽돌로 건설됐다. 반듯한 도로와 배수 시설, 벽돌 주택, 대형 목욕탕, 창고, 시장 등을 갖췄다. 밀과 보리 등 곡물을 재배하고 동물을 기르고, 메소포타미아와 무역을 했다.

이집트 문명
나일강이 범람할 때마다 비옥한 흙을 날라다 준 덕분에 농업과 관개 시설이 발달했다. 이집트의 왕(파라오)은 태양신의 아들이며 살아 있는 최고 신이었다. 이집트인들은 사후 세계와 영혼 불멸을 믿었다. 이집트에는 비석이나 무덤에 새긴 신성 문자와 파피루스에 쓴 민중 문자가 있었다. 태양력을 사용했다.

황하 문명
서기전 2500년경 청동기를 사용했다. 황하를 다스린 영웅 우(禹)가 서기전 2070년 중국 최초의 국가인 하나라를 건국했다.

쐐기 문자
말랑말랑한 진흙 판에 갈대로 쐐기 모양의 표시을 찍은 후 이를 말려서 보존한 것이다.

서기전 1046년 **단군이 기자를 고조선 왕에 봉한 것으로 전하다**

단군왕검이 기자(箕子)를 고조선 왕에 봉한 뒤 자신은 장당경으로 옮겼다(『삼국유사』). 중국 한나라의 역사가 사마천이 쓴 『사기』에 따르면 기자는 중국 상나라[1] 사람이었다. 기자는 상나라 마지막 왕인 주왕의 숙부로서 현명한 사람으로 알려졌는데, 상나라를 멸망시킨 주나라 무왕이 그를 방문해 백성들을 안심시킬 방법을 묻고 '조선후(고조선의 제후)'로 책봉했다.

중국의 다른 역사책에는 기자가 방탕한 생활을 하는 주왕을 바로잡으려 노력하다가 감옥에 갇혔다고 한다. 상나라를 멸망시킨 주나라 무왕이 기자를 풀어 주었으나, 기자는 두 왕조를 섬기지 않겠다며 조선으로 도망갔다. 그러나 무왕은 기자를 조선후에 봉했다(『상서대전』).

중국의 『한서』 「지리지」에 따르면 기자는 고조선으로 가서 예의와 농사짓는 법, 양잠하는 법, 옷감 짜는 법을 가르쳤다. 그 후 고조선 사회에는 '범금팔조'란 법이 시행되기에 이른다. 한국 역사상 최초의 법률이자 팔조금법으로도 불린 이 법은 모두 여덟 조항으로 이루어졌으나 『한서』 「지리지」에 전하는 것은 세 가지뿐이다.

❶ 살인자는 즉시 사형에 처한다.

❷ 남의 신체를 상해한 자는 곡물로써 보상한다.

❸ 남의 물건을 도둑질한 자는 소유주의 집에 잡혀 들어가 노예가 됨이 원칙이나,
   배상하려는 자는 50만 전을 내놓아야 한다.

이러한 조항은 그 후 사회가 복잡해지면서 고조선이 멸망하고 한나라의 군현이 세워진 뒤에는 60여 조로 늘어나게 된다.

1 상나라 | 은나라라고도 하는데, 이것은 망한 하나라 사람들이 상나라를 낮추어 부른 이름이었다.

기자묘
일제 강점기에 촬영한 모습

단군전과 기자묘
18세기에 만들어진 〈해동지도〉의 평양 부분. 읍성 안쪽에 단군의 제사를 모신 단군전(숭령전)과 기자를 모신 숭인전이 보인다.

한국사 속의 단군과 기자

한국인은 민족주의적 성향이 강하다. 그러한 민족주의 정서의 중심에는 단군이라는 상징이 있다. 그에 비해 기자는 다분히 기피 대상인 인물이다. 중국인이 와서 고조선을 다스렸다는데 반가울 리가 없다. 그런데 역사 속에서는 단군 못지않게 기자도 많은 사랑을 받았다. 특히 유학 이념에 철저했던 조선 시대의 사대부들은 기자에 대한 자부심이 컸다. 율곡 이이는 『기자실기』를 써서 한국인이 일찍이 기자로부터 문명을 전수받았다는 사실을 자랑스러워했다. 성리학자의 눈으로 볼 때 문명은 곧 중화 문명을 의미하는 것이었으며, 오랜 옛날부터 중화 문명의 세례를 받은 조선 사람은 매우 복 받은 사람이었다.

중화 문명을 떠받들고 중국을 대국으로 모시는 사고방식을 사대주의라고 한다. 사대주의는 근대 민족주의의 시대를 맞아 조선을 망하게 한 태도라고 뭇매를 맞았다. 그러나 조선의 '사대주의자'들은 중화 문명을 곧 보편성으로 이해했고, 중화 문명권에 포함된 것이야말로 우리가 일찍 세계화되었음을 의미하는 것으로 받아들였다. 단군과 기자가 정말 있었는지 의심하는 학자들이 많지만, 그런 논란과는 별도로 이 둘은 한국사에서 각각 민족주의와 보편주의의 상징으로 자리 잡아 왔다.

아시아 유럽

서기전 2000~1400년경 **인도유럽어족이 대규모 이동을 하다**

중앙아시아 스텝 지대에서 인도유럽어를 쓰는 유목민이 유라시아 문명 세계를 향해 해일처럼 밀어닥쳤다. 이집트는 이러한 유목민의 일파인 힉소스인의 지배를 받았고, 메소포타미아에서는 철기를 사용하는 히타이트인이 바빌로니아의 함무라비 왕조를 쓰러뜨렸다. 그들의 일파인 아리아인[1]은 인더스강 유역을 침범하고, 또 다른 인도유럽어족은 그리스반도로 밀고 들어가 미케네와 크레타섬을 장악해 에게 문명[2]의 주역이 됐다.

인도유럽어족의 이동

1 아리아인 | 이때의 대이동 결과 오늘날 이란과 인도 주민의 다수를 이루게 됐다.

2 에게 문명 | 서기전 2000년 경부터 지중해 동쪽 에게해 주변에서 번영한 고대 문명. 전설적인 트로이전쟁은 여기서 미케네와 트로이가 벌인 전쟁이었다. 서기전 1200년경 이동해 온 인도유럽어족인 도리아인에 의해 파괴당했다.

아시아

서기전 1750년경 **세계 최초의 성문법인 함무라비 법전이 만들어지다**

바빌로니아의 함무라비 왕이 282개 조에 이르는 성문법을 만들었다. 함무라비 왕은 씨족 사회의 전통에 따라 시행되던 관습들을 폐기하고, 개인 간, 집단 간의 분쟁은 모두 법조문에 따라 처리하도록 했다.

함무라비 법전은 상거래와 관련된 조항이 많은 부분을 차지하며, 혼인과 이혼에 관한 조항도 적지 않다. 노예를 둘러싼 분쟁에 관한 조항도 자세하다. 폭행이나 도둑질은 철저한 처벌[3] 대상이었다. 임신한 여성을 때려 유산시킨 자는 사형에 처했고, 화재 진압을 하다가 불난 집의 물건을 훔친 소방관은 불 속에 던져 버렸다.

함무라비 법전

3 처벌 | 함무라비 법전은 "눈에는 눈, 이에는 이" 하는 식의 잔인한 복수 조항으로 비판을 받았다. 그러나 그 내용은 씨족 공동체에서 이미 관습적으로 시행되던 것으로, 이를 공권력에 맡긴 것이 법전 시행의 의의였다.

아시아

서기전 1600년 **상나라가 건국되다**

하나라가 걸왕의 방탕한 생활 때문에 멸망하고, 걸왕의 제후였던 상나라 탕왕이 천자[4]가 됐다. 상나라 왕은 점복(占卜)을 통해 신의 뜻을 받아 백성을 통치하는 종교적 지배자였다. 점복에 사용되는 거북이 등딱지에 글자를 새긴 '갑골문'은 한문의 원형으로 전해진다. 왕이나 귀족이 죽으면 생전의 시종과 사병들을 함께 묻는 순장을 시행했으며, 순장되는 인원은 많으면 500명에 이르렀다.

4 천자(天子) | 하늘의 아들이라는 뜻으로 제사를 지낼 수 있는 최고의 군주

아시아

서기전 1046년 **주나라가 건국되다**

상나라의 주왕이 주지육림[5]에 빠져 나라를 어지럽히자, 주왕의 제후였던 주나라 무왕이 주왕을 죽이고 중국의 천자가 됐다. 주나라는 왕실 가족과 제후들에게 영토의 일부를 나누어 주고 그 대가로 천자에게 충성을 바치도록 하는 봉건제를 확립했다. 천자는 주기적으로 제사를 지내고, 제후들은 제사에 필요한 청동 제기들을 마련해 수도인 호경을 찾아야 했다. 청동 제기들을 마련하는 데 엄청난 정성과 비용이 들어갔으므로 제후들은 천자에게 저항할 엄두를 내지 못했다.

5 주지육림(酒池肉林) | 술을 부은 연못을 거닐며 걸어 놓은 고기를 먹는다는 뜻으로 방탕한 생활을 가리키는 말. 주왕은 미녀 달기에게 빠져 쾌락을 탐하다가 몰락을 맞았다.

비파형 동검
오늘날 남아 있는 청동기는 녹이 슬어 푸르스름하게 보이지만 처음에는 황금빛으로 번쩍였다.

서기전 1000년경 비파형 동검과 함께 청동기 시대가 개막하다

만주와 한반도에서 청동기 시대가 열렸다(서기전 2000~1500년경으로 보는 견해도 있다. 서기전 3500년경 참조). 요하(랴오허강) 유역에 청동으로 만든 검을 쓰는 사람들이 나타난 것이다. 이 청동 검은 비파라는 악기 모양과 닮아서 '비파형 동검'으로 불리게 되는데, 랴오둥반도와 한반도 곳곳에서도 적지 않게 쓰였다(서기전 400년경 참조).

사람들은 더욱 큰 규모로 농사를 지었다. 농사에 쓸 물을 저장해 두는 저수지도 늘어나고, 농경지의 규모도 커졌다. 그러나 돌투성이 땅을 갈고 농사를 짓는 데 쓰는 낫, 괭이, 보습 등은 청동이 아닌 돌로 만들었다. 청동은 날카롭기는 해도 쉽게 부러졌기 때문이다. 청동은 주로 제사 도구, 장식용품, 전쟁 무기 따위에 사용됐다.

청동기 시대로 접어들며 사람들은 본격적으로 지배하는 자와 지배받는 자로 나뉘었다. 지배자들은 청동 검과 함께 청동 방울, 청동 거울을 몸에 걸치고 부와 권력을 뽐냈다. 단군 신화에 나오는 천부인이 현실에 등장한 것이다(서기전 2333년 참조). 또 청동으로 만든 칼과 창, 도끼 등을 들고 다른 지역을 침략해 전쟁을 벌였다. 전쟁을 직업으로 하는 전사 계급도 등장했다.

청동기 시대의 개막과 더불어 모든 사람이 함께 일하고 함께 나누는 공동체는 사라졌다. 지배자와 피지배자로 나뉜 사회가 점점 더 커져서 나타난 것이 바로 관료 조직, 법, 군대와 경찰 등을 갖춘 국가[1]였다.

1 국가 | 고조선이 건국된 시기는 『삼국유사』의 기록과는 달리 청동기 시대 이후로 여겨진다.

2 고인돌 | 땅에 시신을 묻고 그 위에 거대한 돌을 얹은 무덤. 큰 돌을 옮기려면 수많은 인력을 동원할 수 있어야 했다.

강상무덤
무덤에서 발견된 인골들이 서로 다른 시대에 죽었다면서 이를 순장 무덤이 아니라 공동체 사회의 공동 무덤이었다고 보는 학자도 있다.

서기전 700년경 강상무덤과 누상무덤이 만들어지다

청동기 시대 지배자들은 거대한 집을 짓고 수많은 노비를 부리며 화려한 삶을 살았다. 그들은 죽어서도 이러한 영광을 누리고자 커다란 무덤을 만들고 생전에 자기를 모시던 사람들과 함께 묻혔다. 이때 지배자의 아내와 첩, 시종, 군사들은 생매장당할 수밖에 없었는데, 이를 순장(殉葬)이라 한다.

강화도의 북방식 고인돌
세계에 분포하는 고인돌의 40퍼센트는 한국에 있다. 그래서 한국은 '고인돌 종주국'으로 불린다. 오른쪽 사진처럼 받침돌(상석)로 덮개돌을 받친 고인돌은 한반도 북쪽에서 주로 나타나고, 땅 위에 돌을 탁자처럼 얹은 고인돌은 남쪽에서 주로 발견된다.

만주와 한반도에서 가장 많이 발견되는 청동기 시대 무덤은 고인돌[2]이며, 고인돌이 발전한 것이 시신을 묻고 그 위에 돌을 쌓은 돌무지무덤이다. 대표적인 것이 랴오둥반도에 있는 강상무덤과 누상무덤으로, 비파형 동검 등과 함께 각각 140여 명과 50여 명이 묻혀 있어 순장된 것으로 짐작된다.

유럽 서기전 800년경 **그리스에 폴리스가 생겨나다**

그리스 곳곳에 작은 도시 국가인 폴리스가 형성됐다. 스파르타와 아테네를 중심으로 한 폴리스들은 점차 도시 문명의 주역으로 성장했다. 폴리스들은 서로 싸우고 경쟁했으나, 공동의 문자인 알파벳을 쓰고 공동의 제전인 올림픽을 열면서 서로가 같은 그리스인이라는 생각을 발전시켰다.

올림픽
서기전 776년부터 4년마다 제우스 신전이 있던 올림피아에서 열렸다. 로마제국의 식민지 시절인 서기 393년까지 293회나 개최됐고, 1896년 프랑스의 쿠베르탱에 의해 세계인의 축제로 부활했다.

아시아 서기전 770년 **춘추 시대가 시작되다**

북방의 견융족이 주나라를 침공해 수도인 호경(지금의 산시성 시안)을 점령했다. 주나라는 동쪽인 낙읍(지금의 허난성 뤄양)으로 옮겨 겨우 명맥을 유지했다. 그러자 주나라의 제후들은 형식적으로만 주나라를 섬길 뿐 사실상 독립국을 이뤄 중국의 패권을 다퉜다. 이 시대를 춘추 시대라 한다.[1]

춘추 시대의 중국
주나라의 여러 제후국 가운데 세력이 커져서 '패자(覇者)'라 불린 다섯 나라를 '춘추 5패'라 한다.

아시아 서기전 671년 **아시리아제국이 오리엔트를 거의 통일하다**

아시리아가 바빌로니아를 정복한 데 이어 이집트와 전쟁을 벌여 승리했다. 이로써 아시리아는 서아시아와 북아프리카를 포함하는 오리엔트 최초의 제국으로 우뚝 섰으며, 발달된 역전 제도[2]를 통해 드넓은 영토를 통치했다. 그러나 바빌로니아 부흥 세력은 복수에 나서 서기전 612년 아시리아를 멸망시키고 신바빌로니아를 세웠다.

1 춘추 시대 | 공자가 쓴 노나라 역사책 『춘추』에서 온 이름이다. 노나라는 주나라의 제후국 가운데 하나였다.

2 역전 제도 | 말과 사람이 쉬어 갈 수 있는 역을 일정하게 배치한 교통 운송 체계.

아시아 서기전 590년경 **인도에서 석가모니가 불교를 창시하다**

아시아 서기전 525년 **페르시아제국이 오리엔트를 완전히 통일하다**

이란고원에서 일어난 페르시아가 신바빌로니아를 정복한(서기전 539년) 데 이어 이집트마저 멸망시켜 사상 최초로 오리엔트[3]를 완전히 통일한 제국이 됐다. 이후 페르시아는 그리스의 폴리스들에 대한 공격에 나선다.

3 오리엔트 | 오리엔트는 라틴어로 '해 뜨는 동쪽'을 뜻하는 말로, 주로 고대 문명의 발상지인 서아시아와 이집트를 가리킨다.

유럽 서기전 510년 **아테네에서 민주 정치가 시작되다**

아테네에서 민주 정치가 시작됐다. 귀족 출신 클레이스테네스는 참주(독재자) 히피아스를 쫓아내고 여성과 노예를 제외한 모든 시민에게 평등한 참정권을 주었다. 그리고 독재 정치가 부활하는 것을 막기 위해 도편추방제[4]를 실시했다.

4 도편추방제 | 모든 시민이 독재자가 될 수 있는 위험 인물을 도자기 조각에 써 내게 한 비밀 투표. 6000표를 넘게 받은 인물은 10년간 국외로 추방됐다.

유럽 서기전 510년경 **로마 공화정이 시작되다**

서기전 400년경 **세형동검이 사용되다**

지금의 평안남북도 지역을 중심으로 새로운 모양의 청동 검이 사용되기 시작했다. 이 청동 검은 비파형 동검을 좀 더 가늘게 다듬어 무기로 삼기 좋은 모양을 하고 있다. 가는 모양의 청동 검이라고 해서 '세형(細形)동검'이라 한다. 또 비파형 동검이 주로 랴오허강 유역에서 쓰인 데 반해 세형동검은 한반도 지역에서 쓰였기 때문에 '한국형 동검'이라고도 한다(서기전 1000년경 참조).

서기전 400년경 **한반도 전역에서 청동기 시대가 펼쳐지다**

바야흐로 한반도 전역이 청동기 시대의 광풍에 휩싸였다. 마을마다 지배자가 나타나고, 지배자들은 영역을 넓히기 위해 이웃 마을을 침략해 정복하는 일이 일상이 됐다. 신석기 시대 사람들은 물가에 마을을 이루고 살았지만, 이제는 침략에 대비하기 위해 주변을 감시하기 좋은 언덕에 주로 마을이 생겨나고 있다.

지금의 충청남도 부여 송국리에는 한바탕 정복 전쟁의 소용돌이가 휩쓸고 지나갔다. 작은 언덕 위 마을에는 둥근 집터를 쓰는 부족이 살고 있었는데, 침략자들이 쳐들어와 마을을 정복하고 사람들을 노비로 삼았다. 정복자들은 집을 불태워 버리고 자기들 방식대로 바닥을 네모나게 만든 집을 세웠다.

지금의 울산시 검단리에 있던 마을은 나무 울타리를 치고 그 바깥에 도랑을 파서 전쟁에 대비하고 있었다. 경상남도 창원시 남강의 무덤에는 목 잘린 유골이 묻혀 있는데, 이 유골의 주인공이 전쟁의 희생자였다고 추측하는 학자들도 있다.

비파형 동검과 세형동검의 분포도
고조선의 중심지가 랴오허강 유역에서 평양으로 옮겨 가면서 청동 검의 형태가 비파형에서 세형으로 진화했다고 설명하는 학자들도 있다.

1 대부(大夫) | 주나라에서는 귀족의 호칭이었으나 이후 동아시아에서 관리의 품계를 가리키게 됐다.

울산 검단리 유적
중기 청동기 시대 이전의 유적으로, 주변 지역을 감시할 수 있는 언덕 위에 마을을 이뤘다.

서기전 320년경 **고조선 지배자가 '왕'이라 칭하다**

고조선과 국경을 접한 중국 연나라의 지배자가 스스로 '왕'이라 칭하면서 동쪽으로 진출하려 하자 고조선의 지배자도 '왕'을 칭하면서 연나라를 공격하려 했다. 그러나 고조선의 대부[1] 예가 말려 공격을 중지하고, 이에 고조선은 예를 연나라에 보내 설득하도록 했다. 연나라도 이를 받아들여 고조선을 공격하지 않았다(중국 역사책 『위략』).

아시아

서기전 500년경 **최초의 유목제국 스키타이가 활약하다**

기마유목민 스키타이가 서아시아, 그리스, 인도 북부 지대에 수시로 나타나 농경 정착민에게 큰 피해를 입혔다. 스키타이인은 철제 무기로 무장하고 기마술에 능해 무적의 전투력을 갖추고 있었다. 스키타이인은 최초로 바지를 입은 사람들로 알려졌다.

스키타이 흉노
스키타이의 영역

유럽

서기전 492년 **그리스에서 페르시아전쟁이 일어나다**

오리엔트를 통일한 페르시아가 여세를 몰아 그리스 원정에 나섰다. 그리스는 스파르타와 아테네를 중심으로 연합군을 꾸려 맞섰다. 페르시아는 서기전 479년까지 세 차례 대규모 원정에 나섰지만 실패했다. 2차 원정(서기전 490년) 때는 마라톤평야에서 아테네 중갑보병의 밀집 대형에 막혔고, 3차 원정(서기전 479년) 때는 살라미스섬 앞바다에서 아테네 해군에게 대패했다. 이로써 그리스는 독립을 지켰고, 승리의 주역인 아테네가 그리스의 중심으로 떠올랐다.

1 바지 | 선사 시대 이래 인류의 옷은 원피스 형태였으나 이는 말을 탈 때 매우 불편했다. 그래서 스키타이인은 품이 많이 들어가도 편리한 바지를 발명해 입고 다녔다.

2 마라톤 | 그리스 병사가 마라톤평야의 승리를 알리기 위해 약 40킬로미터를 달렸다는 이야기에서 42.195킬로미터를 달리는 경기인 마라톤이 비롯됐다. 페르시아 제국의 후예인 이란은 마라톤을 하지 않는다.

유럽

서기전 431년 **그리스에서 펠로폰네소스전쟁이 일어나다**

스파르타를 중심으로 한 펠로폰네소스 동맹과 아테네를 중심으로 한 델로스 동맹이 그리스의 패권을 놓고 전쟁을 벌였다. 펠로폰네소스 동맹군이 승리함으로써 민주주의로 전성기를 누리던 아테네는 쇠퇴의 길을 걷게 된다.

3 중갑보병 | 민주주의를 실시하던 아테네에서는 일반 시민이 국가를 지키기 위해 스스로 마련한 갑옷과 창을 들고 참전했다.

아시아

서기전 403년 **전국 시대가 시작되다**

주나라의 대부인 한, 위, 조가 주나라를 나눠 갖고 제후국으로 독립했다. 이후 제후들이 저마다 '왕'을 칭하면서 각축을 벌이는 시기를 '전국 시대'라 한다.

4 전국 시대 | 한나라 때 당대 전략가들의 책략을 모아 편집한 『전국책』에서 비롯됐다.

아시아

서기전 331년 **알렉산드로스가 페르시아제국을 정복하다**

마케도니아의 알렉산드로스 대왕이 페르시아제국을 공격해 멸망시켰다. 알렉산드로스는 이수스전투(서기전 333년)에서 페르시아의 다리우스 3세에게 크게 이겨 승세를 굳힌 바 있다.

헬레니즘제국
그리스 문명을 좋아한 알렉산드로스 대왕은 자신을 헬레네스(그리스인이 스스로를 일컫는 이름)라 여겼다. 유럽, 아프리카, 아시아에 걸친 '헬레니즘제국'에서는 그리스 문화와 오리엔트 문화의 융합이 이루어졌다.

아시아

서기전 317년경 **인도의 통일 제국 마우리아왕조가 서다**

인도에 진출했던 알렉산드로스 대왕이 죽자(서기전 323년), 찬드라 굽타가 인도 최초의 통일 왕조인 마우리아왕조를 세웠다.

서기전 300년경 **연나라가 고조선을 공격하다**

연나라가 기어코 고조선을 침공했다. 연나라 장수 진개는 요하 상류에 사는 동호족을 정벌한 뒤 고조선 영역을 공격했다. 그러고는 요동(요하 동쪽 지방)에 요동군을 설치하고 장벽을 쌓았다. 그 결과 고조선은 서쪽 2000여 리의 땅을 잃고 만번한을 경계로 연나라와 마주하게 됐다(중국 역사책 『위략』). 이때 고조선이 평양으로 중심지를 옮겼다고 해석하는 학자들도 있다.

1 만번한(滿潘汗) | 연나라 요동군의 동쪽 끝을 뜻한다. 요하 유역이라는 설도 있고 평안북도 박천강 일대라는 설도 있다.

서기전 222년경 **고조선 부왕이 진시황 알현을 거부하다**

진나라가 연나라를 멸망시키고 장수 몽염을 시켜 요동까지 장성을 쌓았다. 그러자 고조선의 부왕(否王)은 진나라가 공격해 올 것이 두려워 짐짓 진나라에 복종하며 따랐지만, 진나라 시황제를 알현하러 가지는 않았다(『삼국지』 「위서동이전」).

2 알현(謁見) | 지체가 높고 귀한 사람을 찾아가 뵙는 일

서기전 200년경 **부여가 세워지다**

지금의 중국 지린성 눙안, 창춘 지역에 예맥족의 나라 부여가 세워졌다. 시조는 송화강 북쪽의 탁리국에서 갈라져 나온 동명이라는 설화가 전해진다.

부여는 귀족 중심의 정치 제도 아래 궁궐과 성, 창고, 감옥을 갖추고 있었다. 법률이 매우 엄격해서 도둑질과 간음은 철저히 처벌한 것으로 유명하다.

귀족의 대표인 왕 아래, 가축의 이름을 붙인 마가(말)·우가(소)·저가(돼지)·구가(개)로 불리는 귀족들이 있었다. 호칭으로 미루어 볼 때 농업과 목축을 중요하게 여기던 나라였던 것으로 보인다. 전국을 '사출도(四出道)'라는 네 구역으로 나눠 마가, 우가 등이 각각 맡아 다스렸다. 사출도 가운데 큰 지역은 백성이 수천 호(戶), 작은 지역은 수백 호였다.

귀족들의 지배를 받는 백성은 '하호(下戶)'라고 불렸으며, 지배층을 위해 일을 하거나 물자를 바쳐야 했다. 따라서 하호들은 모두 귀족의 노비처럼 여겨졌다.

농업을 주산업으로 한 부여의 특산물은 말, 붉은 옥, 돼지가죽 등이었으며, 추수를 마친 음력 12월에는 영고라는 제천 행사를 지냈다.

지금의 중국 지린성 지린시에 자리 잡은 부여 도성

3 영고 | 동네마다 모든 주민이 모여 굿을 하고 하늘에 제사를 지낸 뒤 회의를 열었다. 며칠 동안 계속 노래하고 춤추며 술을 마시고, 죄가 가벼운 죄수는 풀어 주었다(『삼국지』 「위서동이전」).

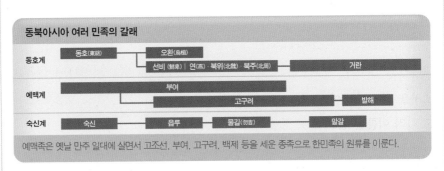

동북아시아 여러 민족의 갈래

동호계	동호(東胡)		오환(烏桓)			
			선비(鮮卑) · 연(燕) · 북위(北魏) · 북주(北周)		거란	
예맥계	부여					
		고구려			발해	
숙신계	숙신	읍루	물길(勿吉)		말갈	

예맥족은 옛날 만주 일대에 살면서 고조선, 부여, 고구려, 백제 등을 세운 종족으로 한민족의 원류를 이룬다.

유럽

서기전 264년 **포에니전쟁이 일어나다**

페니키아인[1]이 북아프리카에 세운 카르타고와 로마 사이에 지중해의 패권을 둘러싸고 전쟁이 벌어졌다. 로마는 이 전쟁에서 승리해 시칠리아를 속주로 삼았다.

서기전 218년 카르타고의 한니발 장군이 로마를 공격해 제2차 전쟁이 일어난다. 한니발군은 알프스를 넘어 로마로 진격해 대승을 거두지만, 차츰 전열을 정비한 로마군은 카르타고로 건너가 한니발에게 복수하고 승리를 거둔다. 카르타고는 해외 영토를 모두 잃고 거액의 배상금을 지불했으며, 한니발은 시리아왕국으로 도망갔다가 그곳에서 숨을 거둔다.

제2차 포에니전쟁
한니발이 주역이었던 전쟁으로 '한니발전쟁'이라고도 불린다.

아시아

서기전 247년 **서아시아에서 파르티아제국이 건국되다**

알렉산드로스 대왕에 의해 멸망했던 페르시아가 파르티아로 부활했다. 시리아왕국[2]이 이집트와 전쟁을 벌이는 틈을 타 아르사케스가 세웠다. 파르티아는 카스피해 남동쪽에서 일어나 점차 서아시아 대부분을 차지한다. 한나라와 실크로드(서기전 139년경 참조)를 통해 교류하게 되며, 중국에서는 '안식국'으로 불렸다.

아시아

서기전 221년 **진시황이 중국을 통일하다**

전국 7웅[3] 중 하나인 진나라가 다른 여섯 나라를 멸망시키고 중국을 통일했다. 진왕 정은 자신을 첫 번째 황제[4]라는 뜻에서 '시황제'라고 부르게 했다. 시황제(진시황)는 주나라의 봉건제(서기전 1046년 참조)를 폐지한 대신 전국에 군현을 두고 직접 다스리는 중앙 집권적 군현제를 실시했다. 전국을 관통하는 직도(直道)를 닦고 문자·도량형·화폐를 통일하는 강력한 통일 정책도 펼쳐 나갔으며, 북방 흉노[5]의 위협에 대비하기 위해 만리장성을 쌓았다. 진나라는 상앙, 이사 등의 법가 사상을 받아들여 강력하고 공정한 법에 따라 통치했으나, 가혹한 형벌에 반발해 각지에서 일어난 반란으로 통일 16년 만에 멸망했다.

진시황이 통일한 문자, 도량형기, 화폐

아시아

서기전 202년 **한나라가 건국되다**

진나라에 대항해 일어난 반란 세력 가운데 두드러졌던 항우와 유방이 해하의 결전[6]을 벌여 유방이 승리했다. 황제가 된 유방은 장안(지금의 시안)을 도읍으로 삼고 나라 이름을 한(漢)으로 정했다.

1 페니키아인 | 로마인은 페니키아인을 '포에니'라고 불렀다. 그래서 카르타고와 벌인 전쟁을 '포에니전쟁'이라고 한 것이다.

2 시리아왕국 | 알렉산드로스의 부장(部將) 셀레우코스가 세운 마케도니아계 왕조

3 전국 7웅 | 진한조연초위제 등 전국 시대에 패자(覇者)로 불린 일곱 강대국

4 황제(皇帝) | 중국의 전설적인 군주들인 3황(皇) 5제(帝)에서 비롯된 호칭

5 흉노 | 서기전 3세기부터 서기 1세기까지 북아시아에서 활약한 기마유목민

6 해하의 결전 | 지금의 중국 안후이성 링비현 부근에서 벌인 결전이다. 당나라 한유가 이 싸움을 소재로 쓴 시에 따라 '건곤일척(하늘과 땅을 걸고 싸움)'이라는 사자성어로도 불린다

1 **박사**(博士) | 진나라 이래 동아시아에서 전문 학자나 기술자에게 주던 벼슬. 위만에게 준 박사가 여기에 해당하는 벼슬인지 고조선 고유의 벼슬인지는 불확실하다.

왕검성
평양 대동강변에 자리 잡고 있으며 '낙랑 토성'으로 불린다.

2 **위만** | 본래 중국 사람이지만 고조선의 풍습대로 북상투를 틀었다고 한다.

3 **한왕**(韓王) | '한'은 당시 한반도 남부의 권력자나 그가 다스리던 국가를 가리키던 말로 북아시아의 '칸'과 유래가 같다고 한다. 한반도 남부의 소국들은 서서히 모여 마한, 진한, 변한이라는 연맹국가 체제를 이루게 된다.

고조선의 무기들

4 **진국** | 한반도 남쪽의 '한'을 보호하고 지배하던 정치 세력. 지금의 충청남도 직산에 있던 목지국을 가리킨다고 한다.

5 **조선상, 상, 이계상, 대신** | 고조선의 관직 이름

6 **한4군** | 한나라가 직접 지배하기보다는 한나라에 항복한 고조선 귀족들이 다스렸다는 설도 있다.

서기전 194년 **위만이 정변을 일으키다**

고조선의 서쪽 땅을 다스리며 변방을 방어하던 박사[1] 위만[2]이 정변을 일으켜 준왕을 몰아내고 스스로 왕이 됐다.

위만은 본래 중국 연나라 사람으로, 연나라 왕 노관이 한나라에 불만을 품고 흉노로 망명하자 약 1000명의 무리를 이끌고 고조선으로 들어왔다(서기전 195년). 그때 준왕은 위만을 믿고 서쪽 땅 100리를 다스리게 하면서 한나라를 방어하는 임무를 맡겼다.

그러나 위만은 준왕을 배신하고 군사를 모아 한나라 군대가 침입해 온다는 거짓 구실을 내세워 왕검성으로 들어가 준왕을 쫓아냈다. 위만은 '조선'이란 나라 이름을 바꾸지 않았고, 토착 세력을 지배층에 참여시켜 정치적 안정을 꾀했다. 이후의 고조선을 '위만조선'이라 부른다.

한편 쫓겨난 준왕은 뱃길로 한반도 남쪽에 내려가 한왕[3]이 됐다.

서기전 108년 **고조선이 멸망하다**

고조선이 한나라의 침략을 받고 1년간 저항한 끝에 항복했다.

두 나라는 위만의 손자인 우거왕이 한반도 남쪽의 진국[4]과 한나라의 직접 교역을 막고 중계 무역의 이익을 독점하면서 갈등을 빚어 왔다. 게다가 고조선과 흉노가 연대하려는 움직임을 보이자 한 무제는 사신 섭하를 보내 우거왕을 복종시키려 했다. 우거왕이 거절하자 섭하는 귀국 길에 고조선의 비왕을 죽였다. 한 무제는 그런 섭하를 요동군 동부도위에 임명해 고조선을 자극했고, 우거왕은 자객을 보내 섭하를 죽였다. 마침내 한 무제는 육군과 수군 5만 7000명을 파견해 고조선을 공격했다.

한나라 군대가 왕검성을 포위한 가운데 전쟁이 길어지자 고조선 지배층은 분열하기 시작했다. 조선상 역계경은 강화를 맺자고 건의했다가 받아들여지지 않자 2000여 호를 이끌고 진국으로 내려갔다. 조선상 노인, 상 한음, 장군 왕겹 등은 왕검성을 나가 항복했고, 우거왕은 이계상 참이 보낸 자객에게 암살당했다. 대신[5] 성기가 백성을 이끌고 끝까지 항전했으나, 왕자 장과 노인의 아들 최가 보낸 자객에게 암살당하고 왕검성은 무너졌다.

한나라는 고조선 땅에 낙랑·임둔·현도·진번 등 4군[6]을 설치해 직접 다스렸고, 수많은 고조선 유민이 남쪽으로 내려가 그곳에서 삼한이 발전하는 데 큰 영향을 끼쳤다.

유럽 서기전 146년 **포에니전쟁이 끝나다**

로마가 3차 포에니전쟁을 도발해 맞수 카르타고의 숨통을 완전히 끊었다. 로마는 카르타고가 이웃 누미디아와 전쟁을 벌이자 여기에 간섭해 대규모 원정군을 보냈다. 스키피오가 이끄는 로마군은 카르타고를 철저히 파괴해 모든 흔적을 없앴으며 카르타고는 아프리카라는 이름의 로마 속주가 됐다. 이 승리를 계기로 로마는 도시 국가에서 벗어나 지중해 세계를 지배하는 제국으로 성장해 나간다.

아시아 서기전 141년 **한 무제가 즉위하다**

한나라 7대 황제로 즉위한 무제(재위 서기전 141~87)가 흉노의 위협을 물리치고 영토를 넓혀 제국을 건설했다. 한나라는 고조(유방)가 흉노에게 포위됐다 겨우 풀려난 이래(서기전 198년), 매년 흉노에게 조공을 바쳤다. 5대 문제와 6대 경제 시절 태평성대를 누린 것도 흉노에 대한 저자세 아래 가능한 일이었다. 무제는 즉위 후 황제의 권력을 위협하던 황족과 귀족을 제거하고 중앙 집권을 확고히 다졌으며, 유학자 동중서를 등용해 유학을 한나라의 지도 사상으로 삼았다. 그리고 위청, 곽거병 등의 활약에 힘입어 흉노를 고비 사막 너머로 몰아내고 동아시아 최강대국의 지위를 확립했다(서기전 119년).

무릉
고조선을 멸망시키고 흉노를 몰아낸 한 무제의 무덤

1 대월지 | 고대 중앙아시아에서 활약한 터키계 또는 이란계 민족

2 한혈마 | 피와 같은 땀을 흘리며 하루에 1000리를 달린다는 명마. 대완은 지금의 우즈베키스탄 페르가나주다.

아시아 서기전 126년 **장건이 실크로드를 개척하고 돌아오다**

한 무제의 명령을 받고 서역(중국의 서쪽 지역을 가리킨 말)으로 떠난(서기전 139년경) 장건이 10여 년 만에 비참한 몰골로 귀국했다.

장건의 임무는 흉노에게 맞서기 위해 중앙아시아에 있는 대월지[1]라는 나라와 동맹을 맺는 것이었다. 그러나 중간에 흉노에게 사로잡힌 장건은 그곳에서 10년의 세월을 보내며 흉노 여인과 혼인해서 자식까지 낳았다. 가까스로 흉노를 탈출한 장건은 한혈마[2]로 유명한 대완을 거쳐 대월지에 도착했다. 그러나 흉노에게 밀려 중앙아시아에 정착한 대월지는 한나라와 동맹을 맺으려 하지 않았다.

아무 소득 없이 대하[3](박트리아)를 거쳐 남쪽으로 돌아오던 장건은 다시 흉노에게 잡혀 고생한 끝에 겨우 탈출해 빈손으로 돌아왔다. 출발할 때 함께 간 100여 명의 부하 가운데 단 한 명만 장건의 처자를 수행하고 있었다. 비록 목적은 달성하지 못했지만, 장건은 중앙아시아에 이르는 교역로와 국가들에 대한 정보를 중국에 알리는 공을 세웠다. 그 후 장건은 다시 한 번 서역에 파견돼 고대의 동서 교역로인 실크로드를 개척한 영웅으로 남게 됐다.

장건의 서역 개척 모습을 그린 벽화
말 위에 올라탄 장건이 한 무제에게 인사하며 떠나고 있다.

3 대하 | 힌두쿠시산맥과 아무다리아강 사이에 고대 그리스인이 세운 나라

서기전 75년 **현도군이 쫓겨나다**

한나라가 옛 고조선 땅에 설치한 4군 가운데 하나인 현도군이 지금의 중국 랴오닝성 싱징라오청으로 쫓겨났다. 한사군은 토착민인 예맥족의 반격을 지속적으로 받아 서기전 82년 진번군은 낙랑군에, 임둔군은 현도군에 통폐합됐다.

나정 터
시조에 제사를 지내던 곳으로 짐작된다. 경상북도 경주시 탑동. 사적 제245호

서기전 57년 **신라가 건국되다**

박혁거세가 지금의 경상북도 경주에 있던 여섯 마을을 합쳐 나라를 세우고 서라벌(훗날의 신라)이라 했다. 전설에 따르면 박혁거세는 나정이라는 우물 옆에 있던 큰 알에서 태어났다. 고조선 유민들인 여섯 마을 촌장이 이 알을 발견해 깨 보니 그 속에 어린아이가 들어 있었다. 박혁거세는 열세 살에 서라벌을 세우고 왕이 됐다. 4년 뒤에는 알영정에 용이 나타나 여자아이를 낳았는데, 이 아이가 훗날 박혁거세의 부인이 되는 알영이었다(『삼국사기』).

1 주몽 | 광개토대왕릉비에는 '추모'라고 돼 있다. 시호는 부여의 시조 동명과 같은 동명성왕. 주몽의 건국 설화는 부여 동명의 건국 설화와 구조 및 내용이 매우 비슷하다. 고구려가 부여의 건국 설화를 베낀 것으로 보인다.

서기전 37년 **고구려가 건국되다**

부여의 왕자였던 주몽[1]이 부여를 탈출해 졸본(지금의 중국 랴오닝성 환런)에서 고구려를 세웠다. 전설에 따르면 주몽은 '물의 신' 하백의 딸 유화와 천제(하늘의 신) 해모수 사이에서 태어난 아들이다. 해모수가 유화를 떠나 돌아오지 않자 유화는 부모에게 쫓겨나 우발수에서 살았다. 그때 부여의 금와왕이 유화를 데려다 가뒀는데 유화는 그곳에서 빛을 받고 임신해 알을 낳았다. 그 알을 깨고 태어난 주몽은 활을 잘 쏘고 영특해 대소를 비롯한 부여 일곱 왕자의 질투를 받았다. 주몽이 유화의 뜻에 따라 부여를 떠나 남쪽으로 내려가자 대소가 추격해 왔다. 비류수(지금의 훈허강)에 이르러 "나는 하늘 신과 물의 신의 자손 주몽이다!"라고 외치니 자라와 물고기 떼가 올라와 다리를 만들어 주어 추격을 따돌릴 수 있었다. 주몽은 고구려를 세운 뒤 비류국 송양왕의 항복을 받았다.

오녀산성과 비류수
주몽이 고구려를 세운 곳으로 알려져 있다. 중국 랴오닝성 환런현

서기전 18년 **백제가 건국되다**

고구려 출신 온조가 하남 위례성(지금의 서울 풍납토성)에 도읍을 정하고 십제(훗날의 백제)를 세웠다. 전설에 따르면 온조는 주몽이 고구려를 세운 뒤 낳은 아들이다. 주몽이 부여에서 낳은 아들 유리가 찾아와 왕위를 계승하게 되자, 온조는 형인 비류와 함께 남쪽으로 떠났다. 비류는 미추홀(지금의 인천 또는 충청남도 아산시 인주면)로 가고 온조는 서울에 자리 잡았다. 얼마 후 비류가 죽고 그 백성들이 위례성으로 모여들자 국호를 백제로 고친 뒤 동명왕묘[2]를 세우고 제사를 지냈다.

2 동명왕묘 | 백제도 부여에서 갈라져 나왔기 때문에 부여의 시조 동명의 사당을 세우고 제사를 지냈다.

서기전 17년 **백고구려 유리왕이 「황조가」를 짓다** (38쪽 참조)

아시아

서기전 91년경 **사마천이 『사기』를 완성하다**

한나라의 역사가 사마천이 삼황오제부터 무제에 이르는 역사를 망라한 『사기』를 저술했다. "인간과 하늘의 관계를 밝히고 고금의 변화를 꿰뚫어 본다"는 뜻 아래 총 130편의 대작을 마무리했다. 『사기』는 제왕의 연대기인 본기(本紀), 제후의 기록인 세가(世家), 뛰어난 개인의 전기인 열전(列傳), 제도와 문물을 정리한 서(書), 연표인 표(表)로 구성돼 있다. 이를 기전체라 하며 이후 동아시아 역사 서술[1]의 표준이 됐다.

사마천
한나라의 사관(史官) 집안 출신으로, 궁형(생식기를 제거하는 형벌)을 받는 시련 속에서도 불굴의 의지로 대작을 완성했다.

유럽

서기전 73년 **로마에서 스파르타쿠스의 반란이 일어나다**

로마 카푸아(지금의 이탈리아 캄파니아주)의 검투사 노예 스파르타쿠스가 70여 명의 동료와 함께 반란을 일으켰다. 반란군은 목동, 농노, 빈농 등의 지지를 받아 정부군 2개 군단을 격파하고 로마를 지배했다. 12만 명으로 불어난 반란군은 시칠리아섬으로 건너가려 했으나 정부의 공작으로 실패하고, 원로원[2]이 파견한 크라수스의 군단에 패했다(서기전 71년).

유럽

서기전 49년 **카이사르가 루비콘강을 건너다**

로마의 갈리아(지금의 프랑스 일대) 지방장관인 카이사르가 원로원으로부터 군대를 해산하고 혼자 귀국하라는 명령을 받았다. 야심만만한 카이사르를 제거하려는 음모였다. 카이사르는 고민 끝에 "주사위는 던져졌다!"라며 군대를 이끌고 루비콘강[3]을 건넜다. 폼페이우스와 원로원 세력을 타도하고 권력을 장악한 카이사르는 항구와 도로를 건설하고 빈민 구제 사업을 벌이며 율리우스력[4]을 시행하는 등 강력한 개혁 정치를 펼쳤다. 집정관, 원로원 등에 분산돼 있던 권력이 카이사르 한 사람에게 집중된 것은 넓어진 로마 영토와 다양한 인구를 통치하기 위해 필요한 일이었다. 그러나 카이사르는 공화제를 지키려는 브루투스, 카시우스 롱기누스 등에게 암살당한다(서기전 44년).

유럽

서기전 23년 **로마제정이 시작되다**

카이사르의 양아들인 옥타비아누스가 정적들을 제거하고 프린켑스(원수)가 돼 공화정의 권력을 한 손에 넣는 프린키파투스(원수정)를 시작했다. 옥타비아누스는 죽을 때까지 원수의 지위를 유지했고, 원로원은 그에게 '아우구스투스[5](존엄한 자)'라는 호칭을 바쳤다. 이로써 로마는 공화정 시대를 마감하고 제정 시대로 접어든다.

1 동아시아 역사 서술 방식 | 기전체 외에 시간 순서에 따라 서술하는 '편년체'가 있다. 송나라 사마광의 『자치통감』이 대표적인 편년체이다(2권 1145년 참조).

2 원로원 | 로마의 입법 자문 기관. 처음에는 귀족만 원로원 의원이 됐으나 서기전 300년경부터 평민도 참여했다.

3 루비콘강 | 이탈리아 북동부를 동쪽으로 흘러 아드리아해로 흘러들어 가는 강. 속주인 갈리아와 로마의 경계를 이루었다.

4 율리우스력 | 태음력이던 로마력을 개정해 1년을 365일로 정하고 4년마다 2월을 하루 늘린 태양력. 율리우스력을 약간 고친 그레고리력이 지금 세계 공통으로 쓰이는 달력이다(3권 1582년 참조).

5 아우구스투스 | 훗날 로마 황제를 가리키는 호칭이 됐다. 영어의 emperor는 로마의 최고 사령관을 뜻하는 임페라토르에서 왔는데, 이 역시 황제의 권한을 가리키는 말이었다.

제 국 의 시 대

국가의 탄생부터 동서 제국의 등장까지

인류가 국가라는 틀에서 살아가기 시작한 것은 서기전 3500년경의 일이다. 처음에는 점점이 흩뿌려진 도시 국가에서 살아가던 인류는 교류와 전쟁을 거듭하며 점점 더 국가의 규모를 키워 갔다. 이 국가들은 서기전의 세계가 끝날 무렵 동서양의 드넓은 문명 지대를 지배하는 '제국'으로 모여들게 된다. 동양의 한나라와 서양의 로마가 대표적인 제국이었고, 그 사이에 초원과 사막을 관통하는 실크로드가 있었다.

① 한나라 – 중화 세계의 출범

황하 문명

중국 역사의 특징은 광대한 영토와 다양한 종족에도 불구하고 중심의 이동이 거의 없었다는 점이다. 중국 최초의 국가로 일컬어지는 하나라(서기전 2070~서기전 1600)는 세계 4대 문명의 하나인 황하 문명을 계승해 황하 유역에 세워졌다. 그 뒤를 상나라(서기전 1600~서기전 1046)와 주나라(서기전 1046~서기전 770)가 잇는 과정에서 영토도 넓어지고 그 안으로 다양한 종족이 들어왔지만, 중심지는 여전히 황하 유역이었다. 황하 유역의 평야 지대를 일컫는 '중원(中原)'과 중국인을 일컫는

'화하(華夏)'라는 말은 이 무렵 생겨났다. 자신들이 세계의 중심에서 높은 문화를 이루고 있다는 '중화(中華)' 사상도 이때 싹이 텄다. 그들의 생각에 따르면 문화 지대인 중원의 변방에 문화의 세례를 기다리는 동이(東夷), 서융(西戎), 남만(南蠻), 북적(北狄) 등 이민족들이 살고 있었다.

중국의 간쑤성 란저우 한가운데를 흐르는 누런 황하의 물줄기

주나라에서 예기(禮器)로 사용하던 청동 궤

춘추전국 시대

서기전 770년 춘추전국 시대가 시작되자 주나라 왕을 천자(天子)로 떠받들던 제후국들이 사실상 독립해 서로 경쟁하고 싸웠다. 춘추 시대(서기전 770~서기전 403)에는 제후국들이 천자를 대신해 주도권을 갖는 패자가 되기 위해 서로 싸움을 벌였다. 뒤이은 전국 시대(서기전 403~서기전 221)가 되면 제후들이 저마다 천자와 같은 '왕'의 호칭을 쓰며 천하의 주인이 되기 위해 싸웠다.

춘추전국 시대는 500년 훨씬 넘게 계속되었다. 그동안 화하 민족은 주변 이민족들과 혈연적으로나 문화적으로 뒤섞이는 과정을 겪었다. 그토록 오랜 세월 여러 나라로 분열되고 혼혈이 진행

되었지만 황하 유역이 천하의 중심이라는 생각은 사라지지 않았다. '춘추 5패', '전국 7웅' 등으로 불린 나라들에게 천하의 중심은 일관되게 황하 유역이었고, 이곳을 차지하는 자가 하·상·주를 잇는 중화의 주인이 되는 것이었다.

진나라

전쟁으로 얼룩졌던 춘추전국 시대를 끝낸 것은 '전국 7웅' 가운데 하나였던 진나라였다. 진나라 왕 정은 중원에 자리 잡은 함양을 중심으로 주나라 때보다 훨씬 더 넓은 영토를 통합했다. 그리고 자신이 과거 주나라의 왕보다 한 단계 높은 천자라는 것을 과시하기 위해 '황제'라는 호칭을 만들어 냈다. 이때부터 중원의 황제를 중심으로 통합된 중화제국이 모습을 갖추게 된다. '진'은 오늘날 서방 세계에서 중국을 가리키는 말인 '차이나(China)'의 어원이다.

진시황릉을 수호하는 병마용갱의 병사 인형

한나라

통일을 이룩하기 위한 강력한 법치주의가 제후들의 반발을 사면서 진나라는 무너졌다. 그 뒤를 이어 서기전 202년 통일 제국으로 등장한 것이 한나라였다. 한나라는 유학을 통치 이념으로 삼았으며 이를 바탕으로 중화사상을 확립했다. 이후 2000년 넘게 동아시아의 중심으로 우뚝 서게 될 중화제국은 이렇게 탄생했으며, 그 중심지는 여전히 중원 한복판의 장안이었다.

악기를 두드리며
노래 부르는 한
나라 때 인형

한족과 호족의 전투를 묘사한 조각화
한나라 때는 호족과 장기적인 전쟁을 벌였다. 이 벽화는 한족과 호족 병사들이 서로 치열한
전투를 벌이는 장면을 묘사한 것으로 기병을 위주로 한 한나라 군 편제를 엿볼 수 있다.

② 로마제국 – 서양사의 호수

오리엔트 문명 | 황하 문명과 비슷한 시기에 문명이 발생한 메소포타미아와 이집트는 한데 합쳐 '오리엔트'라고 불렸다. 이것은 뒤늦게 이 지역으로부터 문명을 전수받은 그리스 사람들이 두 지역을 가리켜 일컬은 말로 '해가 뜨는 곳'을 뜻한다. 상대적으로 주변 지역에 대해 열려 있는 메소포타미아에서는 수많은 세력이 뒤섞여 주도권 경쟁을 벌인 반면, 홍해와 지중해에 둘러싸여 외부에서 접근하기 어려운 이집트는 안정된 발전을 거듭할 수 있었다.

이집트의 왕릉인 피라미드를 지키는 스핑크스

바빌로니아 | 이집트에서 왕릉인 피라미드와 신전인 오벨리스크로 상징되는 파라오의 왕권이 튼튼하게 이어지는 동안 메소포타미아에서는 수많은 도시 국가와 정복 왕조가 떠올랐다 사라지기를 거듭했다. 이 지역에서는 수메르인, 아카드인이 세계 최초의 도시 문명을 이룩하고 활동하다가 서기전 2350년경 아카드인이 통일 국가를 건설했다. 서기전 1830년경에는 오늘날 이라크의 수도인 바그다드에 있었던 바빌론을 중심으로 바빌로니아(바빌론 제1왕조)가 탄생한다. 바빌로니아는 세계 최초의 성문법으로 알려진 함무라비 법전을 반포하고 역법을 시행하며 중앙 집권제를 확립했다.

아시리아 | 바빌로니아는 메소포타미아 전 지역을 완전히 장악하지 못했다. 지금의 이라크 북부 모술을 중심으로 아시리아가 활동했고, 지금의 터키와 시리아 북부에는 인도유럽어계인 히타이트가 활동하면서 이집트와 충돌하기도 했다. 그런가 하면 지금의 레바논, 시리아, 이스라엘 북부를 무대로 활약한 페니키아는 지중해를 무대로 활발한 해상 활동을 펼쳤으며, 오늘날 서아시아와 유럽 전역에서 쓰이는 알파벳을 발명한 민족으로도 명성을 떨치고 있다. 이들 가운데 아시리아는 점차 세력을 키워 서기전 8세기에는 바빌로니아를 무너뜨리고 메소포타미아의 주인이 됐다. 아시리아는 나아가 이집트를 무력으로 굴복시켜 오리엔트를 지배한 최초의 제국으로 우뚝 섰다.

배를 타고 강을 건너는 아시리아 사람들

페르시아

아시리아의 영광은 오래가지 않았다. 서기전 612년 바빌로니아가 복수에 나서 아시리아를 멸망시키고 신바빌로니아를 건설한 것이다. 하지만 신바빌로니아 역시 오래가지 못하고 이란 쪽에서 새롭게 나타난 페르시아에 정복당했다. 서기전 525년 페르시아는 이집트까지 정복하고 오리엔트를 완전히 평정한 대제국으로 우뚝 섰다. 페르시아제국은 여기서 그치지 않고 뒤늦게 문명의 대열에 합류한 그리스까지 정복해 아시아, 아프리카, 유럽에 걸친 세계 제국을 건설하려 했다. 작은 폴리스들로 나뉘어 있던 그리스는 페르시아의 손쉬운 먹잇감으로 여겨졌으나, 젊고 발랄한 그리스의 전사들은 제국의 야망을 좌절시켰다(서기전 479년).

헬레니즘제국

페르시아가 못다 한 세계 제국의 꿈을 이룩한 것은 그리스의 변방에서 성장한 마케도니아왕국이었다. 마케도니아의 알렉산드로스 대왕은 그리스의 폴리스들을 굴복시킨 뒤, 그리스 문화의 기수로 자처하면서 페르시아제국을 무너뜨렸다(서기전 331년). 알렉산드로스는 아시아의 왕이 되겠다는 야심을 품고 인도 북부까지 원정해 3대륙에 걸친 세계 제국을 완성했다. 알렉산드로스의 헬레니즘제국은 그리스 문명, 오리엔트 문명, 인도 문명을 아우르는 고대 문명의 용광로 역할을 톡톡히 했다.

알렉산드로스와 페르시아의 다리우스 3세가 결전을 벌인 이수스전투

로마

그러나 서기전 323년 알렉산드로스가 젊은 나이에 죽는 바람에 그의 제국은 곧 붕괴하고 말았다. 인도 북부에는 마우리아왕조가 들어서고, 이란 지역에는 페르시아제국을 계승한 파르티아왕국이 세워졌다. 이때 유럽과 북아프리카에서 헬레니즘제국을 대신해 패자로 떠오른 것이 로마였다. 이탈리아반도의 작은 도시 국가 로마는 헬레니즘제국의 세력이 이탈리아까지 미치지 못한 덕분에 성장의 싹이 꺾이지 않았다. 서기전 3세기에 로마는 페니키아가 북아프리카에 세운 식민 도시 카르타고와 지중해 일대의 패권을 놓고 충돌한다. 100여 년에 걸친 전쟁에서 승리한 로마는 헬레니즘제국을 계승하는 대국으로 성장하게 된다. 그리고 서기전의 막바지에 이르러 기존의 공화정 체제를 버리고 전제권력을 가진 황제가 다스리는 제국의 꼴을 갖춘다. 고대 그리스와 오리엔트 문명이 로마제국으로 흘러 들어가 훗날 서유럽 문명으로 흘러 나간다는 뜻에서 로마제국은 '서양사의 호수'라고 불리기에 손색이 없는 문명 대국이었다.

그리하여 서기전이 막을 내리는 시점에서 세계는 동서에 한나라와 로마제국이 우뚝 서 있고 그 사이에서 파르티아, 인도 등과 사막에 점점이 뿌려진 오아시스 국가들이 두 제국을 이어주는 모습을 갖추게 된다.

늑대의 젖을 먹고 있는 로마의 건국자 로물루스와 레무스

꾀꼬리 오락가락 암수 서로 노니는데

翩翩黃鳥 雌雄相依

외로워라 이 내 몸은 뉘와 함께 돌아가랴[1]

念我之獨 誰其與歸

1 고구려 2대 유리왕이 지은 「황조가」(『삼국사기』)
유리왕은 왕비 송씨가 죽자 화희와 치희를 아내로 맞았다. 두 여인이 유리왕의
총애를 다투던 중 왕이 기산에 사냥을 가 궁궐을 비운 틈에 화희가 치희를
모욕하여 한나라로 쫓아 보냈다. 사냥에서 돌아와 이 말을 들은 유리왕은 바로
말을 달려 뒤를 쫓았으나 치희는 돌아오지 않았다. 낙심한 왕은 나무 밑에서
쉬다가 짝을 지어 날아가는 황조(꾀꼬리)를 보고 이 노래를 지었다.
치희와 화희의 다툼은 외래 세력과 토착 세력의 권력 다툼을 보여 주며,
「황조가」에는 두 세력 사이에서 왕권을 강화하려다 실패한 유리왕의 심정이
담겨 있다고 한다. 현재 남아 있는 한국 최초의 서정시로 꼽힌다.

슬퍼하지 마라.
내가 언제나 말하지 않았느냐.
사랑하는 모든 것은
곧 헤어지지 않으면 아니 되느니라.[1]

배우고 때로 익히면
기쁘지 아니한가.[2]

너 자신을 알라.[3]

1 석가모니가 80세의 나이로 열반에 이르면서 한 말
석가모니가 창시한 불교는 카스트라는 신분 제도에 얽매여 있는 인도 사회에서
만인의 평등과 자비를 외치며 등장해 선풍을 일으켰다. 이 세상에 고정적인
것은 아무것도 없으며 모든 것은 변하기 마련이라는 불교의 가르침은 인간의
욕망과 집착이 부질없다는 진리를 깨우쳐 주었다. 불교는 크리스트교,
이슬람교 등 세계 3대 종교 가운데 가장 먼저 탄생했다.

2 공자의 제자들이 공자의 가르침을 엮은 『논어』의 첫마디
공자는 혼란스러운 세상을 올바로 다스리기 위해서는 끊임없이 학습하고
연구하는 자세가 필요하다고 가르쳤다. 그의 학문 체계인 유학의 영향을 받은
중국, 한국 등에서는 공부를 많이 한 학자들이 관료가 돼 나라를 다스렸다.

3 서기전 500년경에 활동한 아테네의 철학자 소크라테스가 젊은이들에게
진리를 가르치면서 했다는 말
당시 아테네에서는 절대적이고 보편적인 진리는 없다면서 남을 설득하는
수사법과 웅변술을 가르치는 소피스트가 많았다. 이런 상황에서 소크라테스는
젊은이들과 대화를 나누며 그들이 스스로 알고 있다는 것들을 끊임없이
의심함으로써 진리에 이르는 방법을 제시했다. 이때 "너 자신을 알라"라는 말은
"너 자신의 무지를 알라"라는 뜻이었다.

1 세 기

1~100

고구려의 초기 도성 국내성 주변에 있는 귀족들의 무덤, 산성하고분군

삼국이 발전하고,
동서 제국이 우뚝 서다
— I —

1세기의 한국과 세계

삼국이 발전하고, 동서 제국이 우뚝 서다

고구려, 백제, 신라가 삼국 시대를 이룬 기간은 100년이 채 안 된다. 1세기의 만주와 한반도에
는 부여와 가야 외에도 마한과 진한의 소국들이 아직 남아 있고, 옥저와 동예가 생명을 부지하
고 있으며, 중국 한나라가 세운 낙랑군이 여전히 평양 일대를 차지한 채 떵떵거리고 있었다. 이
러한 시기에 중앙 집권적 고대 국가 체제를 정비해 나간 고구려를 선두로 삼국은 가장 두드러
진 발전을 보이면서 만주와 한반도의 중심 세력으로 성장해 갔다.

지난 세기에 흉노를 제압하고 고조선을 멸망시킨 한나라는 잠시 시련을 겪었지만 동아시아를
대표하는 제국으로 자리 잡는다. 동서 교역로를 개척하는 사업도 계속해 서아시아의 파르티아
까지 중국인의 발길이 닿게 된다. 지난 세기에 지중해 일대를 제패한 로마는 동쪽의 한나라에
대비되는 서쪽의 제국으로 성장해 '동서 제국의 시대'가 활짝 열린다. 바로 이때 동서양을 대표
하는 세계 종교인 불교와 크리스트교가 각각 한나라와 로마에 진출해 양대 제국의 정신세계
를 장악하는 대장정을 시작한다.

2년 **고구려에 지진이 일어나다**

3년 **고구려가 국내성으로 천도하다**

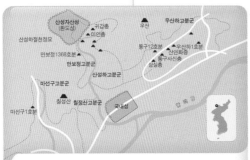

국내성 일대
졸본은 압록강의 지류인 훈강과 가까운 환런 분지에 있고,
국내성은 압록강 본류와 가까운 지안 분지에 있다.

**중국 지안에 남아 있는
국내성 성벽**
전체 길이 2686미터이며,
서북쪽 2500미터 지점에
환도산성(산성자산성)이 자
리 잡고 있다.

1 고구려의 성 | 고구려의 성
은 도시 기능을 하는 평지성과
방어를 위한 산성의 이중 구조
로 되어 있다. 국내성과 환도
산성, 평양의 안학궁과 대성
산성이 모두 이런 구조이다.

2 개마국 | 고구려 초기에 압록
강 상류 지역에 있었던 것으로
짐작되는 부족 국가이다.

고구려가 졸본에서 국내성(지금의 중국 지린성 지안)으로 도
읍을 옮겼다. 국내성은 압록강 본류와 이어지는 교통의
요지로, 압록강 유역 전체를 다스리기에 적합했다.

고구려 사람들은 국내성에 도시 기능을 하는 평지성을
쌓은 후 국내성과 가까운 환도산에 방어를 위한 산성을
쌓았다. 산성 안에는 우물, 저장 창고, 조리 시설 등을 마
련해 외적의 침입과 같은 사태가 발생하면 살던 곳을 떠
나 산성 안으로 들어갔다.[1]

국내성은 장수왕이 도읍을 평양으로 옮길 때까지(427년 참
조) 고구려의 도읍으로 영화를 누린다.

4년 **신라 2대 남해왕이 즉위하다**

신라 1대 혁거세왕이 죽고 그의 아들이 남해왕(재위 4~24)으로 즉위했다.

> **신라 왕의 호칭**
> 신라의 초기 지배자들은 '왕'이 아닌 다른 호칭으로 불렸다. 1대 혁거세는 '거서간', 2대 남해는
> '차차웅'이었다. 거서간은 집단의 대표자를 가리키는 말이며, 차차웅은 무당을 가리키는 말이다.
> 왕을 차차웅이라고 한 것은 신의 뜻을 아는 무당이 매우 중요한 사람이었기 때문이다. 거서간, 차
> 차웅 이후에도 '이사금', '마립간'이라는 호칭이 쓰였다. 이사금은 나이가 많은 사람을 뜻하며(24
> 년 참조) 마립간은 대군장이라는 뜻(356년 참조)이다. 신라에서 왕이란 호칭을 사용한 것은 23대
> 법흥왕부터이다.

18년 **고구려 3대 대무신왕이 즉위하다**

고구려 2대 유리왕이 죽고 그의 아들 무휼이 대무신왕(재위 18~44)으로 즉위했다.
대무신왕은 동부여를 공격해 대소왕을 죽이고 왕자 호동을 시켜 낙랑을 공략했
으며(32년 참조), 개마국[2]을 병합해 영토를 확장했다. 대무신왕이 등용한 을두지는
28년 후한이 고구려를 침략하자 오래 버티는 지구전을 펼쳐 이를 물리친다.

8년 왕망이 전한을 멸하고 신나라를 건국하다

왕망이 네 살에 불과한 어린 황제를 대신해 나랏일을 돌보다가 황제 자리를 빼앗고 전한[1]을 멸망시켰다. 개혁가였던 왕망은 유학자들이 이상적으로 여기는 주나라의 제도를 중국 사회에 그대로 적용하려 했다. 나라 이름도 이런 포부를 담아 '신(新)'으로 정했다.

왕망은 전한에서 유학의 이상이 실현되지 않은 것은 호족[2] 세력이 너무 커졌기 때문이라고 봤다. 전한에서는 가혹한 세금을 비롯한 여러 부담으로 농민이 몰락하자 이 땅을 차지해 드넓은 농장을 소유한 호족이 성장했다. 호족은 황제의 권위를 위협하고 농민을 착취했으므로 유학자들에게는 눈엣가시였다. 왕망은 호족을 누르기 위해 주나라에서 시행됐다는 정전제[3]를 모방해 전국의 토지를 국유화하고 백성에게 경작권을 재분배했다. 또 호족들이 농장을 넓히지 못하도록 토지와 노비 매매도 금지했다.

그러자 호족들이 강력히 반발해 큰 혼란이 일어났다. 또 왕망은 탈세를 일삼고 서민을 옥죄는 고리대금업자나 대상인의 횡포를 막기 위해 화폐를 개혁했는데, 이는 경제적 혼란을 일으켰다. 밖으로는 주변 국가에 중국을 섬기라고 강요하는 바람에 전쟁이 일어날 가능성이 많아졌다. 그러자 군대에 끌려가거나 세금을 더 많이 내게 된 농민도 왕망에게 등을 돌렸다.

결국 호족과 농민이 사방에서 반란을 일으키면서 신나라는 15년 만에 무너진다.

14년 로마에서 아우구스투스가 사망하다

로마제정(帝政)의 첫 번째 황제 아우구스투스가 사망했다. 양자인 티베리우스가 제위를 계승했는데 이로써 로마의 황제 세습 체제가 굳어졌다.

원래 공화정이었던 로마가 제정으로 바뀐 것은 잇단 정복 활동으로 로마의 덩치가 커지면서 내부의 정치적 모순이 커졌기 때문이다. 로마 공화정 군대는 본래 부유층 위주로 구성돼 있었으나, 영토가 커지면서 병력이 부족해지자 빈민을 점점 더 많이 징집했다. 군대의 대부분을 이루게 된 빈민은 대지주로 구성된 원로원보다는 자신들과 생사고락을 같이하며 전리품을 나눠 주는 지휘관들에게 더 충성했다. 그리고 넓은 영토를 효율적으로 지배하기 위해 강력한 통치 권력이 필요해졌는데, 이런 통치에는 군사 지도자들이 더 적합했다. 결국 100년 내내 지속된 원로원과 군사 지휘관들의 권력 대결에서 군사 지휘관들이 승리해 로마제국이 탄생했던 것이다.

1 전한과 후한 | 고조 유방이 건국해 왕망에게 멸망당할 때까지의 한나라를 전한(前漢, 서기전 202~서기 8), 전한의 황족이었던 광무제가 한나라를 부활시킨 이후의 한나라를 후한(後漢, 25~220)이라 한다.

2 호족 | 부유하고 권세 있는 집안. 대토지를 소유한 지주들이 지방의 실질적인 지배자로 군림하며 호족으로 발전했다.

3 정전제(井田制) | 토지를 '정(井)' 자 모양으로 아홉 등분해 중앙의 한 구역에서 나는 수확을 세금으로 바치고 나머지 여덟 구역은 개인에게 지급한 제도다.

8
2012_AUG / Agosto
WED THU FRI SAT SUN MON TUE W
1 2 3 4 5 6 7

8월 달력
영어로 8월을 의미하는 August는 로마의 첫 번째 황제 아우구스투스의 이름을 딴 것이다.

22년 고구려가 부여를 공격해 대소왕을 죽이다

24년 신라 3대 유리왕이 즉위하다

신라 2대 남해 차차웅이 죽고 아들이 유리왕으로 즉위했다(재위 24~57). 유리왕의 호칭은 '이사금[1]'이었는데, 여기에는 다음과 같은 이야기가 전해진다. 유리는 남해왕이 죽자 덕망이 높은 탈해(57년 참조)에게 왕위를 양보하려 했다. 그러자 탈해는 성스럽고 지혜가 있는 사람은 이가 많다며 시험해 보기를 청했다. 유리와 탈해가 떡을 베어 물자 떡에 잇자국이 선명하게 남았는데, 유리의 잇자국이 더 많았다. 그러자 신하들이 유리를 받들어 왕위에 올리고, 왕호를 이사금이라 했다. 이사금은 '이가 많은 사람'이라는 말로, 나이가 많은 사람을 뜻한다(『삼국사기』).

28년 백제 2대 다루왕이 즉위하다

32년 신라가 6부의 이름을 고치다

유리왕이 6부(部)의 이름을 고치고 성씨를 내렸다(서기전 57년 참조). 6부의 이름은 양부·사량부·점량부(모량부)·본피부·한기부·습비부가 됐고, 성씨는 각각 이씨·최씨·손씨·정씨·배씨·설씨가 됐다.

> **추석의 유래**
> 신라 유리왕 때 매년 가을 7월 16일이 되면 6부를 둘로 나눠 왕녀 두 사람으로 하여금 각각 부 안의 여자들을 거느리고 길쌈을 하게 했다. 8월 15일에 그 양을 평가해 진 쪽에서는 술과 음식을 마련해 이긴 쪽에 베풀었다. 길쌈 내기에서 음주가무에 이르는 이 축제를 가배(嘉俳)라고 하는데, 각 부족의 결속을 다지기 위한 것이다. 가배는 한 달의 가운데, 즉 보름을 뜻한다. 가배는 이후 '가위'로 바뀌고, 그중 8월 15일은 큰 가위라는 뜻의 '한가위'라고 불리게 된다. 이것이 한민족의 명절인 추석의 유래로 여겨진다.

32년 고구려 호동왕자가 낙랑을 정벌하다

고구려의 호동왕자가 낙랑[2]을 공격해 함락시켰다. 전설에 따르면 호동왕자는 대무신왕의 둘째 부인이 낳은 아들로, 옥저에 사냥을 나갔다가 낙랑 태수 최리의 딸 낙랑공주와 사랑하는 사이가 됐다. 당시 낙랑에는 적군의 침입을 저절로 알리는 북(자명고)이 있어 정벌하기 어려웠다. 호동은 낙랑공주를 꾀어 자명고를 찢게 한 뒤 쳐들어가 뜻을 이루었다. 낙랑 태수는 이 사실을 알고 딸을 죽인 후 항복하고, 호동은 대무신왕의 첫째 부인으로부터 모함을 받고 자결했다(『삼국사기』).

1 이사금 | 3대 유리왕부터 18대 신성왕까지 모두 16명의 왕이 '이사금'으로 불렸다.

2 낙랑 | 이 전설에 나오는 낙랑은 한사군의 하나인 낙랑군이 아니라 평양에 있던 소국이라는 설도 있다.

1956년에 개봉한 영화 〈왕자호동〉 (감독 김소동)
'호동왕자와 낙랑공주'는 한국에서 가장 인기 있는 예술 작품의 소재로 사용돼 왔다.

25년 **중국에서 광무제가 후한을 건국하다**

전한의 황족 유수(광무제)가 왕망 정권을 무너뜨리고 후한을 세웠다. 광무제는 각 지의 반란 세력을 진압하고 36년 중국을 재통일한다.

광무제는 남양 지방의 호족이었고, 중국을 통일하고 운영하는 과정에서도 여러 호족 가문의 힘에 의존했다. 따라서 후한의 건국은 호족 세력의 승리를 의미한다. 후한은 처음부터 호족들의 연합 정권이었으므로 황제가 호족들을 견제하기는 쉽지 않았다. 호족들은 더 많은 땅을 사들였고, 호족과 농민 사이의 빈부 격차가 커졌다.

지방에서 기반을 다진 호족들은 중앙 정계에도 대거 진출해 후한의 정치를 장악한다. 한나라의 관리 선발 제도[1]는 주로 추천이나 평판에 의존했는데, 이는 지방의 유력자들이 중앙 정계에 진출하기 좋은 환경을 만들었다. 고위 관직에 오른 호족들은 서로 결혼하면서 기득권을 다져 나간다.

광무제

1 한나라의 관리 선발 제도 | 지역 사회의 평판을 바탕으로 지방관이 인재를 추천하는 효렴이나 향거리선제 등이 있었다.

30년경 **예수가 십자가에서 처형되다**

크리스트교를 창시한 예수가 십자가에 매달려 처형됐다. 예수가 격렬하게 비판한 유대교 지도자들이 로마 당국에 예수를 반란죄와 신성 모독죄로 고발했기 때문이다.

예수가 활동한 시기에 이스라엘은 로마제국에 정복돼 주민과 로마 지배자 사이에 갈등이 고조되고 있었다. 로마의 통치에 불만을 품은 주민은 격렬하게 저항했지만, 그 와중에서도 일부 유대교 성직자들은 로마인과 결탁해 호강을 누리고 있었다. 예수는 분열과 증오로 치닫는 이스라엘의 상황을 크게 우려했다. 그는 동족인 유대인들이 몇 차례 로마제국에 반기를 들었다가 처참하게 진압된 것을 알고 있었기에 더 이상 피를 흘리기보다는 사랑의 힘으로 갈등을 씻어내길 원했다. 예수는 모든 사람들이 다 같은 신의 자녀라는 사실을 깨닫고 받아들이면 증오와 폭력의 악순환이 끊어지리라 기대했다. 압제자들에게도 신의 사랑을 알려 그들이 핍박하는 자들과 동등한 존재임을 알리면, 약자에 대한 억압과 착취를 그만둘 것이라 여겼다. 크리스트교가 무차별적인 사랑과 적극적인 선교를 강조하게 된 것은 이런 이유에서다.

예수의 가르침은 폭력과 억압에 지친 사회적 약자들 사이에서 큰 호응을 얻었다. 그가 처형된 뒤에도 제자들은 적극적인 포교 활동을 계속해 크리스트교의 교세는 점점 커진다.

예수의 처형

42년 **수로왕이 가락국을 건국하다**

삼한의 하나인 변한 지역(지금의 경상남도 김해)에 금관가야(가락국)가 세워졌다. 이 지역에서는 시조인 수로왕이 나타나기 전까지 여러 추장이 산골짜기에서 각기 백성을 거느리고 살고 있었다. 이후 주변 지역에 대가야, 아라가야, 고령가야, 성산가야 등 여러 소국이 세워져 가야연맹을 이룬다.

가락국이 세워진 경상남도 김해 일대

수로왕 설화
김해에서는 9간(干)이 백성들을 통솔하고 있었다. 42년 3월 구지봉(龜旨峰)에서 수상한 소리가 들려 추장과 마을 사람들이 모였다. 하늘에서는 "하늘이 내게 이곳에 내려가 나라를 새롭게 하고 임금이 되라고 하셨다. 너희는 이 봉우리 위를 파서 흙을 집으며 '거북아 거북아 머리를 내어라 내밀지 않으면 구워서 먹겠다'라고 노래를 부르며 춤을 춰라. 그러면 곧 대왕을 맞이하게 될 것이다"라는 말이 들려왔다. 사람들이 이 말대로 하며 하늘을 바라보니 붉은 줄이 내려와 땅에 드리워졌다. 줄 끝에는 금으로 만든 상자가 붉은 보자기에 싸여 있었고, 상자 뚜껑을 열어 보니 황금알 여섯 개가 있었다. 12일 후 금 상자를 다시 열어 보니 알 여섯 개가 사내아이들로 변해 있었다. 여섯 알 중에서 가장 먼저 태어난 수로가 왕위에 오르고 나라 이름을 가야국(대가락)이라 했다. 나머지 다섯 사람도 다섯 가야의 왕이 됐다(『삼국유사』).

44년 **고구려 4대 민중왕**(재위 44~48)**이 즉위하다**

48년 **고구려 5대 모본왕**(재위 48~53)**이 즉위하다**

48년 **가야 아유타국 공주 허황옥이 가락국에 와서 수로왕과 혼인하다**

53년 **고구려 6대 태조왕이 즉위하다**

고구려 5대 모본왕이 죽고 2대 유리왕의 손자 궁이 태조왕(재위 53~146)으로 즉위했다. 태조왕은 활발한 정복 활동을 통해 군사력과 경제력을 키우고, 이를 바탕으로 왕권을 안정시켰다. 태조왕 이후 고구려의 왕위는 계루부 고씨가 독점한다.

57년 **신라 4대 탈해왕이 즉위하다**

유리왕이 죽고 그의 매제 탈해(재위 57~80)가 즉위했다. 전설에 따르면 탈해[1]는 왜(지금의 일본)에서 1000리 떨어진 다파나국 왕자였다. 알에서 태어났으므로 왕이 상서롭지 못하게 여겨 궤에 넣어 버렸고, 바다를 따라 신라로 떠내려갔다.

1 탈해의 성씨 | 탈해가 든 궤가 신라에 도착할 때까지 한 마리가 울면서 따라 날고 있어서 탈해의 성을 '까치 작(鵲)' 자를 줄인 '석(昔)'으로 정했다. 신라의 석씨 왕은 4대 탈해, 9대 벌휴, 10대 나해, 11대 조분, 12대 첨해, 14대 유례, 15대 기림, 16대 흘해 등 8명이다.

아시아 **45년경 인도 북부에 쿠샨왕조가 서다**

중앙아시아의 이란계 종족인 쿠샨족(대월지) 지도자 쿠줄라 카드피세스가 인도 서북부 일대를 통일하고 쿠샨왕조를 세웠다. 쿠샨왕조는 중국-인도-이란을 연결하는 교역로에 자리 잡아 이곳을 통과하는 상인들에게 통행세를 물리며 번영을 누리고, 로마제국과도 활발히 교류했다.

쿠샨족은 인도에 들어오기 전 아프가니스탄과 파키스탄 일대에서 번영하던 그리스계 국가인 박트리아왕조(대하)를 정복했는데, 이 때문에 인도 문화와 그리스 문화를 접목시키기에 유리한 조건을 갖추고 있었다(서기전 126년 참조).

쿠샨왕조 때 간다라(지금의 파키스탄 북부)에서는 불교를 그리스 식으로 표현한 간다라 미술이 등장했다. 이전에는 인체를 직접 묘사하지 않고 보리수, 법륜 등 상징물만 그림으로 그렸으나, 간다라에서는 그리스 조각을 모방해 부처의 모습을 새긴 불상을 만들었다. 간다라에서는 그리스 고전도 널리 읽히고 그리스 연극 또한 인기를 끌었다.

쿠샨의 왕들은 적극적으로 불교 포교에 나서 중국 등지에 불교가 전해지는 데 큰 역할을 했다. 이때 간다라 미술도 전래돼 동아시아 불교 미술에 큰 영향을 끼쳤다.

그리스 조각(왼쪽)과 간다라 불상(오른쪽) 얼굴의 형태나 표정이 그리스 조각을 그대로 닮았다.

1 동남아시아 최초의 국가 | 동남아시아의 철기 시대는 서기전 3세기 무렵 시작되었다고 추정되므로 부남 건국 이전에도 다른 국가가 존재했을 가능성이 높다. 그러나 이에 대한 기록은 오늘날 남아 있지 않다.

아시아 **60년경 캄보디아에 동남아시아 최초의 국가 부남이 건설되다**

동남아시아 최초의 국가인 부남이 지금의 캄보디아에 세워졌다. 전설에 의하면 인도에서 배를 타고 건너온 카웅딩야가 물뱀 신의 딸 소마와 싸워 항복을 받고, 그녀와 결혼해 나라를 세웠다. 부남은 인도 문화의 영향을 강하게 받고 로마와 중국을 잇는 해상 무역을 활발히 펼쳤다. 3세기 초에 전성기를 누리나, 4세기 이후 중국 상인이 동남아시아에 진출하자 쇠퇴한다. 7세기 중엽 캄보디아의 다른 나라인 진랍의 공격을 받아 멸망한다.

부남왕국

부남왕국 전성기의 영역 (3세기)

65년 신라에서 김알지가 태어나다

경주 김씨의 시조 김알지가 태어났다. 탈해 이사금이 금성 서쪽 시림(始林)의 나무 사이에서 닭 우는 소리를 듣고 사람을 보내 살펴보게 했더니, 금빛의 작은 궤가 나뭇가지에 걸려 있고 흰 닭이 그 밑에서 울고 있었다고 한다. 그 궤를 열어 보니 작은 사내아이가 들어 있었는데, 용모가 빼어나고 총명했다. 왕은 기뻐하며 사내아이의 이름을 '알지'라 하고, 금빛 궤 속에서 나왔으므로 성을 '김씨'라고 했다. 또한 시림은 '닭 계(鷄)' 자를 써서 '계림'으로 이름을 바꾸었다(『삼국사기』).

김알지의 등장은 신라에서 김씨 부족이 세력을 이루기 시작했다는 것을 의미하며, 김알지의 6대손인 김미조가 13대 왕에 오르면서 김씨 왕의 시대가 시작된다(262년 참조).

> **신라의 국명과 지명**
> 혁거세가 신라를 세웠을 때 나라 이름을 '서라벌'이라 했다. 서라벌은 경주의 본래 이름이기도 한데, 신라 이전에는 경주에 진한의 한 나라인 '사로국'이 자리 잡고 있었다. '신라'라는 국명을 사용한 것은 22대 지증왕 때의 일이다(503년 참조).

경주 계림 비각
계림은 신라의 신성한 숲이라 해서 지금까지 보존됐으며, 1803년(조선 순조 3)에 세운 김알지 탄생에 대한 비석이 남아 있다. 사적 제19호

77년 백제 3대 기루왕(재위 77~128)이 즉위하다

백제의 2대 다루왕이 죽고 맏아들인 기루왕이 왕위에 올랐다.

79년 신라가 지금의 울산과 동래로 영토를 넓히다

신라의 지방관인 거도가 우시산국(지금의 울산)과 거칠산국(지금의 부산 동래)을 공격해 신라에 병합했다. 거도는 군사들에게 말을 타고 노는 '마숙 놀이'를 시키다가 두 나라를 기습 공격해 정복에 성공했다.

80년 신라 5대 파사왕(재위 80~112)이 즉위하다

신라의 4대 탈해왕이 죽자 3대 유리왕의 둘째 아들(조카라고도 한다)인 파사왕이 왕위를 이었다. 성씨는 박이었다. 재임 중 가야와 싸워 여러 소국을 병합했다.

〈금궤도〉
조선의 사대부인 조속이 17세기에 김알지 탄생 설화를 소재로 그린 그림이다. 김알지가 경주 계림의 금 궤짝에서 나왔다는 설화를 표현했다.

유럽 61년경 **바울이 로마에 도착하다**[1]

크리스트교 초기 지도자 바울이 로마에 도착해 선교 활동을 시작했다. 그는 유대인이 아닌 민족에게 크리스트교를 전한 최초의 전도자로, 세 차례의 전도 여행을 통해 크리스트교가 세계 종교로 성장하는 데 결정적인 공헌을 했다.

크리스트교는 세계 종교로 발전할 만한 요소들을 갖추고 있었다. 유일신만 믿으면 영혼의 구원을 받는다는 단순 명쾌한 교리, 민족이나 계층에 차별을 두지 않는 보편성, 박애를 강조함으로써 사람들의 마음을 끌어당기는 호소력 등이 그것이다. 덕분에 크리스트교는 민족과 계층을 가리지 않고 짧은 기간에 많은 신도를 모을 수 있었다. 크리스트교도 중에는 소외 계층이 많고 초기에 많은 박해를 받았기 때문에 서로에게 의지하는 경향이 강했다. 따라서 끈끈한 신앙 공동체가 형성되고, 포교를 위해 목숨도 아끼지 않는 열렬한 신도 집단이 탄생할 수 있었다.

바울
『신약성서』 27권 중 13권을 썼다고 전해지며 크리스트교의 교리 체계 정립에 중요한 역할을 했다.

1 바울의 로마 도착 시기 | 바울이 59년 로마에 도착해서 그해에 죽었다는 설도 있다.

유럽 64년 **네로 황제가 크리스트교를 박해하다**

로마시에 큰 화재가 일어나 민심이 흉흉해지자 네로 황제가 크리스트교도들을 방화범으로 몰아 대대적으로 처형했다. 이는 로마제국 최초의 대규모 크리스트교 탄압으로, 이후 크리스트교 탄압은 여러 차례 이어졌다.

종교에 관대했던 로마제국이 크리스트교를 탄압한 것은 크리스트교가 황제 숭배를 거부했기 때문이다. 게다가 크리스트교는 로마제국의 군사주의 문화를 싫어했다.[2] 신도들이 똘똘 뭉쳤기 때문에 제국의 지배자들은 크리스트교를 잠재적인 체제 위협 세력으로 여기기도 했다. 313년 크리스트교가 공인될 때까지 신도들은 사람들의 눈을 피해 지하 묘지인 카타콤에서 집회를 가져야 했다.

2 크리스트교의 비폭력성 | 크리스트교는 다른 종교를 무척 싫어해서 훗날 로마의 국교로 공인받은 뒤에는 폭력적인 모습을 보이기도 했다. 그러나 처음에는 유대교의 전투적 선민사상을 싫어한 데서 출발했으므로 폭력에 대한 거부감이 강했다.

아시아 67년 **중국에 불교가 전파되다**

쿠샨왕조의 승려인 가섭마등, 축법난이 후한 수도 낙양에 가서 불교 경전인 『42장경』을 중국어로 번역했다. 이는 중국 최초의 불경 번역으로, 불교계는 이를 불교가 중국에 처음 전파된 사건으로 공인한다. 불교는 이전에도 중국에 들어가 있었지만, 중국어 경전이 없어 교리가 터무니없이 왜곡되곤 했다.

중국에서 불교가 처음 유행한 지역은 인도와 활발하게 교역하던 남부 해안과 서부 내륙이었다. 그러나 유교 문화가 강성했던 후한 때 불교는 그저 색다른 종교의 하나쯤으로 여겨졌다. 불교가 중국에 널리 퍼지는 것은 유교 문화가 쇠퇴하고 불교와 공통점이 많은 도교 사상이 유행한 남북조 시대(420~589)부터다.

백마사
낙양에 세워진 중국 최초의 불교 사원. 두 인도 승려가 백마를 타고 불교 경전을 중국에 가져왔다고 해서 붙여진 이름이다. 현재의 건물은 후세에 다시 지어진 것이다.

85년경 낙랑군에 점제현신사비를 세우다

낙랑군의 점제현이 산신(山神)에게 백성의 안녕과 풍년을 기원하는 비석을 세웠다. 130센티미터 정도의 화강암 자연석을 직사각형으로 다듬고 한 면을 평평하게 갈아 낸 뒤, 그 안에 약 80자를 예서체로 새겨 넣었다.

이 비석은 1913년 일본의 조선총독부 조사단에 의해 평안남도 용강군 해운면 토성리(지금의 온천군 성현리)에서 발견된다. 조사단에 참여한 사학자 이마니시 류는 이곳이 한사군 가운데 낙랑군에 속한 점제현의 중심지였다면서, 중국이 고조선을 멸망시킨 뒤 한반도를 지배한 증거로 이 비석을 내세운다.

그러나 북한 학계는 일제가 다른 곳에 있던 비석을 옮겨 와 역사를 조작했다고 주장하고 있다. 비석의 재질인 화강암을 분석해 보니 그 부근에서 화강암이 생성된 연대보다 2800만~2200만 년이나 앞선 것으로 밝혀졌기 때문이다. 일부 학자는 이 비석이 원래 중국 허베이성 롼허[灤河] 유역의 제스산[碣石山]에 있었다고 본다.

1916년의 점제현신사비와 탁본
현재 한국에 있는 비석 가운데 가장 오래된 것으로 규모는 작으나 학술적인 가치는 매우 크다. 북한 국보급 유물 제16호

89~100년 백제와 신라에서 잇따라 지진이 일어나다

89년 6월, 백제에서 지진이 일어나 민가가 넘어지고 많은 사람이 죽거나 다쳤다. 93년 10월과 100년 10월에는 신라의 왕경에서 지진이 일어났다.

한국의 지진

일반적으로 지진은 지구의 표면을 구성하는 여러 개의 판(암석 덩어리)이 서로 마찰을 일으켜 일어난다고 한다. 한반도는 유라시아판 안에 있기 때문에 판의 마찰에 의한 지진은 일어나지 않지만, 그래도 역사 속에서 적지 않은 지진이 일어났다.

1905년 인천에 지진계가 설치되기 전에 일어난 지진은 『삼국사기』, 『고려사』, 『조선왕조실록』 등에서 찾아볼 수 있다. 2년(유리왕 21) 고구려의 첫 지진(2년 참조) 이래 약 1800회의 지진이 발생했다고 기록돼 있다. 779년(혜공왕 15) 경주에서 발생한 지진은 100여 명의 사망자를 냈으며(779년 참조), 진도 5 이상의 피해를 준 지진도 40회 넘게 일어났다. 중세 들어 뜸하던 지진은 15~18세기에 부쩍 늘어나 1565년(명종 20) 한 해에만 104회나 일어나기도 했다. 19세기 이후로는 비교적 약한 지진 활동이 계속되고 있다.

96년 가야가 신라를 침공하다

가야가 신라의 남쪽 변경에 쳐들어갔다. 파사왕이 장수 장세를 보내 막으려 했으나 장세가 죽자 파사왕이 직접 군사를 이끌고 싸웠다. 이듬해 파사왕이 군사를 일으켜 가야를 침공하려 했으나, 가야의 왕이 사신을 보내 사죄하자 그만두었다.

아시아 89년 **반초가 실크로드의 주도권을 확보하다**

후한의 장군 반초가 중앙아시아의 최대 세력인 북흉노와 싸워 대승을 거두고 실크로드의 주도권을 장악했다. 흉노는 48년 남북으로 분열한 이후 쇠퇴하긴 했지만 여전히 강력한 세력을 보유하고 있었다. 이 패배로 세력이 한풀 꺾인 흉노는 이후 약 반세기 동안 한나라와 대결하다가 서쪽으로 완전히 밀려났다. 일설에는 4세기 유럽의 게르만족 대이동을 촉발시킨 훈족이 이때 서쪽으로 이동한 흉노족의 후예라고도 한다(376년 참조).

반초는 계속해서 서역에 머물며 실크로드 무역의 요충지인 타림분지를 평정하고, 카스피해 연안까지 정복했다. 반초는 정보를 얻기 위해 부관 감영을 대진국(로마)에 파견했다(166년 참조). 감영이 조지국(시리아)에 다다라 앞을 가로막는 망망대해를 건너려 하자, 뱃사람이 "이 바다는 너무 넓어 순풍이라도 3개월, 역풍일 때에는 2년이나 걸리므로 살아서 건너는 사람이 얼마 되지 않는다"라고 말려 포기했다고 한다. 그 뱃사람은 후한과 로마가 직접 교역하는 것을 꺼린 안식국(파르티아) 사람이었다는 설도 있다.

반초의 활약으로 후한의 서역 무역은 활기를 찾지만, 그가 은퇴한 뒤 강족 등이 침입하면서 다시 쇠퇴한다.

반초의 서역 원정로

유럽 96년 **로마제국에서 오현제 시대가 시작되다**

정적을 가혹하게 탄압해 비난을 샀던 황제 도미티아누스가 암살되고, 네르바가 새 황제로 추대됐다. 네르바는 겨우 2년 동안 황제로 있었지만 유능한 원로들을 등용해 정치적 안정을 이루고 좋은 평판을 받았다. 네르바는 유능하고 신망이 높은 인물을 양자로 삼아 후계자로 지목하는 관행을 만들었다. 이 관행이 지켜지는 동안 5명의 뛰어난 황제가 잇달아 배출되는 오현제 시대(96~180)가 전개됐다. 오현제 시대에 로마제국은 판도가 최대에 이르고 정치가 안정되면서, '팍스 로마나(로마의 평화)'라 불리는 전성기를 맞이한다.

아시아 100년경 **크리스트교의 4복음서가 완성되다**

'복음서' 중 가장 나중에 쓰였다고 알려진 『요한복음』을 포함해 크리스트교의 4복음서가 완성됐다. 4복음서는 예수의 언행을 정리한 『마태복음』, 『마가복음』, 『누가복음』, 『요한복음』으로 구성되는데, 예수의 가르침이 직접 담겨 있어 신도들 사이에서 최고의 권위를 인정받았다. 4복음서는 크리스트교 경전(『신약성서』)이 최종 확정되기 전까지 크리스트교의 통일성을 유지하는 핵심이 된다(392년 참조).

왕망(王莽) 초에 고구려 군사를 징발해
흉노를 정벌하게 했으나 그들이 가지 않으려 하여
강압적으로 보냈더니, 모두 국경 너머로 도망한 뒤
(중국의 군현을) 노략질했다. (……) 왕망이 장수 엄우를 보내자
엄우는 고구려왕 추(騶)를 꼬여 국경 안으로 들어오게 한 뒤
목을 베어 그 머리를 장안에 보냈다.
왕망은 크게 기뻐하면서, 고구려왕의 칭호를 고쳐서
하고려후(下句麗候)라 부르게 했다.[1]

1 『후한서』 「동이열전」 중에서
왕망은 8년에 전한을 멸하고 신나라를 건국한 인물이다. 이 기록에 따르면
초기부터 고구려 사람들이 중국왕조에 대해 호락호락하지 않았던 것을 알 수
있다. 엄우가 죽였다는 고구려 왕 추가 추모(주몽)를 가리킨다는 설도 있으나
그때는 이미 유리왕 때라 성립하지 않는다. 이에 대해 『삼국사기』 「위서
동이전」에 따르면 신나라가 하구려후를 다시 고구려왕으로 고쳐 부른 것은
32년(대무신왕 15)의 일이다.

마음이 가난한 사람은 행복하다.
하늘나라가 그들의 것이다.[2]

호랑이굴에 들어가지 않으면
호랑이 새끼를 잡을 수 없다.[3]

不入虎穴 不得虎子

2 예수의 산상수훈 중에서 (「마태복음」)
예수가 선교 활동 초기에 갈릴리의 작은 산 위에서 제자들과 군중에게
행한 설교를 '산상수훈'이라 한다. 이는 '성서 중의 성서'로 일컬어지는데,
크리스트교 신자들의 가장 중요한 기도인 '주기도'도 여기에서 비롯된다.
위 말은 산상수훈의 첫 마디로 여덟 가지 행복을 다룬 '팔복' 가운데 하나로
제시됐다. 예수는 "부자가 천국에 가는 것은 낙타가 바늘구멍에 들어가는
것보다 어렵다"라며 가난하고 소외된 자의 편에서 선교 활동을 폈다.

3 「후한서」 반초전에서
74년, 후한의 서역도호 반초가 36명을 인솔하고 타림 분지 남동쪽에 있던
오아시스 국가 선선국을 방문했다. 선선국 왕은 반초를 융숭하게 대접하다가
어느 날 갑자기 태도가 돌변했다. 반초가 이상하게 여겨 알아보니 흉노
사신들이 군사 100명을 이끌고 와 있었다. 반초는 선선국이 자기들을
죽이거나 흉노에게 넘길 것이라고 판단하고, 부하들에게 위와 같이 말했다.
그날 밤 반초 일행은 흉노의 숙소에 불을 질렀다. 때마침 바람이 불어 흉노의
숙소는 불길에 휩싸였고, 반초 일행은 우왕좌왕하는 흉노 군사들을 모조리
죽였다. 이후 선선국은 반초를 상전으로 모셨다. 반초의 말은 '큰일을 이루려면
모험과 용기가 필요하다'는 고사로 남았다.

2 세기

101~200

삼국은 성장하고,
동서 제국은 쇠퇴하다

2 세 기 의 한 국 과 세 계

삼국은 성장하고, 동서 제국은 쇠퇴하다

고구려는 자신의 성장을 가로막는 후한과 싸우면서 서서히 고대 국가로 살아남을 자신감을 얻어 나간다. 2세기에 고구려를 구한 두 영웅은 명림답부와 을파소라는 뛰어난 재상이었다. 그들은 포악한 왕을 몰아내고 몰락하는 농민을 구하는 복지 제도를 실시해 고구려를 반석 위에 올려놓는다. 신라와 백제는 서로 싸우면서 영토를 넓히고 나라의 기반을 굳혀 간다. 신라가 백두대간에 개통한 하늘길과 죽령은 한반도를 하나로 잇는 동맥으로 자리를 잡았다.

고구려를 괴롭히던 후한은 2세기 들어 서서히 멸망의 길로 접어든다. 환관들이 황제를 둘러싸고 권력을 휘두르게 된 것이 멸망의 확실한 징조였다. 그러나 이 시기에 후한의 채륜에 의해서 개량된 종이는 후한을 넘어 중국과 동아시아 문명의 밝은 앞날을 보장하는 최고의 발명품이었다. 후한과 더불어 서쪽의 로마제국도 오현제 시대가 막을 내리면서 서서히 기울어 간다. 그러는 가운데 두 제국의 사이에 있는 인도에서는 카니슈카 왕이 쿠샨왕조의 전성기를 이끌면서 불교를 확실한 세계 종교로 다듬어 나가고 있었다.

월성
위에서 내려다본 모양이 초승달 모양이라 조선 시대부터 반월성이라고 불렀다. 사적 제16호

101년 **신라가 월성을 쌓다**

파사왕이 금성의 남동쪽에 월성을 쌓고 거처를 금성에서 월성으로 옮겼다. 월성은 언덕 위에 반달 모양으로 흙과 돌을 쌓아 지은 성이다.

> **탈해와 월성 설화**
> 월성에는 여러 가지 설화가 깃들어 있다. 그 가운데 하나는 4대 탈해왕과 관련돼 있다. 석탈해는 신라에 들어가 살 곳을 찾다가 초승달같이 생긴 곳을 보고 오래 살 만한 곳이라고 생각했다. 그곳은 본래 호공(瓠公)이라는 충신의 집이었다.
> 탈해는 그 집 곁에 몰래 숫돌과 숯을 묻고, 호공을 찾아가 이곳이 자기 조상의 집이라고 했다. 호공과 탈해는 서로 자기 집이라고 다투다가 결국 관가까지 갔다. 관가에서는 탈해에게 "어떤 근거로 그곳이 너의 집이라고 하는가?"라며 물었다. 탈해는 "나는 본래 대장장이였는데 잠시 어디 다녀온 동안 다른 사람이 빼앗은 것입니다. 그 땅을 파 보면 알 것입니다"라고 대답했다.
> 탈해의 말대로 땅을 파 보니 숫돌과 숯이 나왔다. 그래서 탈해는 그 집을 차지했고, 남해왕이 탈해의 지혜를 알고 사위로 삼았다(『삼국유사』).

102년 **신라가 북쪽으로 영토를 넓히다**

음즙벌국(지금의 경상북도 안강)과 실직곡국(지금의 강원도 삼척)이 신라의 영토로 편입됐다. 두 소국은 서로 영토 분쟁을 벌이던 중 실직곡국이 신라에 중재를 요청했다. 이때 음즙벌국이 신라에 대항하다 멸망하자 실직곡국은 자진해서 신라에 항복했다.

실직곡국 유민은 105년 반란을 일으키지만 곧 진압되고 주민들은 모두 신라 남쪽으로 강제 이주됐다.

108년 **가야연맹 일부가 신라에 합병되다**

가야의 비지국(지금의 경상남도 창녕), 다벌국(지금의 경상남도 합천), 초팔국(지금의 경상남도 합천군 초계)이 신라의 공격을 받아 합병됐다.

112년 **신라 6대 지마왕**(재위 112~134)**이 즉위하다**

신라 5대 파사왕이 죽고 아들 지마왕이 즉위했다.

2세기 신라의 팽창

아시아

105년 후한의 채륜이 제지법을 개량하다

후한의 환관 채륜이 종이 만드는 법을 개선해 대량 생산의 길을 열었다. 그 전에는 종이의 실용성이 떨어져서 값비싼 비단이나 대나무를 쪼개 만든 죽

종이를 만드는 과정

간에 글을 써야 했다. 채륜이 만든 종이는 두께가 0.04밀리미터밖에 되지 않았지만 질기고 매끄러우며 값도 싸서 글을 쓰거나 책을 만들기가 쉬웠다. 덕분에 일반인도 관리가 되는 데 필요한 고급 지식을 쉽게 얻을 수 있었고 중국에서는 소수의 귀족 지식층이 권력을 독점하는 일이 덜 일어나게 되었다.

종이의 역사

종이는 서기전 2세기 이전 중국에서 발명됐다. 제지법은 4세기 무렵 한국에 전지되고 7세기 초 고구려의 담징이 일본에 전파했다. 동아시아의 중앙 집권화가 잘 이뤄진 것은 종이 덕분에 사상을 통일하고 명령을 전달하는 게 쉬웠기 때문이라고 한다.

제지법은 8세기 탈라스 전투를 통해 이슬람 세계에 전해진다 (2권 751년 참조). 동서 교통의 요지에 제국을 건설한 무슬림은 사방에서 쏟아져 들어오는 정보에 자극받아 지식욕이 높았는데, 종이는 이를 충족시킬 획기적인 도구였다. 무슬림은 곳곳에 종이 공장을 세우고 기계망치로 펄프를 빻는 등 기술을 개량했다. 11세기가 되자 이슬람 지역에서는 야채를 종이로 포장할 만큼 종이가 흔해졌고, 이슬람 학문은 서양 세계를 주도한다.

제지법은 13세기 후반 유럽에 전파돼 15세기에 보급된 인쇄술과 더불어 유럽에 지식의 새 장을 열어젖힌다. 서양 근대의 출발점이 된 르네상스와 종교개혁은 제지법 전파에 힘입어 일어났다. 종이는 전파되는 지역마다 학문과 사회를 발전시켰으므로 역사상 가장 중요한 발명품의 하나로 꼽힌다.

유럽

113년 로마의 트라야누스 황제가 동방 원정을 개시하다

오현제 중 가장 활발한 대외 정복 사업을 펼친 트라야누스 황제가 서아시아 내륙으로 원정을 떠나 로마제국의 판도를 최대로 키웠다. 그러나 점령지와 유대 지방에서 반란이 일어나 군대를 철수하던 중 병으로 죽었다.

로마제국의 최대 판도

유럽

117년 하드리아누스 황제가 로마제국의 팽창 정책을 중지하다

하드리아누스 황제는 정복 전쟁을 중지하고 방어에 전념하기로 했다. 지중해 전체를 장악한 이상, 다른 지역을 정복하려다가 지중해 방어를 소홀히 하는 것은 바람직하지 않다고 본 것이다. 하드리아누스 시대 이후 영토 확대는 거의 없었다. 하드리아누스는 제국 곳곳을 순찰하며 브리튼섬에 장성(하드리아누스 장벽)을 쌓는 등 그동안 소홀했던 서부 지방의 방비를 다졌다. 또한 그리스 문화를 장려하고 판테온 신전을 완성하는 등 많은 업적을 남겼다.

유럽

117년경 『게르마니아』를 쓴 역사가 타키투스가 사망하다

1 자사 | 중국 한나라 때 지방 통치 기구인 군을 감독하기 위해 각 주(州)에 둔 검찰관

뻗어 나가는 초기 고구려

121년 고구려와 후한·부여 연합군이 충돌하다

태조왕이 즉위한 이래 한 군현에 압박을 가하면서 고구려와 후한 사이에 갈등이 커졌다. 후한의 요동군 관리들은 언제 사납고 날랜 고구려군의 기습을 받을지 몰라 늘 불안해했다. 고구려의 기마 부대는 유주(지금의 중국 베이징) 일대에까지 나타나 후한 동쪽 변경을 지키는 사람들의 간담을 서늘하게 하곤 했다.

봄에 이러한 불안을 씻어 버리고자 후한의 유주 자사 풍환, 현도군 태수 요광, 요동군 태수 채풍 등이 고구려를 침공했다. 그러나 태조왕의 아우인 고수성이 군사를 이끌고 맞아 싸워 이들을 대파했다. 12월 들어 고구려는 반격에 나섰다. 마한, 예맥과 연합해 현도성을 공격한 것이다. 그러자 부여가 2만 명의 군대를 보내 현도성의 후한 군대를 지원했다. 그리하여 현도성에서 고구려와 후한·부여의 연합군이 충돌했으나, 고구려군은 힘에서 밀려 물러나고 말았다.

125년 백제가 신라를 구원하다

신라가 말갈의 침략을 받았다. 신라의 파사왕이 백제에 국서를 보내 구원을 요청하자 백제의 기루왕은 5명의 장군을 보내 신라를 구원했다.

128년 백제 4대 개루왕이 즉위하다

기루왕이 죽고 백제 4대 개루왕(재위 128~166)이 즉위했다.

132년 백제가 북한산성을 짓다

백제가 수도인 하남위례성을 지키는 성을 북한산에 지었다. 백제군은 이 성에서 고구려의 공격을 막았다. 북한산성은 근초고왕 때 북벌군의 중심 요새가 된다.

134년 신라 7대 일성왕(재위 134~154)이 즉위하다

북한산성
1711년(조선 숙종 37)에 대대적인 축성 공사를 해서 지금의 석성(石城)이 완성됐다. 사적 제162호

125년 후한에서 환관 19명이 정변을 일으켜 조정의 실세가 되다

후한 7대 황제 소제가 어린 나이로 죽자 환관[1] 19명이 황족인 유보(8대 순제)를 옹립하고 정변을 일으켰다. 유보는 환관 19명을 모두 제후에 봉하고, 환관들이 양자를 들여 대를 이을 수 있도록 배려했다. 이 사건은 환관이 황제를 세운 최초의 사례로, 이후 환관들의 권력이 크게 강해진다.

132년 유대인의 대반란이 일어나다

로마의 하드리아누스 황제가 유대인의 할례[2] 의식을 야만적이라며 금지하자, 로마제국에 대한 유대인의 오랜 불만이 폭발했다. 유대인의 대규모 반란은 3년 동안 맹렬히 지속되다가 진압된다.

유대인들은 독립심이 무척 강했다. 그들의 종교인 유대교에서 신은 하나뿐인 절대자여서 다른 신은 용납되지 않는다. 게다가 유대인은 신으로부터 선택받은 민족이라 가르치기 때문에 다른 민족에 배타적이다. 이는 로마제국의 황제 우상화 정책과 부딪쳤고, 로마인의 억압과 감시가 심해진 이유가 되었다. 더구나 제국은 유대 지방을 동방 원정의 보급 기지로 삼아 많은 세금을 거둬 갔다. 로마제국은 반란을 일으킨 유대인을 학살해 전체 인구의 4분의 1인 58만 명이 죽었다. 이후 황제는 철저한 유대교 박멸 정책과 유대 민족 말살 정책을 쓴다. 수많은 유대인들이 추방되거나 노예가 됐고, 유대라는 지명이 사라졌으며, 예루살렘은 파괴됐다. 이 사건 이후 유대인들은 방랑 민족이 되는데 이를 디아스포라('흩어진 사람들', '흩어짐'이란 뜻)라 한다.

통곡의 벽
예루살렘에서 추방된 유대인들은 1년에 한 번씩 돌아와 파괴된 예루살렘 신전 외벽('통곡의 벽')에서 슬퍼하는 것이 허용됐다. 그 관습은 오늘날까지도 이어지고 있다.

139년 후한의 과학자 장형[3]이 사망하다

장형의 지진계 복원품
지진이 일어나면 그 방향으로 용의 입에서 구슬이 튀어나오는 장치다

140년경 중국에 최초의 도교 교단인 오두미교가 성립하다

지금의 중국 쓰촨 지역에서 도를 닦던 장릉이 주변의 하층민이나 소수 민족을 상대로 병을 치료하며 추종자를 모았다. 그는 종교 조직의 필요성을 강조해 태평도(184년 참조)와 더불어 최초의 도교 교단인 오두미교를 만들었다. 질병과 생활고에 시달리던 빈민들이 장릉에게 의지하면서 오두미교 신도는 순식간에 수만 명으로 늘었다. 장릉의 손자 장로는 당시의 정치 혼란(189년 참조)을 틈타 쓰촨 북부에 종교 국가를 세우고, 너그러운 법 집행과 각종 복지 정책으로 농민의 호응을 얻는다. 오두미교[4]를 계기로 도교는 대중적인 종교 운동으로 발전한다. 도교 교단은 빈민을 조직하는 힘이 커서 향후 역사에서 곧잘 농민 반란의 중심에 선다.

1 환관 | 거세된 남자로서 궁중에서 벼슬을 하거나 힘 있는 자 밑에서 봉사하던 자

2 할례 | 남성의 성기 끝 살가죽을 벗겨 내는 풍습. 유대인들은 이를 신이 자신들과 맺은 계약의 표징으로 간주했기 때문에 무척 중요시했다.

3 장형 | 후한의 과학자로 천문학과 수학에 밝았다. 천문 관측기구인 혼천의를 만들고, 세계 최초의 지진계를 만드는 등 고대 중국의 대표적인 과학자로 꼽힌다.

4 오두미교 | 신도들이 해마다 쌀 5말을 교단에 바쳤다는 데서 유래한 이름이다.

146년 고구려가 대방 태수를 죽이고 낙랑 태수의 가족을 잡아 오다

8월, 고구려가 요동의 서안평을 공격해 대방 태수를 죽이고 낙랑 태수의 처자를 잡아 왔다. 이로써 후한과 낙랑의 교통로가 고구려의 위협을 받게 됐다.

태조왕은 후한에 사절을 파견하기도 하고 적극적으로 전쟁을 일으키기도 해 고구려의 성장을 막으려는 후한의 압력을 극복해 왔다(121년 참조).

146년 고구려 7대 차대왕이 즉위하다

12월, 태조왕의 자리를 호시탐탐 노리던 동생 고수성이 마침내 형을 밀어내고 76세의 나이에 고구려 7대 차대왕(재위 146~165)으로 즉위했다. 용맹하지만 인자하지 못한 성격의 차대왕은 147년 3월 자신의 왕위 계승에 반대하던 우보 고복장을 죽인다. 이어 148년 4월에는 태조왕의 원자인 고막근마저 죽여, 고막근의 동생인 고막덕을 자살에 이르게 한다.

154년 신라 8대 아달라왕이 즉위하다

신라 7대 일성왕이 죽고 아들 아달라왕(재위 154~184)이 즉위했다.

156년 한국 최초의 고갯길 계립령이 개통되다

계립령(鷄立嶺)
지금은 '하늘재'로 불린다. 오랜 세월을 말해 주듯 길 양쪽에 전나무, 굴참나무, 상수리 등이 울창한 숲을 이루고 있다.

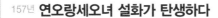

4월, 신라가 북쪽으로 진출하기 위해 한국 역사에 기록된 최초의 고갯길인 계립령을 개통했다. 계립령은 지금의 경상북도 문경시 관음리와 충청북도 충주시 미륵리 사이에 있는 고개로 높이는 525미터이다.

158년 3월에는 남북을 잇는 또 하나의 고갯길인 죽령도 개통했다. 죽령은 지금의 경상북도 영주시 풍기읍과 충청북도 단양군 대강면을 잇는 해발 689미터의 교통로이다.

157년 연오랑세오녀 설화가 탄생하다

신라에서 여성의 옷감 짜기를 신성한 일로 여겼음을 말해주는 설화가 생겼다.

연오랑세오녀 설화
동쪽 바닷가에 연오랑과 세오녀 부부가 살고 있었다. 연오랑이 바위에서 미역을 따는데, 갑자기 바위가 움직여 일본의 한 섬나라에 이르렀다. 그곳 사람들은 연오랑을 임금으로 모셨다. 세오녀는 남편을 찾아 나섰다. 연오랑의 신발이 놓인 바위에 오르자, 바위가 움직여 세오녀를 섬나라에 데려다 줬다. 두 사람이 떠나자 신라에서는 갑자기 해와 달이 빛을 잃고 천지가 어두워졌다. 임금이 급히 점을 치게 하니, 연오랑과 세오녀 부부가 바다를 건너갔기 때문이라고 했다. 왕은 사신을 보내 두 사람을 데려오려고 했으나, 두 사람은 하늘의 뜻이므로 갈 수 없다고 했다. 대신 세오녀가 짠 비단 한 필을 내주었다. 이 비단으로 제사를 지내니 해와 달이 다시 빛을 찾았다(『삼국유사』).

아시아

144년경 인도에 카니슈카 왕이 즉위하다

쿠산왕조의 전성기를 이끈 카니슈카 왕이 즉위했다. 카니슈카는 정복 활동으로 중앙아시아에서 인도 중부에 이르는 대제국을 건설하지만, 종교적인 면에서의 업적은 더 두드러졌다. 그는 독실한 불교도로서 20개가량의 종파로 나뉘어 있던 불교를 통합하고자 종교 회의를 소집하고 대대적인 불경 정리 사업을 벌였다. 그 결과 종전의 불교와 다른 대승불교가 확립된다. 대승불교는 인류 전체를 구원하는 것을 목적으로 삼았기 때문에 인도 문화의 범위를 넘어선 지역까지 빠르게 확산되고, 불교가 세계 종교로 발전하는 데 큰 역할을 한다. 카니슈카는 중국에 많은 선교사를 파견해 중국 불교의 발전을 돕기도 한다.

대승불교(大乘佛敎)와 소승불교(小乘佛敎)

쿠산왕조 때 갈라진 불교의 양대 종파. '승(乘)'은 중생을 피안의 세계로 날라 주는 수레를 뜻한다. 나중에 등장한 대승불교가 종전의 불교를 깎아내리면서 소승불교라 불렀다.

대승불교는 기존 불교가 타락하는 것을 비판하며 생겨났다. 출가한 승려들이 특권층을 이루자, 그들을 비판하는 사람들이 일반 민중을 상대로 한 불교 운동을 벌인 것이다. 카니슈카는 대승불교가 민중을 안정적으로 통치하는 데 적합하다고 여기고 대승불교를 지지했다.

소승불교는 부처를 열반에 이른 인간으로 본다. 그리고 개개인이 부처처럼 수양을 통해 해탈에 이르는 것을 중요하게 여긴다. 반면 대승불교는 부처를 인간이 열반에 이르는 것을 돕기 위해 지상에 내려온 일종의 신으로 여긴다. 개인의 구원보다는 인류 전체의 구원을 추구하고, 누구나 열반에 이를 수 있다고 강조한다.

소승불교는 포교에 소극적이어서 주로 인도 문화의 영향을 직접 받은 동남아시아에만 전파됐다. 반면 대승불교는 중국과 한국, 일본까지 퍼졌다.

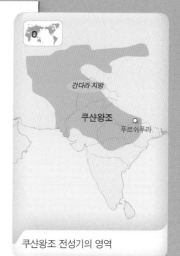

쿠산왕조 전성기의 영역

간다라 지방
쿠산왕조
푸르쉬푸라

아프리카

150년경 이집트에서 프톨레마이오스가 천문학 연구서인 『알마게스트』를 쓰다 [1]

아시아

156년 중국에서 선비족이 북흉노를 무너뜨리고 몽골 고원을 통일하다

오랫동안 흉노의 지배를 받던 선비족이 한나라와 손을 잡고 북흉노를 몰아냈다. 이로써 선비족이 몽골 고원의 새 패자로 등극하고, 흉노족은 완전히 서쪽으로 밀려난다. 선비족은 후한 멸망 뒤 중국에 침입해 오호십육국 시대를 열기도 한다(304년 참조).

1 프톨레마이오스 | 이집트의 알렉산드리아에서 활동한 수학자, 천문학자, 지리학자. 자신의 연구와 고대 그리스 천문학을 집대성해 『알마게스트』를 썼다. 천동설을 주장한 그의 학설은 16세기에 코페르니쿠스가 지동설을 주장할 때까지 서양 천문학을 지배했다.

선비족의 허리띠 장식
(3~4세기)

165년 **명림답부가 차대왕을 죽이다**

고구려의 신하 명림답부가 포악한 차대왕을 죽이고 차대왕의 동생인 고백고를 왕위에 올리니, 이가 8대 신대왕(재위 165~179)이다. 166년, 신대왕은 정치와 군사를 도맡아 관리하며 임금을 돕는 국상(國相) 자리를 만들고, 명림답부를 임명했다.

166년 **백제 5대 초고왕**(재위 166~214)**이 즉위하다**

172년 **명림답부가 후한의 침략을 물리치다**

후한의 현도군 태수 경림이 군사를 이끌고 쳐들어왔다. 국상 명림답부는 좌원(지금의 중국 랴오닝성)에서 오래 버티는 지구전을 폈다. 적군이 성 앞까지 쳐들어와도 나가 싸우지 않고 성문을 굳게 닫아건 채 버텼던 것이다. 오랜 포위 끝에 후한 군대는 먹을 것이 떨어졌으나, 고구려군이 성안으로 들어가기 전에 밭을 모조리 불태워 식량을 구할 수 없었다. 지친 후한군이 후퇴하자 명림답부는 군사들을 이끌고 나가 크게 이겼다. 신대왕은 명림답부에게 좌원과 질산을 식읍[1]으로 주었다.

173년 **왜의 여왕이 신라에 사신을 보내다**

5월, 왜의 여왕 히미코(卑彌呼)가 사신을 보내 신라의 아달라왕을 예방했다. 히미코는 일본 야요이 시대[2]의 무녀(巫女)로서 야마타이국[3]의 여왕으로 추대된 인물이다. 일본 역사상 최초의 여왕으로 꼽힌다. 히미코 여왕은 일본 내 소국들 간의 갈등을 수습하고 중국 및 한반도와 친선관계를 맺었다고 전해진다.

179년 **고구려 9대 고국천왕이 즉위하다**

12월, 신대왕이 죽자 신하들이 신대왕의 둘째 아들 고남무를 추대해 9대 고국천왕(재위 179~197)으로 즉위하도록 했다. 고국천왕 때부터 아들이 아버지의 왕위를 계승하는 부자 세습이 확립되고, 고구려의 귀족을 이루고 있던 5부족이 5부의 행정구역으로 개편됐다.

1 식읍(食邑) | 왕족, 공신, 대신들에게 공로에 대한 특별 보상으로 준 땅. 그 지역에서 세금으로 곡식을 받아먹을 수 있고, 대대로 상속할 수 있었다.

2 야요이(彌生) 시대 | 일본 선사 시대에 논농사를 기초로 해서 일어난 신석기 문화의 시대(서기전 200년~서기 300년경). 중국과 한반도에서 떨어져 나간 세력들이 일본열도로 건너가 이룩한 문화로 짐작된다.

3 야마타이국(邪馬台國) | 일본 야요이 시대에 있었다고 전해지는 나라.

5부의 변화		
5부족	**특징**	**5부**
계루부	6대 태조왕부터 왕족을 이룸	중부(中部) · 내부(內部) · 황부(黃部)
절노부	대대로 계루부와 혼인 관계를 맺은 왕비족	북부(北部) · 후부(後部)
소노부 (연노부)	초기의 왕족으로 계루부에 주도권을 빼앗김	서부(西部) · 우부(右部)
순노부	『삼국사기』의 환나부와 같은 것으로 봄	동부(東部) · 좌부(左部)
관노부	5부 가운데 가장 세력이 약함.	남부(南部) · 전부(前部)

아
시
아

166년 **로마제국의 사신이 한나라에 도착하다**

로마제국 황제가 보낸 사절단이 후한의 수도 낙양에 도착해 3일 동안 황제의 융숭한 대접을 받았다. 중국과 로마가 직접 교류한 첫 사례이다.

당시 중국인은 서쪽 끝에 로마제국이 있다는 것을 어렴풋이 알고 있었다. 서역 경영에 힘쓴 한나라 장군 반초는 97년 '대진국(大秦國)'에 사절단을 파견했다. 감영이 이끈 이 사절단은 목적지에 이르지는 못했지만 대진국이 중국과 견줄 만한 큰 문명국이라는 사실을 확인했다. 이 대진국은 바로 로마제국을 가리키는 것으로 짐작된다(89년 참조). 로마인은 중국을 막연히 비단이 생산되는 동방의 나라로만 알고 있었다. 로마에서 중국을 가리키는 '세레스'란 명칭은 '비단의 나라'란 뜻이었다. 비단은 로마제국에서 부유한 귀족의 필수품으로 여겨질 정도로 인기 품목이었기 때문에 '세레스'에 대한 호기심은 꽤 있었다. 그러나 두 나라의 교류는 계속되지 못한다. 로마제국과 한나라가 모두 2세기 후반부터 정치적 혼란기에 접어들기 때문이다.

'대진국' 사람을 상상해 그린 중국의 17세기 회화

유럽

180년 **로마에서 오현제 시대가 끝나다**

'오현제 시대(96년 참조)'의 마지막 황제 마르쿠스 아우렐리우스가 죽고 아들 코모두스가 뒤를 이었다. 이로써 뛰어난 인물을 양자로 삼아 다음 황제로 세우는 관행이 깨지면서 오현제 시대는 막을 내렸다.

평판이 좋았던 아우렐리우스가 관행을 뒤엎고 아들을 후계자로 세운 것은 오현제 중 유일하게 친아들이 있었기 때문이다. 친아들이 있는데 양자를 후계자로 삼으면 자칫 권력 분쟁이 일어날 수 있었다. 그러나 불행히도 코모두스는 성격이 원만하지 못해 원로원과 격렬히 대립하다가 정신이 이상해져 192년에 암살된다. 오현제 시대가 끝나자 그동안 유능한 황제들에 의해 일시적으로 감춰졌던 로마제국의 갖가지 문제가 터져 나온다. 귀족들이 사들인 대농장(라티푼디움)이 늘어나자 땅을 잃고 몰락하는 농민이 많아졌다. 그러자 황제들은 이들을 달래기 위해 막대한 비용을 들여 식량과 오락거리를 제공해야 했다. 국경 지대에서는 세력을 회복한 유럽의 게르만족이 압박을 가했다. 방대한 제국을 통치하는 데 드는 비용도 만만치 않았다. 무엇보다 황제가 군대를 체계적으로 장악하지 못하고 있었다. 강력한 카리스마를 가진 황제가 있을 때는 제국이 안정을 이룬 듯 보였지만, 무능한 황제가 등장하면 순식간에 정치가 마비될 수도 있었다. 이러한 문제는 3세기 들어 군인황제 시대가 시작되면서 확연히 드러난다(235년 참조).

마르쿠스 아우렐리우스의 흉상
로마의 16대 황제이자 스토아 학파를 대표하는 철학자로 「명상록」을 남겼다. 독일 뮌헨의 Glyptothek 소장

184년 신라 9대 벌휴왕이 즉위하다

박씨인 아달라왕이 아들 없이 죽자 석씨인 4대 탈해왕의 손자 벌휴왕(재위 184~196)이 왕위에 올랐다. 백제와 자주 충돌하고, 소문국(지금의 경상북도 의성)을 정복한다.

194년 고구려가 진대법을 실시하다

10월, 사냥 나간 고국천왕이 길에 앉아 울고 있는 사람을 만났다. 고국천왕이 우는 까닭을 묻자 "저는 가난해서 품을 팔아 어머니를 봉양해 왔습니다. 그런데 금년에는 흉년이 들어 품을 팔 곳이 없어 이렇게 울고 있습니다"라고 대답했다.

이때 국상(國相)으로 있던 을파소가 진대법[1]을 시행하자고 건의해 왕이 이를 받아들였다. 진대법은 매년 3~7월에 관가의 곡식을 농민들에게 식구 수에 따라 차등을 두어 빌려 주었다가 10월에 추수한 뒤 갚도록 하는 일종의 복지 제도였다. 사회가 부자인 귀족과 가난한 농민으로 양극화하고 있었는데, 농민이 귀족의 노비로 들어가는 것을 막기 위해 진대법이 시행됐다. 노비는 국가에 세금을 내지 않기 때문이었다. 이처럼 세금을 바치는 공민을 확보하는 것은 왕권을 강화하는 데 필요한 일이었다.

196년 신라 10대 내해왕이 즉위하다

신라 9대 벌휴왕이 죽고 손자인 내해왕(재위 196~230)이 왕위에 올랐다. 초기에는 백제군의 침략을 자주 받아 백성이 불안해했지만, 나중에는 백제군을 여러 차례 격파해 국위를 떨친다.

197년 고구려 10대 산상왕이 즉위하다

고국천왕이 아들 없이 죽자 왕후 우씨가 왕의 첫째 동생인 발기를 제치고 둘째 동생 연우를 왕위에 올리니, 10대 산상왕(재위 197~227)이다. 우씨의 농간으로 왕위를 빼앗긴 발기는 분노해 고구려를 떠나 요동 태수 공손 탁에게 갔다. 공손 탁으로부터 군사 3만 명을 얻은 발기는 고구려에 쳐들어왔다. 그러자 산상왕은 동생 계수에게 군사를 주어 이를 막게 했다. 발기는 이 싸움에서 패한 뒤 자살했다.

199년 금관가야를 건국한 수로왕이 죽다

가야연맹의 창시자 김수로가 158세의 나이로 숨졌다고 한다. 인도 아유타국 출신으로 수로왕비가 됐다는 허 황후는 10년 앞선 189년에 157세의 나이로 죽었다고 전한다.

---

1 진대법(賑貸法) | '진(賑)'은 흉년에 곡식을 나누어 주는 것을 뜻하고, '대(貸)'는 봄에 곡식을 빌려 주었다가 가을에 거두어들이는 것을 뜻한다.

경상남도 김해의 수로왕릉과 수로왕비릉
수로왕릉은 사적 제73호, 수로왕비릉은 사적 제74호. 1647년(인조 25)에 각각 '駕洛國首露王陵(가락국수로왕릉)', '駕洛國首露王妃 普州太后許氏陵(가락국수로왕비 보주태후허씨릉)'이라고 새긴 능비를 세웠다.

아시아

184년 중국에서 황건의 난이 일어나다

도교 교단인 태평도의 교주 장각이 수십만 명의 농민을 모아 반란을 일으켰다. 반란군이 머리에 누런 수건을 썼기 때문에 이 난을 '황건의 난'이라 한다.

황건의 난은 호족들의 토지 겸병이 심해지면서 몰락한 농민들이 늘어났기 때문에 일어났다. 호족 사회였던 후한에서는 농민에 대한 착취가 심해 크고 작은 농민 반란이 끊이지 않았다. 게다가 조정에서는 환관과 외척 세력 사이에 오랫동안 권력 투쟁이 계속되며 부패가 극심했다. 이런 상황에서 황하 일대에 큰 가뭄이 들자 벼랑 끝으로 내몰린 농민들은 타락하고 무능한 후한을 뒤엎고 새 세상을 건설하자는 장각의 주장에 귀가 솔깃했다.

황건군은 엄청난 기세로 황하 일대를 휩쓸지만, 주력군이 1년 만에 진압된다. 그러나 그 잔당이 각지에서 저항을 계속하고, 다른 농민 반란들이 뒤를 이으면서 후한은 심각한 타격을 입는다. 황건군 진압에 참가한 호족들은 계속되는 농민 반란에 맞선다는 명목으로 군대를 키운다. 이들이 점차 독자적인 군벌 세력으로 성장하면서 후한은 멸망의 길을 걷는다.

1 태평도 | 170년경 장각이 황하 주변의 농민들을 상대로 창시한 종교로, 피폐한 농민에게 질병을 치유해 준다며 접근한 점에서 오두미교(140년 참조)와 유사한 면이 많았다.

189년 중국에서 영제가 죽고 군벌 세력이 득세하다

후한의 12대 영제가 후계자를 지명하지 않은 채 사망했다. 그러자 외척 세력의 우두머리 하진과 환관 세력의 우두머리 건석이 각각 다른 왕자를 지지하며 치열한 정쟁을 벌였다. 하진이 13대 소제를 세우면서 일단 승리하지만, 환관 세력을 완전히 제거하지는 못했다. 그러자 하진은 유력한 호족인 원소와 서북 지방의 장군 동탁에게 도움을 요청한다. 그러나 하진은 환관에게 살해되고, 소제는 도망치다가 동탁에게 붙잡혀 그의 꼭두각시가 된다.

소제를 끼고 실권을 장악한 동탁은 곧 소제를 폐위하고 후한 마지막 황제인 헌제를 세우며 독재를 시작한다. 그러자 각지의 호족과 군벌이 이에 반발해 군사를 일으키면서 후한은 사실상 무정부 상태에 빠진다.

2 참파 | 중국에서는 '임읍'이라고 불렀다.

192년경 베트남에 참파가 건국되다

중국의 지배를 받던 인도네시아 계통의 참족이 후한의 쇠퇴를 틈타 반란을 일으켰다. 이들은 지금의 베트남 남부 지역에 참파라는 나라를 세운다.

참파는 본래 중국 문화의 영향을 받았지만, 남쪽에 있는 부남(60년 참조)과 교류하면서 점점 인도 문화의 영향을 더 받게 된다. 참파는 10세기 무렵까지 상당히 번영하지만, 이후 베트남과 앙코르왕조 등이 주변에 들어서면서 쇠퇴한다.

참파의 금강역사상

때를 만나지 못하면 은둔하고 때를 만나면
벼슬을 하는 것이 선비의 떳떳한 도리이다.
지금 왕께서는 나를 깊은 뜻으로 대우해
주시고 계시니, 어찌 예전의 은둔을 다시
생각할 수 있겠는가![1]

연우가 나라를 넘겨주지 않은 것은 비록
의롭지 못한 것이지만 당신이 한때의 분함을
가지고 자기 나라를 멸망시키려 하니 이는
무슨 뜻입니까? 죽은 후 무슨 면목으로
조상들을 보겠습니까?[2]

1 「삼국사기」 중에서
191년 고국천왕은 시골에 숨어 있던 을파소를 발탁해 국상으로 임명했다.
그러자 조정의 신하와 왕실의 친척들은 을파소가 새 관료로서 옛 신하들을
소홀히 대한다면서 그를 미워했다. 그러자 고국천왕은 교서를 내려 "귀하고
천함이 없이 국상을 따르지 않는 자는 씨족을 멸하겠다"고 말했다. 이 교서를
보고 을파소가 감격해서 한 말이다.

2 「삼국사기」 중에서
197년 고국천왕이 죽자 왕후 우씨는 몰래 왕의 동생 발기를 찾아가 왕이
죽은 것을 알리지 않고 "왕이 후손이 없으니 그대가 이어야 합니다"라고 했다.

왕이 죽은 걸 몰랐던 발기는 밤에 돌아다니는 왕후의 경망스러운 행동을
꾸짖었다. 무안해진 왕후는 발기의 동생 연우를 찾아가 "(발기가) 첩에게 다른
마음이 있다면서 난폭하고 거만하며 무례"하게 굴었다고 거짓말하며 연우가
왕위에 오를 것을 제안했다. 연우가 예의를 차리며 칼을 잡고 고기를 썰다가
잘못하여 손가락을 다치자 왕후는 치마끈을 풀어 다친 손가락을 싸 주고,
연우에게 궁까지 바래다줄 것을 요청했다. 연우의 손을 잡고 궁으로 돌아간
왕후는 다음날 선왕의 명령이라 속이고는 연우를 산상왕으로 세웠다. 화가 난
발기가 요동 태수에게서 대군을 얻어 쳐들어오자 이에 맞선 계수가 전투에서
승리한 뒤 발기에게 한 말. 발기는 이 말을 듣고 부끄러워 자살했고, 계수는
산상왕에게 건의해 발기의 장례식을 성대히 치러주었다.

히포크라테스(고대 그리스의 유명한 의사)는 많은
병을 치료하고 나서 자기가 병에 걸려 죽었다.
칼데아의 박사들은 많은 사람의 죽음을 예언했으나
이윽고 운명은 그들도 앗아갔다. 알렉산드로스,
폼페이우스, 가이우스, 카이사르 등은 그렇게 번번이
대도시를 완전히 파괴하고, 전장에서는 몇십만의
기병대나 보병대를 닥치는 대로 살육했지만, 이윽고
그들 자신도 죽음을 당했다.[1]

푸른 하늘은 이미 죽었으니,
이제는 누런 하늘이 마땅히 서리라![2]

蒼天已死 黃天當立

1 마르쿠스 아우렐리우스 『명상록』 중에서
아무리 위대한 사람도 자연이 정한 법칙인 죽음을 피할 수 없다는 점을 강조한
글. 철학자 황제 아우렐리우스는 당시 로마인들의 사고에 큰 영향을 끼쳤던
스토아 철학의 신봉자였다. 스토아 철학에서는 자연의 섭리를 따르는 삶을
이상적인 삶으로 여긴다. 로마인은 다양한 관습과 문화를 가진 민족들을
통치할 방법에 대해 고민했다. 따라서 그들이 언제 어디서나 똑같이 적용되는
자연의 섭리에 관심을 갖게 된 것은 어쩌면 자연스러운 일이었다.

2 184년 황건의 난을 일으킨 장각이 내건 구호
'푸른 하늘'은 회개하지 않는 후한 정권을 가리키는 말이고 '누런 하늘'은
공평한 치세를 가리키는 말이다. 황건군이 순식간에 화북과 화중을 휩쓸고
강남까지 세력을 뻗치자 후한 황실은 각지의 호족과 연합해 간신히 난을
진압할 수 있었다. 그러나 그것은 각지에서 일어난 호족들에 의해 후한이
멸망하는 드라마의 서막일 뿐이었다.

3 세 기

201~300

삼국이 성장하고,
중국과 로마가 혼란에 빠지다

3세기의 한국과 세계

삼국이 성장하고, 중국과 로마가 혼란에 빠지다

동아시아와 유럽을 각각 대표하는 제국인 중국의 한나라와 로마제국이 혼란에 빠진다.

중국에서는 한나라가 무너지고 위·오·촉한이 치열하게 경쟁하는 삼국 시대가 펼쳐진다. 위나라를 이어받은 서진이 삼국 시대를 끝내고 중국을 통일한다. 그러나 서진에서는 통일 직후 황제 자리를 놓고 내전이 벌어지고 중국은 다시 혼란스러워진다.

혼돈의 시기에 접어든 건 로마제국도 마찬가지. 로마제국은 군대가 노골적으로 정치에 간여하면서 위기를 맞는다. 50년간 26명의 황제가 교체될 정도로 혼란스러워진다.

이처럼 세계가 격동하는 가운데, 고구려·백제·신라는 각자의 자리에서 한 걸음씩 성장한다. 고구려는 위나라의 침공으로 큰 위기를 맞지만 이를 격퇴하며 도약의 발판을 마련한다. 백제는 고대 국가의 기틀을 다지는 한편 목지국을 병합하며 마한의 중심 국가로 떠오른다. 신라에서는 김씨가 최초로 왕위에 오른다.

209년 신라가 가야를 구원하다

포상팔국(浦上八國)[1]이 가라를 공격하려 하자, 위기에 놓인 가라[2]는 신라에 왕자를 보내 원병을 요청했다. 신라는 구원병을 보내 포상팔국의 군대를 물리쳤다.

1 포상팔국 | 경상남도 지역의 남해안 일대에 있던 여덟 개의 작은 나라.

2 가라 | 『삼국사기』에는 신라에 구원을 요청한 나라에 대한 기록이 엇갈린다. 「신라본기」에는 가라, 「물계자전」에는 아라(지금의 경상남도 함안)로 기록돼 있다. 또한 『삼국유사』는 212년에 포상팔국이 신라 변경을 공격했다고 전하고 있다. 다수의 연구자들은 포상팔국이 가라, 즉 전기 가야연맹을 이끈 금관가야(지금의 경상남도 김해)를 노린 것으로 보고 있다.

> **포상팔국 사건에 담긴 역사**
>
> 학자들은 포상팔국 사건과 관련해 크게 두 가지 점을 눈여겨보고 있다.
>
> 첫 번째는 가야와 신라의 관계 문제다. 1세기에 가야의 수로왕에게 패해 달아난 석탈해는 신라에서 왕이 된 후 가야를 압박했다. 금관가야를 중심으로 한 가야연맹과 신라는 낙동강 하류 지역의 지배권을 놓고 오랫동안 치열하게 싸웠다. 양측의 싸움은 100년 넘게 이어졌다.
>
> 포상팔국 사건은 이 싸움에서 신라가 우위에 서게 됐음을 상징한다. 포상팔국 사건이 일어나고 나서 3년 후인 212년, 가야가 신라에 왕자를 볼모로 보냈다는 『삼국사기』 기록도 이런 정황을 뒷받침한다. 그러나 이와 달리, 4세기 말까지는 가야연맹의 세력이 신라에 못지않았다고 보는 학자도 있다.
>
> 두 번째는 해상 무역 문제다. 가야연맹은 중국과 낙랑군, 왜를 연결하는 해상 중계 무역으로 번성했다. 대표적인 수출품은 질 좋은 철이었다. 해상 무역의 중심에는 금관가야가 있었다. 해상 무역의 주도권 문제를 놓고 가야연맹 내부에서 벌어진 주도권 다툼으로 해석하는 시각이 있다. 이 경우 포상팔국 사건이 실제로는 4세기에 일어났다고 보는 이도 있다. 4세기 초에 낙랑군과 대방군이 고구려에 의해 멸망하고 해상 무역망이 흔들리면서, 가야연맹에서 내분이 일어났다고 해석하는 것이다.
>
> 심지어 포상팔국 사건이 6세기 중반 백제의 압박 때문에 벌어진 일이라고 보는 이도 있다.

가야 토기

214년 백제 6대 구수왕이 즉위하다

백제 5대 초고왕이 죽고, 6대 구수왕(재위 214~234)이 왕위에 올랐다. 구수왕은 초고왕의 맏아들이다. 구수왕 때 백제는 외적의 잦은 공격을 받았다. 재해도 여러 차례 발생했다. 홍수로 산이 40여 곳 무너지고(221년), 큰 가뭄이 찾아왔으며(227년), 전염병이 크게 번졌다(229년).

경상남도 창원 다호리 1호 무덤에서 출토된 중국 동전인 오수전
가야연맹이 낙랑군과 활발하게 교역했음을 입증하는 유물이다.

208년 중국에서 적벽대전이 벌어지고 삼국 시대가 시작되다

조조가 적벽(지금의 후베이성 가어현 부근)에서 유비와 손권 연합군에 크게 패해 강남 지역 장악에 실패했다. 이로써 사실상 삼국 시대가 시작됐다.

후한(後漢)은 189년 영제가 죽은 뒤 각지의 군벌들이 패권을 두고 다투는 혼란기에 접어들었다. 조조, 원소, 손견과 같은 군벌들은 호족들과 손을 잡고 세력을 확대했고, 황제는 이름뿐인 존재로 전락했다. 조조는 200년 원소를 물리치고 중국 북부 대부분을 차지했다.

원소 측에 가담했던 유비는 형주로 피신해 제갈량과 재기를 준비했고, 손견이 죽자 아들 손권이 그 뒤를 이었다. 이런 상황에서 적벽대전으로 조조의 상승세가 꺾임에 따라 중국 전역이 세 영역으로 분할된 것이었다.

이후 220년 조조가 죽자 아들 조비는 후한의 헌제에게 양위를 받는 형식으로 황제에 올라 위(魏)나라를 세운다. 221년 유비도 자신이 한나라 황실의 후손임을 내세워 촉한(蜀漢)을 세우고, 222년 손권 또한 독자적인 연호를 사용하는 오(吳)나라를 건국한다.

중국의 삼국 시대

1 조조 | 오늘날 널리 읽히는 『삼국지연의』는 14세기에 나관중이 쓴 소설을 번역한 것이다. 이 소설은 유비의 촉한을 정통성을 지닌 나라로 보아 조조를 간신으로 깎아내렸지만, 역사책인 『삼국지』는 조조를 정통으로 서술하고 있다.

2 조비와 구품관인법 | 조비는 220년 구품관인법(九品官人法)이라는 관리 임용 제도를 시행했다. 관리의 등급을 9개로 나누고, 재력이나 가문에 관계없이 유능한 인재를 등용하기 위한 것이었다. 그러나 실제로는 호족들이 이를 이용해 관직을 독점함으로써 문벌 귀족 세력의 출현을 가져온다. 훗날 '구품중정법'으로 이름이 바뀐다.

212년 로마제국의 모든 자유민이 시민권을 얻다

카라칼라 황제가 로마제국의 모든 자유민에게 시민권을 부여했다. 이로써 정복지의 주민들도 법적으로 동등한 시민의 권리를 누릴 수 있게 됐고, 로마제국 전역의 정치적 통합이 이뤄졌다. 다만 시민권자의 수가 이미 너무 늘어난 데다 시민들 가운데 빈부의 차도 매우 커져서 시민권의 혜택은 크지 않았다.

216년경 마니교의 창시자 마니가 태어나다

파르티아왕국에서 훗날 마니교를 창시하는 마니가 태어났다. 마니교는 조로아스터교와 크리스트교의 영향을 받았으며, 선과 악이 대립하는 이원론적 세계관과 영적인 지식을 통해 구원을 얻는다는 영지주의를 주요 교리로 삼았다. 한때 로마제국과 인도, 중국에까지 널리 전파됐다.

마니교 경전에 실려 있던 그림

220년경 『신약성서』가 완성되다

크리스트교 교회가 예수와 그 제자들의 행적에 대한 27개 기록 문서를 모아 『신약성서』를 집성했다. '신약'은 '새로운 약속'이라는 뜻이다.

227년 **고구려 11대 동천왕**(재위 227~248)**이 즉위하다**

230년 **신라 11대 조분왕**(재위 230~247)**이 즉위하다**

233년 **고구려가 바다 건너 오나라와 교류하다**

오나라 사절이 고구려에 도착했다. 동천왕은 이들에게 담비 가죽 등을 선물하고, 배에 태워 오나라로 보냈다. 그 후 오나라는 연이어 고구려에 사신을 보냈다. 고구려와 동맹을 맺어 고구려가 위나라를 공격하게 하기 위해서였다. 그러나 236년 동천왕은 오나라 사신을 죽여 그 시신을 위나라로 보냈다.

234년 **백제 7대 사반왕이 즉위하자마자 폐위되고 8대 고이왕이 즉위하다**

구수왕이 죽고 그 아들인 사반왕이 즉위했다. 그러나 사반왕은 어리다는 이유로 곧 폐위되고, 고이왕(재위 234~286)이 왕위에 올랐다. 이는 백제의 왕위 계승권이 새로운 세력에게 넘어간 사건으로 해석된다.

고이왕 이전에 백제는 여러 세력의 연맹체였고, 국왕은 각 세력의 우두머리 중 하나에 지나지 않았다. 그러나 고이왕은 왕권을 강화하고 체제를 정비해 고대 국가의 기틀을 다졌다. 좌평(佐平)을 신설하고 중앙 관등제를 마련했으며, 율령(律令)을 반포했다. 또한 군권을 통제하는 좌장(左將)을 설치했다. 밖으로는 마한의 중심 세력이던 목지국을 병합했다. 이를 계기로 백제는 마한의 맹주로 떠올랐다. 아울러 고이왕은 대방군을 선제공격해 대방 태수를 죽이고, 낙랑군도 공격했다.

> **초고왕 계통과 고이왕 계통**
> 『삼국사기』에 따르면, 고이왕은 4대 개루왕의 아들이자 5대 초고왕의 동생이다. 하지만 고이왕은 286년, 개루왕은 166년에 죽었다(120년 차이). 이 때문에 고이왕이 개루왕의 아들이 아니라고 보는 이가 많다. 초고왕 계통이 아니라, 새로운 고이왕 계통이 백제의 왕위 계승 세력이 됐다는 견해다. 일반적으로 10대 분서왕까지 고이왕 계통이 이어지고, 11대 비류왕 때 초고왕 계통이 다시 왕위에 오른 것으로 본다. 12대 계왕은 고이왕 계통이지만 재위 기간은 2년에 불과하다. 13대 근초고왕부터는 초고왕 계통이 왕위를 잇는다.

238년 **고구려가 위나라의 공손씨 정벌 작전에 협력하다**

위나라가 공손씨 정권을 공격하자 공손씨 정권과 대립하던 동천왕은 군대를 보내 위나라를 지원했다. 그러나 공손씨 정권이 사라지자 위나라는 고구려를 공격하기 시작했다.

1 고구려에 온 오나라 사절 | 오나라는 요동의 공손씨와 손잡고 위나라를 협공하고자 공손씨에게 여러 번 사신을 보냈다. 처음에 오나라 사신을 환대하던 공손씨는 233년 태도를 바꿔 사신을 죽였다. 이때 사절단의 일부가 달아나 고구려로 갔다.

2 율령 | 율은 형법, 령은 행정법을 말한다. 율령 반포는 국왕을 중심으로 한 중앙 집권 체제를 강화한 것을 상징한다.

백제와 목지국

3 목지국 | 일반적으로 지금의 충청남도 직산에 있었던 것으로 본다.

4 공손씨 정권 | 189년부터 238년까지 요동을 다스렸고, 중국 왕조로부터 반(半)독립 상태였다. 공손씨 정권은 3세기 초 대방군(지금의 황해도 일대)을 설치하기도 했다.

아시아

226년 # 이란에 사산왕조페르시아가 세워지다

아르다시르 1세가 파르티아왕국을 멸망시키고 사산왕
조페르시아를 건국했다. '사산'은 조로아스터교 사제였
던 아르다시르 1세의 할아버지 이름이었고, '페르시아'
는 옛 페르시아제국을 계승한다는 의미였다.

오늘날의 이란 지역을 중심으로 이라크, 아르메니아,
캅카스 지방, 터키의 동부와 인도 북부 지역까지 차지
하는 거대한 제국으로 성장했으며, 유럽의 로마제국과
도 여러 차례 치열한 전쟁을 벌이며 위세를 떨쳤다.

사산왕조페르시아의 최대 판도

중앙 집권적인 정치 체제와 안정된 조세 제도를 갖췄고, 동서양이 교류하는 길
목에 위치한 덕에 문화적으로도 크게 발전했다. 국교는 조로아스터교였지만
관용적인 종교 정책을 펴 여러 민족의 종교와 문화가 한데 융합됐다.

유럽

235년 # 로마제국에서 군인황제 시대가 시작되다

세베루스 알렉산데르 황제가 죽은 뒤 50년간 26명의 황제가 교체될 만큼 극심
한 혼란의 시대가 찾아왔다. 황제권이 약해지고 군대가 정치에 노골적으로 개입
했기 때문이다. 나라 밖에서도 위기가 닥쳐왔다. 게르만족과 사산왕조페르시아
가 끝없이 침략해 왔다. 데키우스 황제가 게르만족과의 전투에서 전사하고, 발
레리아누스 황제가 사산왕조페르시아에 포로로 붙잡히는 수모를 겪기도 했다.

국내 상황은 더 심각했다. 변방 수비와 군대 유지를 위한 뇌물에 쓰느라 재정은
바닥을 드러냈다. 부족한 재정을 메우기 위해 세금을 크게 올리자 농민들은 고
향을 등지고 유민으로 떠돌았다. 도시의 주민들도 높은 세금을 피해 도시를 빠
져나갔다. 설상가상으로 정복 전쟁이 중단돼 노예 공급이 줄어들자, 노예를 시
켜 경작하던 라티푼디움(대농장)들은 경영이 불가능한 상태에 이르렀다.

사산왕조페르시아 시대의
장식품

1 황제의 잦은 교체 | 26명 대
부분이 군대의 반란이나 내전
에 의해 목숨을 잃었다. 238
년 한 해에만 6명의 황제가 교
체되기도 했다.

최초의 군인황제인
막시무스 트락스

아시아

239년 # 왜의 히미코 여왕이 친위왜왕의 칭호를 받다

왜국의 히미코 여왕이 중국 위나라에 조공하고 '친위왜왕(親魏倭王)'의 칭호를 받
았다. 히미코는 일본 최초의 여왕이었으며, 군주만이 아니라 종교적 사제의 역할
도 겸했던 것으로 여겨진다.

일본에서는 2세기 중반부터 여러 작은 나라들 사이의 전쟁과 갈등이 끊이지 않았
다. 이러한 상황을 해소하기 위해 30여 개 나라들이 야마타이국의 히미코를 여왕
으로 추대해 연맹왕국을 결성했다. 그제야 오랜 전쟁이 그치고 평화가 찾아왔다.

246년 위나라의 공격으로 고구려 수도가 함락되다

위나라는 요동의 공손씨 정권을 무너뜨린 후 고구려까지 정벌하려 했다. 이에 맞서 고구려는 요동으로 진출하고자 했다. 동천왕은 242년 서안평을 공격했다.[1]

결국 고구려와 위나라는 정면충돌했다. 246년 위나라 유주 자사 관구검이 대군을 이끌고 고구려를 공격했다.[2] 전쟁 초기에는 고구려가 우세했다. 고구려군은 연이어 관구검의 군대를 격파했다. 기세가 오른 동천왕은 기병을 앞세워 위나라군을 공격했다. 그러나 이 전투에서 고구려군이 참패하면서 전세가 역전됐다. 위나라군은 여세를 몰아 고구려 수도인 환도성을 함락시켰다.

동천왕이 적은 수의 군사만을 이끌고 달아나자, 관구검은 부하 장수 왕기를 시켜 동천왕을 추격했다. 추격군은 동천왕을 바짝 쫓았다. 이때 밀우와 유유가 큰 공을 세웠다. 두 사람은 고구려가 기사회생할 수 있는 길을 열었다. 밀우는 결사대를 모아 추격군을 막아냈다. 동천왕은 그 틈을 타 옥저로 겨우 몸을 피했다. 그러나 여전히 궁지에 몰린 상태였다. 이번에는 유유가 나섰다. 유유는 위나라군 진영에 가서 '고구려왕이 항복하려 한다'는 거짓말로 안심시킨 후, 몰래 숨겨 간 칼로 위나라 장수를 죽이고 자신도 죽었다. 장수를 잃은 위나라군은 혼란에 빠졌다. 동천왕은 기회를 놓치지 않고 위나라군을 공격해 물리쳤다.

고구려는 이 전쟁에서 일시적으로 수도를 뺏기는 등 큰 위기를 겪었다. 수도 함락은 고구려 건국 이래 처음 있는 일이었다. 한나라 군현과 싸우며 성장한 고구려가 중국 왕조와 대결하면서 멸망의 위기를 맞을 뻔한 전쟁이었다.

247년 신라 12대 침해왕(재위 247~261)이 즉위하다

248년 고구려 12대 중천왕(재위 248~270)이 즉위하다

259년 고구려가 다시 침입한 위나라를 격파하다

위나라가 또다시 고구려로 쳐들어왔다. 중천왕이 직접 기병 5000명을 이끌고 위나라군에 맞섰다. 고구려군은 양맥 골짜기에서 위나라군을 대파했다. 관구검의 침공으로 기세가 꺾였던 고구려는 259년 위나라를 크게 물리치며 재도약의 발판을 마련했다.

관구검 공적비
중국 라오닝성박물관 소장

중국 지린성 삼실총 벽화에 담긴 고구려 기마병. 사람은 물론 말도 철갑으로 무장했다.

아시아

244년 위나라의 왕필이 『노자주』를 쓰다

중국 위나라의 철학자 왕필이 노자가 지은 『노자(도덕경)』의 주석서인 『노자주』를 썼다. 왕필은 이때 19세의 젊은 나이였으나 이미 천재적인 재능과 실력을 인정받고 있었다. 이후 『주역』의 주석서인 『주역주』도 집필하지만 24세의 나이로 요절한다.

왕필은 모든 사물의 궁극적인 본체는 '무(無)'라고 설명했다. 그의 사상은 위나라와 진나라 시대의 정치적 혼란 속에서 널리 유행한 현학[1]과 청담[2] 사상의 원류로 평가받는다.

유럽

250년 로마제국의 데키우스 황제가 크리스트교를 박해하다

로마제국의 데키우스 황제가 모든 시민에게 행정관이 보는 앞에서 로마의 신들에게 제물을 바칠 것을 명령했다. 이를 거부한 크리스트교인들은 체포되거나 목숨을 잃었다. 하지만 이미 제국 내에서 상당한 비율을 차지하고 있던 크리스트교인들의 반발도 만만치 않았다. 오히려 희생자들의 당당한 태도를 목격한 사람들이 크리스트교로 개종하는 일조차 벌어졌다.

아메리카

250년경 마야 문명의 고전 시대가 시작되다

중앙아메리카 지역에서 마야 문명의 융성기인 고전 시대가 시작됐다. 마야인들은 지금의 과테말라 페텐 지방에 티칼, 와샤크툰 등의 거대한 신전 도시를 건설하고, 수많은 계단식 피라미드와 궁전, 광장, 무덤 등을 만들었다. 고유의 상형문자를 갖고 있었으며 '0'과 자릿수를 사용하고 일식의 시기를 예견하는 등 수학과 천문학이 매우 발달했다. 10세기 이후 갑자기 쇠락하는데, 아직 그 이유는 정확히 밝혀지지 않았다. 내분이 일어났거나 토양이 황폐해졌기 때문이라는 가설들이 존재한다.

아시아

258년 베트남에서 찌에우 끼에우가 중국의 지배에 저항하다

중국 오나라의 지배를 받고 있던 베트남의 끄우쩐 지방에서 폭정에 항거하는 반란이 일어났다. 지도자 역할을 맡았던 찌에우 끼에우라는 젊은 여인은 반란이 실패로 돌아가자 스스로 목숨을 끊었다. 베트남에서는 오늘날까지도 이 여인을 외세에 대한 저항의 상징으로 기리고 있다.

---

1 현학(玄學) | 도교 노장사상을 바탕으로 유학을 융합하려는 학문이었다. 그러나 유학이 현실의 윤리적인 실천을 강조했던 반면에, 현학은 개인의 정신적 자유를 추구하는 데 깊은 관심을 쏟았다.

2 청담(淸談) | '속세의 이익을 떠난 깨끗한 대화'라는 뜻이다. 노장사상의 영향을 받아 현실의 정치나 사회보다는 우주의 본질과 같은 추상적인 문제를 두고 철학적인 탐구를 행했다.

데키우스의 얼굴이 새겨진 로마의 주화

마야의 피라미드

옥으로 만든 가면

0	1	2	3	4
5	6	7	8	9
10	11	12	13	14
15	16	17	18	19

마야의 숫자

262년 신라에서 최초로 김씨가 왕위에 오르다

13대 미추왕(재위 262~284)이 즉위했다. 미추왕은 김알지의 후손이다. 신라에서 처음으로 김씨가 왕위에 오른 것이다.

신라에서는 어느 한 성씨가 왕위를 독점하지 못했다. 신라의 국왕 56명 중 박씨가 10명(1~3대, 5~8대, 그리고 통일신라 말기인 53~55대), 석씨가 8명(4대, 9~12대, 14~16대), 김씨가 38명이다.

이처럼 왕위에 오르는 성씨의 변화는 세 집단 사이의 세력 관계를 반영한다. 초기에는 박씨가 우세했고, 그다음에는 석씨로 무게중심이 옮겨갔으며, 마지막으로 김씨가 신라를 주도했다. 미추왕이 김씨 최초로 왕이 된 것에도 이러한 의미가 담겨 있다. 미추왕이 김씨 최초로 왕위에 오른 것은 김씨 세력이 성장했기 때문이다. 그러나 미추왕의 다음 왕인 유례왕이 석씨였다는 데서 석씨 세력이 여전히 강력했다는 것을 알 수 있다. 김씨가 신라의 주도권을 확실히 쥐는 것은 17대 내물왕 때부터다.

미추왕릉

268년 신라 미추왕이 신하들을 남당에 모으다

1 남당 | 신라에서 남당이 실제로 만들어진 것은 4세기 중반 내물왕이 즉위한 이후라고 보는 의견도 있다.

봄과 여름에 비가 내리지 않자, 미추왕이 신하들을 남당(南堂)[1]에 모아 정사(政事)와 형벌 시행의 잘잘못을 물었다. 그리고 신하 5명을 파견해 나라를 두루 돌며 백성들의 걱정거리를 물어보게 했다.

남당은 왕과 관리가 모여 정치에 대해 의논하고 행정사무를 집행한 기구다. 마을 집회소에서 기원했으며, 주요 세력이 연맹체를 구성한 후 마을 집회소를 넘어 중앙 정치 기구로 변한 것으로 여겨지고 있다. 『삼국사기』에 따르면, 12대 첨해왕이 249년 궁궐 남쪽에 남당을 짓고 251년부터 이곳에서 정사를 봤다. 나중에 남당은 중대한 회의와 연회, 기타 의식을 행하는 기관으로 변한다. 정치 기구가 복잡해지면서, 행정사무를 집행하는 역할이 남당에서 분리되었기 때문이다. 남당은 도당(都堂)으로도 불렸다.

남당은 신라뿐만 아니라 백제에도 있었다. 『삼국사기』에는 261년 고이왕이 남당에서 정사를 봤다는 기록이 있다.

270년 고구려 13대 서천왕(재위 270~292)이 즉위하다

아프리카

272년 **아프리카의 팔미라가 파괴되다**

지금의 시리아사막 지대에 위치한 오아시스 도시 국가인 팔미라가 로마제국의 공격을 받아 파괴됐다. 팔미라는 오리엔트 세계와 지중해 세계를 잇는 무역 중심지로 크게 번영하며 한때 '사막의 궁전'으로 불렸다.

팔미라의 유적

동방 총독 오데나투스가 통치하던 시절에는 로마와 우호적인 관계를 유지했다. 그러나 오데나투스가 죽은 뒤 집권한 그의 아내 제노비아 여왕이 이집트와 소아시아로 세력을 넓히며 독자적인 제국 건설을 꿈꾸자, 로마 황제 아우렐리아누스가 이끄는 원정대가 침략해 온 것이었다. 이후 팔미라는 쇠락의 길을 걸으며, 지금은 도로와 신전, 원형 극장과 같은 유적만이 남아 있다.

팔미라를 마지막으로 내려다보는 제노비아

아시아

280년 **서진이 삼국을 통일하다**

서진(西晉)[1]이 오나라를 멸망시키고 삼국을 통일했다.

220년 위, 오, 촉한의 삼국이 정립된 후, 촉한은 중국 남부의 귀주와 운남에서 세력을 확대했다. 그러나 유비와 제갈량이 죽은 뒤 나라가 기울어 263년 위나라에 의해 멸망했다. 조비의 위나라는 낙양으로 수도를 옮기고 국력을 키웠지만, 265년 호족 출신 장군 사마염이 권력을 차지하고 위나라 황제에게 양위를 받는 형식으로 서진을 세웠다. 그리고 280년, 마지막 남은 오나라마저 서진에 의해 무너짐에 따라 삼국 시대가 완전히 종식된 것이었다.

그러나 서진의 사마염(무제)은 삼국을 통일한 뒤 정치보다는 향락에만 몰두한다. 또한 27명의 친척들을 제왕으로 삼아 땅과 군대, 백성을 나눠 주고 각 지역의 통치를 맡긴다. 황제의 힘이 약해지자 외척 세력이 정치에 개입하기 시작하고, 서진은 혼란 속으로 빠져든다.

무제가 죽고 그 아들 혜제가 즉위하자, 황태후의 외척과 황후의 외척 사이에 권력 투쟁이 본격화된다. 291년 제왕들 가운데 무제의 작은아버지인 조왕 사마륜이 혜제를 쫓아내고 스스로 황제에 오르자, 여러 제왕들이 서로 다투는 골육상쟁이 시작된다. 이를 '8왕의 난'[2]이라고 한다.

8왕의 난은 306년 동해왕 사마월이 회제를 옹립하고 권력을 차지함으로써 진정되지만, 이 과정에서 여러 제왕들이 북방 유목민들을 전쟁에 끌어들임에 따라 훗날 오호십육국 시대(304년 참조)가 도래하는 계기를 제공한다.

사마염

1 서진 | 원래 이름은 진(晉)이지만, 317년 세워진 또 다른 진(동진)과 구별하기 위해 서진으로 부른다.

2 8왕의 난 | 이 시기에 귀족들의 사치가 극에 달했다. 어떤 귀족은 하루 식비로 2만 전을 썼고, 또 다른 귀족은 대저택의 담장을 모두 비단으로 두르기도 했다. 반면 농민들은 끝없는 전쟁과 잇따른 자연재해로 인해 유민으로 전락하고 곳곳에서 반란을 일으켰다.

1 선비족 모용씨 | 내몽골 일대에 거주하던 유목 민족인 선비(鮮卑)의 부족 중 하나

2 북옥저 지역 | 지금의 두만강 일대

3 봉상왕 | 봉상왕은 폐위된 후에 목숨을 끊었다. 고구려에서 왕은 신성한 존재인 천손(天孫, 천제의 후손)으로 여겨졌다. 그러나 다른 한편으로 고구려 사람들은 왕이 정치를 제대로 하지 못한다고 여기면 왕을 폐위시켰다. 봉상왕 이전에도 5대 모본왕, 7대 차대왕이 신하의 손에 목숨을 잃었다. 신하들은 민심을 받들어 폭군을 제거한 것이라고 주장했다. 27대 영류왕도 당나라에 유화적인 정책을 펴다가, 연개소문에게 죽임을 당한다.

미천왕릉으로 여겨지는 서대묘
중국 지린성 지안시에 있는 고구려 고분군 중 하나

고구려의 소금 확보 통로

284년 **신라 14대 유례왕**(재위 284~298)**이 즉위하다**

285년 **선비족 모용씨의 공격으로 부여가 위기를 맞다**

선비족 모용씨가 부여를 공격해 수도를 함락시켰다. 부여의 왕은 스스로 목숨을 끊었고, 많은 왕족이 북옥저 지역으로 몸을 피했다. 1년 후인 286년, 부여 왕실은 진나라의 도움을 받아 나라를 회복했다. 그러나 선비족 모용씨의 침입 후 부여는 급격히 약해졌다.

286년 **백제 9대 책계왕**(재위 286~298)**이 즉위하다**

292년 **고구려 14대 봉상왕**(재위 292~300)**이 즉위하다**

298년 **백제 10대 분서왕**(재위 298~304)**이 즉위하다**

298년 **신라 15대 기림왕**(재위 298~310)**이 즉위하다**

300년 **고구려에서 봉상왕이 폐위되고 15대 미천왕이 즉위하다**

국상(國相) 창조리를 중심으로 한 신하들이 봉상왕을 폐위시켰다. 봉상왕은 재위 기간 중 백성의 신망이 두텁던 숙부 고달가를 죽였다. 동생 고돌고에게도 반역 혐의를 씌워 목숨을 빼앗았다. 또한 흉년이 들어 백성이 굶주리는데도, 백성을 동원해 궁궐을 더 화려하게 지었다. 신하들이 만류했지만, 봉상왕은 간언을 무시했다. 그러자 신하들이 들고일어나 왕을 내쫓은 것이다. 신하들은 고돌고의 아들 고을불을 왕으로 추대했다(15대 미천왕, 재위 300~331). 왕위에 오르기 전, 미천왕은 봉상왕을 피해 달아나 신분을 숨기고 머슴살이와 소금 장수를 했다.

> **고구려와 소금**
> 옛날에 소금은 매우 비싸고 귀한 물품이었다. 생활에 꼭 필요할 뿐만 아니라 생산지가 한정돼 있었기 때문이다. 로마에서는 군인과 관리의 봉급을 소금으로 줬다. 봉급을 뜻하는 영어(salary)도 소금에서 비롯된 말이다.
> 고구려 사람들도 소금을 안정적으로 확보하기 위해 노력했다. 1세기에 동해안의 옥저를 제압한 후 받아간 공물 중 하나가 소금이었다. 그러나 동해안의 소금을 고구려의 도성으로 옮기려면 험준한 개마고원을 넘어야 했다. 그래서 고구려는 서해안에서 생산되는 소금을 확보하고자 했다. 왕이 되기 전 서해 염전에서 만들어진 소금을 싣고 압록강을 오르내리며 장사를 했다는 미천왕 이야기에는 이러한 역사가 담겨 있다.

유럽

284년 로마제국의 오클레티아누스 황제가 전제정을 시작하다

로마제국의 디오클레티아누스 황제가 제국을 위기(235년 참조)로부터 구하기 위한 여러 정책들을 취했다. 그는 우선 원로원으로부터 입법권을 빼앗고 직접 집정관을 임명함으로써 황제권을 강화했다. 공화정의 전통을 버리고 법의 제한을 받지 않는 독재자(dominus)로서 전제정을 펼치기 시작한 것이었다. 신하들이 황제에게 엎드려 절하는 의례를 도입하고, 황제를 '신의 아들' 또는 신 그 자체의 이름으로 부르도록 했다.

네 영역으로 분할된 로마제국

제국의 통치를 원활히 하기 위해 행정 구역을 세분화하고 관료의 수를 늘렸으며, 국경 방위를 위해 군대의 병력도 크게 늘렸다.[1] 토지 면적과 인구에 따라 부과하는 새로운 조세 제도를 도입하는 한편, 세금을 걷기 쉽도록 시민들의 직업과 거주 지역을 고정시켰다.[2] 또한 잦은 외적의 침입과 반란에 신속하게 대응하기 위해 제국의 영토를 넷으로 나눠 황제 2명과 부황제 2명이 각각 다스리도록 했다. 이들 사이의 갈등과 분열을 피하기 위해 황제들은 부황제들을 양자로 삼고, 서로 혼인 관계를 맺어 결속을 다졌다.

이러한 개혁에 힘입어 제국은 잠시 안정을 되찾지만, 날로 기울어 가는 운명을 되돌리지는 못한다. 노예의 공급이 줄어들어 대농장이 붕괴하자 대농장의 생산력에 기반한 제국의 경제적, 문화적 풍요도 함께 쇠락할 수밖에 없었기 때문이다. 게다가 제국의 분할 통치는 훗날 제국이 동·서로 분열하는 계기가 된다(395년 참조).

1 군대 확충의 함정 | 부족한 병력을 충원하기 위해 게르만족에게 국경 방위를 맡기기도 했는데, 바로 이것이 476년 서로마제국이 게르만족의 침입으로 멸망하는 원인이 된다.

2 직업과 거주지역 고정 | 농민들을 토지에 묶어 둠으로써 중세 농노 제도의 기원이 된 것으로 평가받는다.

네 명의 공동 통치자의 화합을 상징하는 조각상

아시아

200년대 말 일본에 야마토 정권이 시작되다

일본에서 거대한 무덤들이 만들어진 고훈[古墳, 고분] 시대가 시작됐다. 가장 큰 무덤은 둘레 457미터, 높이 37미터나 됐다. 초기에는 둥그런 형태[圓墳, 원분]로, 중기에는 앞은 둥글고 뒤는 네모난 형태[前方後圓墳, 전방후원분]로, 후기에는 네모난 형태[方墳, 방분]로 만들어졌다.

전방후원분

출토되는 갑옷과 철제 무기를 통해 당시 지배층이 기마 무사들이었음을 알 수 있다. 대규모 무덤은 8세기 초까지 계속 건설되며, 야마토(지금의 혼슈 나라현) 지역에서 처음 등장해 주변 지역으로 확산된 것으로 미루어 야마토 정권[3]과 관련된 것으로 추정된다. 야마토 정권은 히미코 여왕을 중심으로 결성된 연맹왕국(239년 참조)이 발전해 4세기 초에 성립된 일본 최초의 통일 정권이다.

3 야마토 정권 | 5세기에 일본의 거의 전역을 장악하며, 이 무렵 국호를 야마토로 정하고 왕권을 세습하기 시작한다.

하니와
고훈 시대의 무덤에서 출토된 토기를 부르는 이름이다.

(고구려에는) 본래 다섯 부족이 있었으니
소노부, 절노부, 순노부, 관노부,
계루부가 그것이다. 원래 소노부에서
왕이 나왔는데, (소노부가) 점차 약해져
지금은 계루부가 대신한다. (……)
왕의 종족으로서 대가(大加)인 사람은
고추가(古鄒加)라고 불린다.[1]

사람들은 성질이 흉악하고 급해
(다른 나라를) 침략하고 노략질하기를
좋아한다.[2]

1 『삼국지』 「위지동이전」의 한 대목
『삼국지』는 중국의 삼국 시대(위·촉·한·오)를 기록한 역사책이다. 5부 연맹체인
고구려의 중심 세력이 소노부(연노부로도 불렀다)에서 계루부로 바뀐 3세기
상황을 보여 주는 기록이다. 아울러 계루부가 연맹을 주도하고 있지만
소노부와 절노부도 여전히 무시할 수 없는 세력을 유지하고 있었음도 알 수
있다.

2 고구려에 관한 『삼국지』 「위지동이전」의 또 다른 기록
이처럼 고구려 사람들을 마치 악당처럼 서술한 까닭은 고구려가 중국 왕조에
맞서 싸우면서 성장했기 때문이다. 다시 말해, 고구려는 중국 측에서 다루기
어려운 나라였음을 뜻한다. 반면 『삼국지』 「위지동이전」은 부여에 대해서는
"사람들이 신중하고 온후해 다른 나라를 침략하거나 악탈하지 않는다"라고
기록했다. 고구려와 달리, 부여는 중국 왕조와 우호적인 관계를 유지했기
때문이다.

죽은 제갈공명이
살아 있는 사마중달을
쫓는다¹
死孔明走生仲達

히미코가 죽자
지름 100보가 넘는 큰 무덤을 짓고
노비 100여 명을 순장했다.²

1 『삼국지연의』에서
중국의 삼국시대, 위의 장군인 사마중달은 촉과 전투를 하던 도중에 촉의
군대를 이끄는 제갈공명이 죽었다는 소식을 듣고 총공세를 취했다. 그러나
촉의 군대는 마치 제갈공명이 살아 있는 것처럼 위장하고 갑자기 거센 반격에
나섰다. 이에 사마중달은 제갈공명이 죽었다는 소식이 자신들을 끌어들이기
위한 거짓된 유인책이라고 판단하고 군대를 철수시켰다. 제갈공명의 지략이
그가 죽은 뒤에도 촉군을 승리로 이끈 것이었다

2 『삼국지』「위지왜인전」에서
왜의 히미코 여왕의 죽음에 대한 기록으로, 여왕의 권력이 매우 컸음을
알려준다. 왜는 2세기 중반까지 여러 작은 나라들로 나뉘어 서로 쉼 없이
전쟁을 벌이고 있었으나, 야마타이국의 히미코를 여왕으로 옹립해 연맹왕국을
세운 뒤 평화를 이뤘다.

4 세 기

301~400

삼국은 중앙 집권 체제를 강화하고,
로마제국은 크리스트교를 공인하다

4세기의 한국과 세계

삼국은 중앙 집권 체제를 강화하고, 로마제국은 크리스트교를 공인하다

고구려가 낙랑군과 대방군을 무너뜨리고 옛 한나라의 군현 세력을 완전히 몰아내며, 불교 수용과 태학 설립, 율령 반포 등을 통해 중앙 집권 체제를 강화한다. 나아가 광개토대왕 때에는 영토를 크게 넓혀 동북아시아의 강국으로 발돋움한다. 백제도 이 시기에 불교를 수용하며, 근초고왕 때에는 남쪽으로 마한과 가야를 공격하고 북쪽으로 고구려에 맞서며 최대 영역을 확보한다. 신라는 두 나라에 비해 뒤처져 있었지만 내물왕 때 왕권을 강화하고 김씨가 왕위를 세습하기 시작한다.

한편 중국에서는 북방 민족들이 북부 지역에 여러 나라를 세워 흥망을 거듭하는 오호십육국 시대가 시작된다. 로마는 크리스트교를 국교로 삼아 크리스트교 제국으로 거듭나나, 게르만족의 대이동과 동서 분열로 인해 옛 영화를 잃어 간다. 인도에서는 북부 지역에 굽타왕조가 들어서 산스크리트어 문학 등 문화의 부흥기를 연다.

304년 백제 11대 비류왕(재위 304~344)**이 즉위하다**

310년 신라 16대 흘해왕(재위 310~356)**이 즉위하다**

313년 고구려가 낙랑군을 멸망시키다

고구려가 낙랑군(지금의 평양을 중심으로 한 평안남도 일대)[1]을 공격해 멸망시키고, 남녀 2000여 명을 포로로 잡았다. 이듬해에는 대방군까지 무너뜨렸다.[2]

낙랑군은 고조선 멸망(서기전 108년) 후 한나라가 고조선의 중심지에 설치했으며, 중국의 한반도 지배에서 중요한 역할을 했다. 토착 세력이 발전하는 것도 가로막고 통제했다. 한편 중국 문화를 한반도로 들여오는 통로 노릇도 했다. 토착 세력은 낙랑군과 싸우면서도 중국 문물을 수용하는 창(窓)으로 낙랑군을 활용했다. 낙랑·대방군이 멸망하면서 한나라 군현 세력은 완전히 사라졌다. 이것은 미천왕이 적극적인 대외 정책을 편 결과였다. 앞서 미천왕은 요동과 한반도를 잇는 요충지인 서안평을 점령하고(311년) 중국의 통일 왕조인 진나라와 낙랑군의 육상 교통로를 끊어 낙랑군을 고립시켰다. 진나라가 혼란에 빠져 낙랑군을 지원할 수 없던 것도 고구려가 승리한 요인 중 하나였다.

그 후 한반도와 주변 지역에서는 새로운 정세가 펼쳐진다. 고구려는 서안평을 장악하고 낙랑·대방군을 정복한 여세를 몰아 다시 요동 진출에 힘을 쏟는다. 그러나 요동을 장악하는 일은 만만치 않았다. 고구려는 오호십육국의 하나로 선비족 모용씨(285년 참조)가 세운 전연(337~370)·후연(384~409)과 약 1세기 동안 요동을 놓고 운명을 건 대결을 펼치게 된다.

또한 고구려는 낙랑·대방군 멸망 후 국경을 맞대게 된 백제와 지금의 황해도 일대의 영유권, 그리고 낙랑군을 중심으로 이뤄졌던 해상 무역망의 주도권을 놓고 충돌한다. 한편 낙랑군이 사라진 것은 해상 무역망의 한 축으로서 번성하던 가야연맹에도 영향을 끼쳤다(209년 참조).

313년 동예가 고구려에 흡수되다

낙랑군에 속했던 동예가 고구려의 지배를 받게 됐다. 동예는 스스로 고구려와 같은 족속이라고 생각한 부족으로 2세기 후반 이후 고구려의 지배를 받았다. 그러다가 위의 관구검이 고구려를 침입할 때 낙랑군의 공격을 받고 그 지배를 받아 왔다(246년 참조).

1 낙랑군의 위치 | 낙랑군을 비롯한 한나라 군현의 위치에 대해 의견이 분분하지만, 이 책에서는 학계의 통설을 따른다.

2 대방군의 멸망 | 대방군을 멸망시킨 것은 고구려가 아니라 백제라고 보는 견해도 있다.

낙랑고분에서 나온 금동 마면과 순금제 버클

동예의 사회와 문화
동예는 고구려와 의복만 약간 달랐을 뿐 풍속과 언어가 같았다. 마을이 산과 하천을 경계로 구분돼 함부로 다른 구역으로 들어갈 수 없었다. 만약 다른 구역을 침범하면 소와 말을 무는 '책화(責禍)'를 하거나 생구(生口, 노예)가 됐다. 농업을 주로 하고 양잠 기술이 발달했다. 별자리를 관찰해 농사가 잘될지를 예고했고, 매년 10월 하늘에 제사 지내고 밤낮으로 음식과 술을 마시며 노래를 부르고 춤을 추는 제천행사를 했는데, 이를 '무천(舞天)'이라 한다. 특산물로 반어피(班魚皮)·표범 가죽·과하마(果下馬)·단궁(檀弓) 등이 알려졌다.

아시아

304년 중국에서 오호십육국 시대가 시작되다

흉노의 후손인 유연이 한(漢)을 세웠다. 그리고 310년 유연의 아들 유총이 서진의 수도 낙양을 점령하고 서진을 멸망시켰다(310년).[1] 이로써 130여 년간 흉노, 선비, 저, 갈, 강의 5개 북방 민족 및 한족이 세운 18개 나라가 중국 북부에서 흥망성쇠를 거듭하는 오호십육국 시대[2]가 시작됐다.

한편 강남(양자강 이남)에서는 서진의 멸망 소식을 들은 사마예가 토착 세력들과 힘을 합쳐 동진을 세운다(317년). 훗날 전진의 부견은 중국 북부를 거의 통일하고(376년), 강남까지 제패하기 위해 87만의 대군을 파견하지만(383년), 비수의 전투에서 동진에 패해 몰락한다. 이후 남과 북에 각각 왕조가 존재하는 남북조 시대(420년 참조)가 열린다.

유럽

313년 로마제국이 크리스트교를 공인하다

로마 황제 콘스탄티누스 1세와 리키니우스가[3] 밀라노에서 칙령을 내려 제국의 시민들이 크리스트교를 믿는 것을 허용했다. 312년 콘스탄티누스가 밀비아다리전투에서 십자가가 그려진 깃발을 들고 나가라는 꿈속의 계시를 받고 그대로 따라 승리를 거두었기 때문이라고 전해진다. 그러나 더 중요한 이유는 이미 인구의 약 10퍼센트가 이 종교를 믿고 있었기 때문이다.

공인 이후 크리스트교는 한 세기 만에 신도가 500만에서 3000만으로 크게 증가하며 다신교적 전통을 차츰 압도해 간다.

아시아

320년경 인도에 굽타왕조가 세워지다

찬드라 굽타 1세가 인도 북부에 굽타왕조를 세웠다. 굽타왕조는 쿠샨왕조(45년 참조)의 쇠락 이후 수많은 나라로 분열돼 있던 인도 북부를 통일하며, 약 2세기 동안 예술과 과학, 종교와 경제의 측면에서 크게 번영한다.[4]

335년 즉위한 사무드라 굽타는 동쪽으로 벵골, 서쪽으로 펀자브, 북쪽으로 카슈미르, 남쪽으로 데칸에 이르는 북인도를 차지하며, 380년 즉위한 찬드라 굽타 2세는 혼인 동맹과 전쟁을 통해 중부 인도의 대부분 지역까지 장악한다.

아메리카

4~7세기경 테오티우아칸이 전성기를 맞다

지금의 멕시코시티 부근에서 서기전 2세기 무렵 등장한 도시 국가 테오티우아칸이 전성기를 맞았다. 테오티우아칸은 교역을 통해 커다란 부를 쌓고, 강력한 군사력으로 중앙아메리카 지역을 제압한다.

1 서진 멸망 | 서진의 황제 회제는 평양으로 붙잡혀 갔다가 살해되고 황후는 유총의 부인이 된다. 이 사건을 '영가의 난'이라고 한다.

2 오호십육국(五胡十六國) 시대 | '5개 북방 민족이 세운 16개 나라의 시대'라는 뜻이지만, 실제 나라의 수는 18개였다.

3 두 명의 황제 | 당시 로마에는 두 명의 황제가 있었다(284년 참조).

콘스탄티누스 1세

4 굽타왕조의 종교 | 굽타왕조에서는 불교가 쇠퇴하고 힌두교가 번영을 누린다. 이후 불교는 인도보다는 중국, 타이 등 아시아의 다른 지역으로 전파돼 발전한다.

달의 피라미드
테우티우아칸의 전성기 인구는 12만~20만으로 추정된다. 중심 도로인 '죽은 자의 길' 양옆으로 피라미드와 사원, 광장, 주택 등이 들어서 있으며, 길의 끝에는 사람의 피와 심장을 제물로 바쳤던 것으로 여겨지는 '달의 피라미드'가 서 있다.

330년 벽골제가 만들어지다

한국에서 가장 오래된 저수지인 벽골제가 지금의 전라북도 김제에 만들어 졌다. 『삼국사기』에는 330년(신라 흘해왕 21)에 처음으로 벽골제를 만들었는데 둑의 길이가 1800보였다고 기록돼 있다. 그러나 오늘날 많은 학자들은 벽 골제를 만든 것이 신라 흘해왕이 아니라 백제 비류왕이라고 보고 있다. 이 시기에 이 지역이 백제 영토였다고 추정하기 때문이다. 본래 백제에서 만든 수리 시설인데, 신라가 삼국을 통일한 후 역사가들이 벽골제를 신라 쪽 기록으 로 고쳐 넣었을 것이라는 설명이다.

벽골제 같은 대규모 수리 시설을 만들기 위해서는 많은 백성을 동원하고 고도 의 측량 기술과 토목 공법을 활용해야 한다. 따라서 벽골제는 국가적인 사업으 로 만들어졌다. 국가가 수리 시설 구축에 힘을 쏟은 것은 논에 물을 제때 대는 것이 벼농사의 성패를 좌우하는 핵심 요소이기 때문이다.

벽골제 경장거
경장거는 벽골제 수문 중 하나다.

1 벽골제의 축조법 | 벽골제는 부엽공법(敷葉工法)으로 축조 된 것으로 추정된다. 부엽공 법은 바닥에 나뭇가지와 잎을 깔고 흙과 나뭇잎 층을 교대로 쌓아올려 기반을 튼튼히 쌓는 방식이다. 물이 흐르거나 땅 이 낮고 습해 지반이 약한 곳 에 성곽, 제방, 도로 등을 만들 때 쓰였다.

부엽공법 모형도

2 보(步) | 거리를 재는 단위의 하나. 보통 장년 남자의 발걸 음을 기준으로 한다.

> **푸른 뼈 제방, 벽골제에 얽힌 전설**
> 벽골제(碧骨堤)는 푸른 뼈 제방이라는 뜻이다. 이 이름에 관한 전설이 전해 내려온다. 옛날에 마 을 사람들이 제방을 9번 쌓았지만 모두 무너졌다. 어느 날, 산신령이 사람들의 꿈에 나타나 '푸 른 뼈로 제방을 쌓으면 무너지지 않을 것'이라고 말했다. 그러나 마을 사람들은 푸른 뼈가 무엇 인지 몰랐다. 그때 한 승려가 '푸른 뼈는 말의 뼈'라고 알려줬다. 사람들은 말의 뼈를 갈아서 흙 에 넣고, 마침내 제방을 쌓는 데 성공했다. 벽골제가 수많은 사람의 희생과 오랜 노력 끝에 만들 어졌음을 상징하는 전설이다.

331년 고구려 16대 고국원왕이 즉위하다

미천왕이 세상을 떠나고, 그 아들인 고사유가 왕위에 올랐다(16대 고국원왕, 재위 331~371). 임금으로 있는 동안 내내 서쪽의 전연, 남쪽의 백제와 대결했다. 이 과정에서 전연에 수도인 환도성을 한때 내주고(342년 참조) 근초고왕이 이끄 는 백제에 잇달아 패하는 등 큰 어려움을 겪는다(371년 참조).

환도산성
중국 지린성 지안시에 있는 산성으로 국내성의 배후 산성인 환도산성으로 여 겨지고 있다. 고국원왕이 한때 빼앗긴 환도성과 같은 곳인지는 논란이 있다.

유럽

325년 **니케아 공의회가 열리다**

로마 황제 콘스탄티누스 1세가 크리스트교의 중요한 교리 문제를 논의하기 위해 니케아 공의회를 소집했다. 당시 크리스트교 교회는 예수의 본성에 대한 논쟁으로 심각한 분란에 휩싸여 있었다. 이에 제국 전체가 분열로 치달을 것을 우려한 황제가 교회의 문제에 직접 개입한 것이었다.

논쟁의 두 주역은 아타나시우스와 아리우스였다. 아타나시우스는 신과 예수가 동일하다고 주장했지만, 아리우스는 예수가 신의 피조물일 뿐이라며 그 신성(神性)을 부정했다. 즉 절대자인 신(神)이 인간을 구원하기 위해 직접 지상에 내려왔는지, 아니면 그 대리자를 보낸 것인지를 두고 다툰 것이었다.

논쟁 결과 아타나시우스의 주장이 정통 교리로 선언되고, 아리우스의 주장은 이단으로 규정됐다. 이후 아리우스파는 유럽 북동쪽의 게르만족을 상대로 적극적인 포교에 나서, 프랑크왕국을 제외한 게르만족 왕국들에 널리 받아들여진다.

니케아 공의회

아프리카

325년 **악숨왕국이 크리스트교를 수용하다**

지금의 에티오피아 지역에 존재했던 악숨왕국의 에자나 국왕이 크리스트교를 국교로 삼았다. 이후 에티오피아 지역은 오래도록 크리스트교 문명권의 일부가 된다.

악숨왕국은 서기전 4세기에서 서기전 1세기 사이에 성립했으며, 3~6세기의 전성기에는 아프리카 북동부의 가장 큰 무역 중심지로 번영했다. 인도와 로마제국을 상대로 상아와 거북 등껍질, 보석, 비단, 향신료 등을 교역했다. 독자적인 화폐 '마니'와 문자 '게에즈'를 갖고 있었으며, 한때 아프리카 북부의 쿠시왕조까지 정복하지만 7세기 이슬람 세력의 팽창으로 쇠퇴한다.

1 콘스탄티노플 | 라틴어로는 콘스탄티노폴리스(콘스탄티누스의 도시)이다. 이 도시는 시대에 따라 그 이름이 여러 차례 바뀌었다. 그리스 시대에는 비잔티움으로 불렸다가, 로마제국의 수도 콘스탄티노플이 되었으며, 지금은 터키의 수도 이스탄불이다.

유럽

330년 **로마제국이 콘스탄티노플로 수도를 옮기다**

콘스탄티누스 1세가 제국의 수도를 로마로부터 동쪽의 콘스탄티노플로 옮겼다. 제국을 통합하고, 다신교 전통이 강하게 남아 있는 로마 대신 크리스트교를 위한 새로운 수도를 만들기 위해서였다.

콘스탄티노플은 로마제국이 동서로 분열된(395년 참조) 뒤 동로마제국의 수도가 되며, 서로마제국의 멸망(476년 참조) 이후에는 동방 정교의 본산이자 서유럽과 서아시아의 문화를 잇는 가교의 역할을 맡는다.

로마와 콘스탄티노플

1 근초고왕의 영토 확장 | 근초고왕 때 백제가 남쪽으로 어디까지 영토를 넓혔는지는 학계에서 논란거리다. '전라도를 완전히 장악했다'는 견해와 남해안 일대까지 백제가 장악한 것은 5세기 말 이후로 봐야 한다'는 의견으로 나뉘어 있다.

2 요서 | 백제가 요서를 공격해 차지했다는 내용은 중국 쪽 기록에 나온다. 그러나 당시 국제 정세를 감안할 때 이 기록을 문구 그대로 믿기는 어렵다는 의견도 많다.

3 마립간 | 『삼국유사』는 내물왕 때부터, 『삼국사기』는 19대 눌지왕 때부터 마립간 호칭이 사용됐다고 전한다. 이 중 『삼국유사』의 기록이 통설이다.

근초고왕 때 백제의 영토 확장과 해외 진출

칠지도
7개의 가지가 달린 모양의 칼이다. 백제에서 만들어 왜 왕에게 보낸 것으로 백제와 왜의 밀접한 관계를 상징한다.

내물왕릉
경상북도 경주시 교동.
사적 제188호

342년 **전연의 침략으로 고구려 수도가 다시 함락되다**

요동을 놓고 고구려와 대립하던 전연이 고구려를 침략했다. 전연은 고구려 수도인 환도성을 점령했다. 고구려는 246년 위나라군에게 환도성을 뺏긴 지 약 100년 만에 다시 외적에게 수도를 내주며 위기에 놓였다. 전연은 환도성을 약탈하고 고국원왕의 어머니와 아내(왕비)를 비롯한 5만여 명을 잡아갔다. 또한 고국원왕의 아버지인 미천왕의 무덤을 파헤쳐 그 시신도 가져갔다. 전연의 군대가 물러간 후, 고국원왕은 요동으로 진출하는 대신 남쪽으로 세력을 확장하는 데 주력했다.

344년 **백제 12대 계왕**(재위 344~346)**이 즉위하다**

346년 # **백제 13대 근초고왕이 즉위하다**

고이왕 계통인 계왕이 세상을 떠나고, 13대 근초고왕(재위 346~375)[1]이 왕위에 올랐다. 근초고왕은 초고왕 계통인 11대 비류왕의 아들이다. 근초고왕은 초고왕 계통의 왕위 계승권을 확립하고(234년 참조) 중앙 집권 체제를 강화했다.

근초고왕은 이렇게 다진 국력을 바탕으로 영토를 크게 확장했다. 먼저 남쪽의 마한을 공략해 지금의 전라도 일대까지 세력을 넓히는 한편 가야를 압박했다. 이어 북쪽의 고구려와 지금의 황해도 일대를 놓고 대결했다. 근초고왕은 고구려를 연파하며 주도권을 쥐었다(369년, 371년 참조). 그 결과 백제의 영토는 황해도 남부에서 전라도에 이르렀다. 백제 역사상 가장 넓은 영역이었다.

이와 함께 백제는 중국의 요서와 산동반도[2], 일본 열도 등 해외로도 활발하게 진출하고 동북아시아 해상 무역을 장악했다. 아울러 근초고왕은 박사 고흥에게 역사서인 『서기』를 편찬하게 했다. 백제는 근초고왕 때 전성기를 맞았다.

356년 **신라 17대 내물왕이 즉위하다**

마지막 석씨 왕인 16대 흘해왕이 죽고, 두 번째 김씨 왕인 17대 내물왕(재위 356~402)이 즉위했다. 내물왕은 왕권을 강화하고 국가 체제를 정비했다. 연맹체 대표를 뜻하던 이사금에서 으뜸가는 우두머리라는 뜻의 마립간으로[3] 왕의 칭호를 바꾼 것은 왕권 강화를 상징한다. 내물왕은 강해진 왕권을 바탕으로 박씨와 석씨를 배제하고 김씨가 왕위를 세습하는 체제를 확립했다.

아시아

345년경 **화가 고개지가 태어나다**

동진에서 중국의 대표적인 인물화가 고개지가 태어났다. 그의 그림은 인물의 감정과 정서를 사소한 표정과 몸짓을 통해 우아하고 세련되게 표현하는 특징을 갖고 있었다. 이후 중국의 미술은 단순한 교육이나 장식적인 기능에서 벗어나 본격적인 예술의 한 갈래로 자리 잡기 시작한다.

고개지의 「여사잠도(女史箴圖)」 중 일부분

아시아

353년 **왕희지가 「난정서」를 쓰다**

동진의 서예가 왕희지가 대표작인 「난정서(蘭亭序)」를 지어 썼다. 왕희지는 난정이라는 정자에 40여 명의 문인을 불러 모아 시를 짓는 연회를 열었는데, 이때 지은 시들로 『난정집』이라는 시집을 묶고 그 서문인 「난정서」를 쓴 것이었다.

왕희지는 중국 역사상 최고의 서예가로 꼽히며, 서예를 예술의 경지로 끌어올린 인물로 평가받는다. 일찍이 벼슬길에 나섰으나 말년에는 벼슬을 그만두고 풍광이 아름다운 산천에서 청담(244년 참조)과 약초 캐는 일에 몰두하며 여유로운 삶을 살았다.

왕희지와 「난정서」 중 일부분

아시아

353년 **둔황 석굴이 건설되기 시작되다**

지금의 간쑤성 둔황 인근에 세계 최대의 석굴 사원인 막고굴이 건설되기 시작했다. 전진의 승려 낙준이 처음으로 산비탈에 석굴을 파고 불상을 조각했으며, 이후 수백 개의 석굴이 더 만들어져 천불동(千佛洞)으로도 불린다. 지금까지 모두 490여 개가 발굴됐다. 내부에는 채색된 벽화가 그려져 있고, 조각상이 가운데에 놓여 있다.

둔황 석굴은 실크로드를 따라 불교와 불교 미술이 중국으로 전해진 흔적이기도 하다. 둔황은 당시 중국에서 가장 서쪽에 위치한 무역 도시이자, 동과 서의 다양한 민족과 문화가 만나는 교통의 요충지였기 때문이다.

1 막고굴 | 366년에 처음 건설됐다는 설도 있다.

안악3호분의 무덤 주인
황해도 안악군 용순면 유순리에 있는 무덤으로 벽화의 주인공이 고국원왕이라는 설도 있고 귀족인 동수라는 설도 있다.

1 전진 | 오호십육국의 하나로 전연을 멸망시켰다. 350년에 세워져 394년까지 존속했다.

2 고구려에 불교 전래 | 372년 전진의 외교 사절과 함께 온 승려 순도가 고구려에 불교를 전했다.

평양 서북쪽에서 출토된 고구려 불상

369년 백제가 치양성에서 고구려를 대파하다

남하하는 고구려와 북진하는 백제가 정면으로 맞붙었다. 369년, 고국원왕이 2만 명의 고구려군을 이끌고 치양성(지금의 황해도 배천)으로 내려왔다. 이에 맞서 백제의 근초고왕은 태자 귀수(훗날 근구수왕)에게 군사를 이끌고 적을 기습하게 했다. 백제의 대승이었다. 고구려군은 5000여 명 전사라는 손실을 입고 퇴각했다.

371년 고국원왕이 백제군과 싸우다가 목숨을 잃다

고국원왕이 다시 백제를 공격했다. 그러나 설욕에 성공하지 못하고 백제에 패했다. 기세가 오른 근초고왕은 3만의 군대를 이끌고 고구려의 평양성을 공격했다. 고국원왕은 평양성에서 항전하다가 백제군의 화살에 맞고 숨졌다. 근초고왕은 군사를 거둬 물러났다.

371년 고구려 17대 소수림왕이 즉위하다

고국원왕의 뒤를 이어 그 아들인 고구부가 왕위에 올랐다(17대 소수림왕, 재위 371~384). 건국 이래 처음으로 국왕이 전사한 고구려는 위기 상황이었다. 소수림왕은 흔들리는 고구려를 수습하고, 내실을 다지는 데 주력했다. 우선 북중국의 패자(霸者)로 등장한 전진과 우호적인 관계를 맺고 적극적으로 교류했다. 소수림왕은 372년 전진으로부터 불교를 받아들였다. 기존의 부족 중심적인 사상과 달리, 불교가 국왕의 권위를 높이고 백성의 사상을 통일하는 데 도움이 됐기 때문이다. 373년에는 국립 학교인 태학을 설립하고, 율령(234년 참조)을 반포해 중앙 집권 체제를 강화했다. 소수림왕의 개혁은 광개토대왕 때 고구려가 사방으로 팽창할 수 있는 기반을 마련했다.

375년 백제 14대 근구수왕(재위 375~384)이 즉위하다

377년 신라가 처음으로 중국에 사신을 보내다

내물왕이 고구려의 도움을 받아 전진에 사신을 파견했다. 중국에 사신을 보낸 것은 신라 건국 이래 처음 있는 일이었다. 이는 신라가 한반도 동남쪽에 치우쳐 있었을 뿐만 아니라, 고구려와 백제보다 고대 국가로 발전하는 속도가 늦었기 때문이다. 고구려와 백제는 신라보다 훨씬 앞서 중국 왕조들과 사신을 주고받았다.

유럽

376년 **게르만족이 대이동을 시작하다**

게르만족 가운데 서고트족이 로마 황제 발렌스의 허락을 받고 도나우강을 건너 제국 영역 안으로 들어왔다. 중앙아시아의 유목 민족인 훈족[1]이 동유럽으로 진출해 동고트족을 정복하자 훈족의 침략을 피해 로마제국의 보호를 구한 것이었다. 이후 약 200년에 걸쳐 게르만족의 대이동이 계속된다.

게르만족은 라인강과 도나우강 북동쪽에서 수렵과 목축, 농경에 종사하며 부족 단위의 원시적인 생활을 하던 민족이었다. 부족마다 왕이 있었지만 그 힘은 강하지 않았으며, 전사들은 우두머리에게 충성을 바치고 우두머리는 전사들을 보호하고 부양해 주는 코미타투스[2]라는 전사 조직을 중심으로 전쟁을 치렀다.

게르만족의 일부는 이미 3세기부터 로마제국의 힘이 약해지고 국경 방위에 소홀해진 틈을 타서 제국의 영역으로 들어와 하급 관리와 농민, 용병으로 살아가고 있었다. 그러나 평화적인 이주는 곧 군사적인 침략으로 바뀐다. 서고트족은 378년 반란을 일으켜 아드리아노플전투에서 로마군을 격파하고 황제를 죽음으로 몰아간다. 396년에는 알라리크의 지휘 아래 그리스를 침범하고 410년 이탈리아에 침입해 3일간 로마시를 약탈한다. 로마제국의 분열(395년 참조) 이후 서로마제국을 멸망시키는 인물도 게르만족 용병 대장인 오도아케르(476년 참조)다.

이후 부르군트족, 반달족, 앵글족, 색슨족, 동고트족, 프랑크족 등도 제국을 침입해 각각의 점령지에서 차례로 왕국을 건설한다. 그러나 이들이 세운 왕국들은 대개 오래 지속되지 못한다. 원래의 근거지와 너무 멀리 떨어진 점, 현지 로마인들에 비해 인구와 문화적 수준에서 크게 열세인 점[3], 로마 교회가 이단으로 지목한 아리우스파 크리스트교를 믿어 현지인들로부터 배척당한 점 등이 그 원인이었다.

다만 이들 가운데 프랑크족만은 새로운 지역에 성공적으로 정착한다. 원래 근거지가 라인강 바로 북쪽이라 이동 거리가 짧았던 데다, 로마 교회로 개종하고(496년 참조) 아리우스파를 따르는 다른 게르만족으로부터 교회를 수호해 준 덕분에 현지인들의 호감을 샀던 것이다. 프랑크왕국은 가톨릭교회와 손을 잡고 게르만 문화와 로마 문화, 그리고 크리스트교를 한데 융합시켜 훗날 중세 유럽 문화의 기틀을 마련한다.

1 훈족 | 몽골 고원에서 기원한 유목 민족인 흉노족과 같은 집단으로 여겨진다.

2 코미타투스(comitatus) | 훗날 중세 유럽 봉건제도의 기원으로 평가받는다.

3 서고트족의 인구 비율 | 서고트왕국에서 서고트족의 비율은 60분의 1을 넘은 적이 없었다.

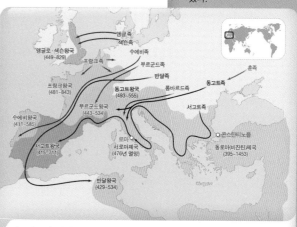

게르만족의 대이동

1 마라난타 | 마라난타는 인도 승려다.

천추총
고국양왕의 무덤으로 여겨 진다. 중국 지린성 지안시

광개토대왕 시기의 동북아시아

2 광개토대왕 | 영토를 크게 확장한 왕이라는 뜻이다.

3 | 고구려는 지금의 경기도 북부까지 영토를 넓혔다.

4 가야 | 이때 금관가야가 치 명타를 입으면서 전기 가야연 맹이 와해됐다. 전기 가야연 맹이 무너진 후, 5세기 말 대 가야(지금의 경상북도 고령)를 중심으로 후기 가야연맹이 결 성된다.

광개토대왕 이름이 새겨진 신라 그릇
경상북도 경주 호우총에서 나 온 것으로 '국강상광개토지호태 왕호우'라고 새겨져 있다. 415년 (장수왕 3) 광개토대왕의 제사에 참 여한 신라 사신이 경주로 가져온 듯하다.

384년 **백제 15대 침류왕**(재위 384~385)**이 즉위하다**

384년 **마라난타[1]가 동진에서 건너와 백제에 불교를 전하다**

384년 **고구려 18대 고국양왕이 즉위하다**

소수림왕이 후사 없이 세상을 떠나고 그 동생인 고이련이 왕위에 올랐다(18대 고 국양왕, 재위 384~391).

385년 **백제 16대 진사왕**(재위 385~392)**이 즉위하다**

391년 **고구려 19대 광개토대왕[2]이 즉위하다**

고국양왕이 죽고 그 아들인 17세의 고담덕이 왕위에 올랐다(광개토대왕, 재위 391~413). 광개토대왕은 숙적인 후연과 백제를 물리치고 왜를 격파 했다(396년, 400년, 402년 참조). 서북쪽의 거란, 동북쪽의 숙신도 정벌했다. 이를 통해 영토를 넓히고 고구려를 동북아시아 최강국으로 만들었다.

392년 **백제 17대 아신왕이 즉위하다**

진사왕이 죽고 17대 아신왕(재위 392~405)이 즉위했다. 아신왕은 침류왕의 아들 이자 진사왕의 조카다.

396년 **광개토대왕이 아신왕에게 항복을 받아내다**

광개토대왕이 백제를 공격해 58성 700촌을 정벌하고 수도 한성을 포위했다.[3] 아 신왕은 광개토대왕에게 항복했지만, 고구려군이 물러간 후 왜와 동맹을 맺었다. 왜에 문물을 전해주는 대신 왜를 끌어들여 고구려와 맞서기 위해서였다.

400년 **고구려가 왜군을 몰아내고 신라를 구원하다**

399년 왜의 공격을 받은 신라가 고구려에 구원을 요청했다. 400년 광개 토대왕은 5만 대군을 신라로 보냈다. 고구려군은 왜군을 물리치고, 백 제·왜와 연합한 가야[4]까지 공격했다. 고구려는 신라에 군대를 주 둔시키며 왕위 계승 문제를 비롯한 신라의 정치에 깊숙이 간섭한다. 한편, 후연이 대군을 신라로 보낸 고구려의 빈틈 을 노려 공격했다. 고구려는 후연에 700리의 땅을 뺏겼다.

유럽

392년 **크리스트교가 로마제국의 국교가 되다**

로마 황제 테오도시우스가 크리스트교를 국교로 삼고 그 외의 다른 종교의식을 일절 금지했다. 이교[1] 신전의 토지는 모조리 몰수됐고, 그리스 지역의 올림피아드 대회도 이교 신들에 대한 숭배 행위라는 이유로 중단됐다.

공인받은(313년 참조) 이후 크리스트교는 이교 문화와 치열한 경쟁을 벌여 왔으나, 이제 제국 유일의 종교로서 확고히 자리 잡게 됐다. 부와 출세를 꿈꾸는 사람들은 너나 할 것 없이 황제의 종교인 크리스트교로 개종하고, 많은 귀족들도 앞다퉈 교회의 주교 자리를 차지했다.

1 이교(異敎) | 크리스트교 이외의 다른 종교를 가리킨다.

테오도시우스 황제

유럽

395년 **로마제국이 동과 서로 분열하다**

테오도시우스 황제가 죽고 두 아들인 아르카디우스와 호노리우스가 제국의 영역을 나누어 물려받음으로써, 로마제국이 동로마제국과 서로마제국으로 분리됐다. 아르카디우스의 동로마제국(비잔틴제국)은 1453년까지 유지되지만, 호노리우스의 서로마제국은 한 세기도 못 가 게르만족에 의해 멸망한다(476년 참조).

아시아

398년 **북위의 탁발규가 평성을 수도로 삼다**

북위의 탁발규(도무제)가 평성(지금의 산시성 다퉁)을 수도로 삼고 북중국의 강자가 되었다. 북위는 이후 중국 북부를 통일(439년 참조)하고 남부의 왕조들(남조)과 중국을 나누어 통치한다. 또한 유목민의 전통에서 벗어나 중국식의 문화와 정치 제도를 받아들이려는 정책(496년 참조)을 추진한다.

아시아

400년경 **칼리다사가 『샤쿤탈라』와 『메가두타』를 쓰다**

인도 굽타왕조의 작가 칼리다사가 희곡 『샤쿤탈라』와 서정시 『메가두타』를 썼다. 『샤쿤탈라』는 고대의 왕이 사냥을 나갔다가 천녀(天女)의 딸 샤쿤탈라와 만나 사랑에 빠지는 내용으로, 인도 최고의 문학 작품으로 꼽힌다. 『메가두타』는 신을 섬기는 것을 소홀히 해 유배된 신관이 고향의 아내를 그리는 마음을 노래한 작품으로, 빼어난 은유와 풍부한 감정 표현 덕에 당시 인도인들 사이에 널리 암송됐다.

또한 이 무렵, 오래도록 구전돼 온 고대 서사시 『마하바라타』와 『라마야나』도 오늘날의 형태로 정리됐다. 이처럼 굽타왕조 시대는 인도 문화의 중흥기로서, 물질적 풍요와 왕실의 후원에 힘입어 산스크리트어[2]로 된 시와 산문 등이 크게 융성했다.

2 산스크리트어 | 주로 지배층과 지식층이 사용하던 종교, 철학, 문학 언어이다. 동아시아에서는 범어(梵語)로 불린다. 우리나라에 전래된 불경들도 대개 산스크리트어로 쓰인 것을 한문으로 옮긴 것이다.

『샤쿤탈라』의 삽화

백제는 본래 고려(고구려)와 함께
요동의 동쪽 1000여 리에 있었다.
그 후 고려가 요동을 차지하자 백제는
요서를 차지했다. 백제가 통치한 곳을
진평군(진평현)이라 한다.[1]

그 나라(백제)는 본래 고구려와 함께
요동의 동쪽에 있었다.
진(晉)나라 때 고구려가 요동을
차지하니 백제도 요서·진평의
두 군을 차지해 스스로
백제군을 두었다.[2]

1 『송서』에서
환인의 서자 환웅이 인간 세상에 내려가고 싶어 하자 환인이 보인 태도. '널리
인간을 이롭게 한다'는 '홍익인간(弘益人間)'의 인본주의적 이념은 이후 한국
사회에서 정치 경제 사회 문화의 최고 이념으로 여겨져 왔다.

2. 『양서』에서
『송서』와 『양서』는 중국의 위진남북조 시대에 남조에 속한 송나라와 양나라의
역사를 기록한 책이다. 『송서』와 『양서』의 백제 관련 기록들은 논란거리다.
'기록된 그대로 중국에 백제 영토가 있었다'고 보는 사람들도 있지만, '당시
정세를 고려하면 이 기록들을 그대로 믿기 어렵다'고 보는 이들도 있다. 후자
중에는 백제가 실제로 중국 영토를 차지했다기보다는 해외 무역 기지를 건설한
것을 반영한 기록이라고 해석하는 이도 있다. 이처럼 의견이 나뉘어 있지만,
백제 사람들이 바다 건너 활발하게 뻗어 나갔다는 점은 공통적으로 인정하고
있다.

크리스트교 신도들을 비롯한
모든 사람들에게 누구든 어떤 종교라도
원하는 대로 믿을 수 있는 자유를 부여한다.[1]

게르만족의 왕들은 혈통에 따라,
장군들은 용기에 따라 선출한다.
왕은 절대적인 또는 전제적인 권한을
갖고 있지 않다. 장군들은 권위에
의존하기보다는 정력적이고 탁월하고
앞서서 싸우는 모범을 보여 사람들의
호감을 산다.[2]

1 로마 황제 콘스탄티누스 1세와 리키니우스가 함께 발표해 크리스트교를
공인한 밀라노 칙령의 일부이다.
밀라노 칙령의 반포는 유럽이 크리스트교 세계로 변모하는 결정적인 계기가
된 사건이다. 이후 크리스트교는 로마제국 내에서 빠르게 교세를 확장하며,
머지않아 제국의 국교가 된다.

2 타키투스의 『게르마니아』에서
라인강과 도나우강 북동쪽에서 원시적인 생활을 하던 게르만족은 왕의
권한이 강하지 않았으며, 평등한 전사들의 조직을 중심으로 전쟁을 치렀다.
게르만족은 378년 이후 본격적으로 로마제국의 경계 안으로 들어와 끝내
제국을 멸망으로 몰아간다.

5 세 기

401~500

백제와 신라가 고구려에 맞서 동맹을 맺고,
서유럽과 중국에 이민족 왕조가 들어서다

5 세기의 한국과 세계

백제와 신라가 고구려에 맞서 동맹을 맺고, 서유럽과 중국에 이민족 왕조가 들어서다

고구려의 장수왕이 평양으로 수도를 옮기고 본격적인 남진 정책을 펼쳐 한강 유역을 차지한다. 신라와 백제는 고구려의 남진에 맞서기 위해 나·제동맹을 맺는다. 삼국 간의 본격적인 항쟁이 시작된 것이다. 신라는 행정 구역 재편과 도로망 정비를 통해 중앙 집권을 강화한다. 하지만 백제는 고구려에 수도 한성을 빼앗기고 웅진으로 천도한 뒤, 왕실의 권위가 추락하고 귀족 반란이 계속되는 혼란기에 접어든다.

서로마제국은 게르만족에 의해 마침내 멸망을 맞고, 게르만족 일파인 프랑크왕국이 크리스트교를 매개로 게르만과 로마의 문화를 융합시켜 서유럽의 새로운 구심점이 된다. 중국에서는 이민족 왕조인 북위가 북부를 통일하고 송나라 등의 한족 왕조가 남부에 들어섬으로써 남북조 시대가 시작된다. 북위는 균전제와 삼장제를 도입해 중앙 집권화를 이루고 한화 정책으로 중국의 앞선 문화를 받아들인다. 인도의 굽타왕조는 불교 문화를 크게 발전시키지만, 이민족의 침략으로 힘을 잃고 분열의 길로 들어선다.

402년 **신라 18대 실성왕**(재위 402~417)**이 즉위하다**

402년 **고구려가 후연에 반격하다**

고구려군이 후연의 숙군성을 공격했다. 후연이 400년 고구려를 공격해 700리를 뺏어간 데 대한 반격이었다. 고구려가 숙군성을 공격하자, 후연은 다시 고구려를 침공했다. 고구려군은 후연의 군대를 물리쳤다. 요동을 둘러싼 두 나라의 공방전은 407년까지 계속됐다. 407년 후연에서 쿠데타가 일어난 것을 계기로, 고구려는 요동에 대한 지배권을 굳혔다. 요동 장악은 고구려가 한 단계 도약하는 계기가 된다. 요동이 철 산지일 뿐만 아니라, 요하가 천연 방어선 역할을 해 줬기 때문이다.

405년 **백제 18대 전지왕**(재위 405~420)**이 즉위하다**

408년 **덕흥리벽화고분이 만들어지다**

고구려의 대표적인 고분 중 하나인 덕흥리벽화고분(현재 북한의 남포시 강서구역 덕흥동)이 만들어졌다. 이 고분은 5세기 초 고구려 고분의 양식과 구조를 파악하고 당시 고구려 사람들의 생활상을 엿볼 수 있는 중요한 유적이다.

덕흥리벽화고분은 107기(2011년 기준)가 발견된 고구려 벽화고분 중에서 언제 만들어졌는지, 그리고 무덤 주인이 누구인지를 알 수 있는 드문 사례다. 이 무덤에 묻힌 사람은 유주[1](幽州)자사를 지내고 77세에 세상을 떠난 진(鎭)이다. 그런데 유주자사 진의 실체는 남북한, 중국, 일본 학자들 사이에서 논란거리다. 진이 태어난 곳이 어디인지, 유주자사를 지냈다는 것이 어떤 의미인지에 관해 의견이 엇갈리는 상황이다.

크게 보면 '진은 고구려 사람이며, 진이 유주자사를 지냈다는 것은 고구려가 지금의 베이징 일대까지 다스렸다는 뜻'이라고 해석하는 견해와 '진은 중국에서 고구려로 망명한 사람이며, 고구려가 유주를 지배했다고 보기 어렵다'는 견해가 맞서고 있다.

410년 **고구려가 동부여를 정벌하다**

동부여가 고구려에 조공하지 않자, 광개토대왕이 직접 군사를 이끌고 가서 동부여를 복속시켰다. 동부여 정벌은 광개토대왕의 마지막 정복 전쟁이다.

1 유주 | 유주의 범위는 시대에 따라 달라지지만, 대체로 지금의 베이징 일대를 가리킨다.

덕흥리벽화고분 중 하나
오른쪽에 앉아 있는 큰 사람이 무덤의 주인인 유주자사 진이고, 진에게 절하며 예를 표하고 있는 왼쪽 사람들이 유주에 속한 13군의 태수와 내사(內史)들이다.

아시아

405년 **중국 동진의 승려 법현이 인도를 방문하다**

중국 동진의 승려 법현이 인도에 도착했다. 장안을 출발해 육로로 험준한 파미르 고원을 넘어 6년 만에야 인도에 다다른 것이었다. 출발 당시 이미 60대였던 법현이 노구를 이끌고 먼 여행을 떠난 것은 불교의 발상지인 인도에서 불법을 직접 연구하기 위해서였다.

법현은 인도 곳곳을 돌아보며 불교 유적을 순례하고 불경을 수집한다. 법현은 지금의 스리랑카까지 여행한 뒤에 바닷길로 다시 중국으로 향한다. 그러나 폭풍우를 만나 지금의 인도네시아 자와섬으로 배를 돌리는 고초를 겪은 끝에 413년 무렵 중국 산동성으로 돌아온다.

법현은 귀국 후 『불국기(佛國記)』라는 인도 여행기를 남긴다. 『불국기』는 중국인이 쓴 인도 기행문 중 가장 오래된 것으로서, 이 무렵 인도와 중앙아시아의 역사와 풍속을 보여 주는 귀중한 사료이다.

아시아

405년 **도연명이 「귀거래사」를 쓰다**

중국 동진의 시인 도연명이 「귀거래사」를 썼다. 「귀거래사」는 관직을 그만두고 고향으로 돌아가는 심경을 담은 시이다. 도연명은 「귀거래사」를 통해 세속을 떠나 자연과 하나가 돼 살아가겠다는 뜻을 밝힌 후, 남은 생애를 전원에서 보낸다. 이같은 도연명의 시풍은 동아시아의 시 세계에서 하나의 장르를 이뤄 후대의 많은 시인들에게 영향을 끼친다.

1 도연명 | 연명은 자(字)이고 본명은 도잠이지만, 도연명이라는 이름으로 더 잘 알려져 있다.

도연명

유럽

410년 **서고트족이 로마를 약탈하다**

서고트족이 서로마제국의 수도 로마를 함락하고 사흘 동안 약탈했다. 서고트족은 훈족에게 밀려 로마제국의 영역 안으로 들어온 게르만족의 일파다(376년 참조). 서고트족은 로마제국 안으로 들어온 후 378년 로마 황제를 죽게 하는 등 로마와 대립했지만, 테오도시우스 황제의 화친 정책에 따라 로마의 동맹 세력으로서 지금의 발칸반도에 머물러 왔다. 그러다가 서로마제국과 다시 사이가 틀어져 로마를 공격한 것이었다.

로마 약탈은 서로마제국에 큰 타격을 입힌다. 서로마제국은 심장부를 점령당하면서 사실상 몰락의 길로 접어든다. 한편 서고트족은 로마를 약탈한 후 지금의 프랑스 남부를 거쳐 이베리아반도로 이동해 왕국을 건설한다.

서고트족의 로마 약탈

413년 고구려 20대 장수왕이 즉위하다

광개토대왕이 세상을 떠나고 그 아들인 고거련이 왕위에 올랐다(장수왕, 재위 413~491). 장수왕[1]은 아버지인 광개토대왕이 크게 넓힌 영토를 안정적으로 다스리고 체제를 정비했다. 평양 천도(427년 참조)도 그 일환이다. 또한 남진 정책을 추진해 한강 유역을 완전히 장악하고(475년 참조) 백제와 신라를 압박한다.

이와 함께 장수왕은 노련한 외교 정책을 구사한다. 장수왕 때 중국에서는 오호십육국 시대가 막을 내리고 남북조 시대가 시작된다. 장수왕은 북위, 남쪽의 한족 왕조들(동진·송·남제), 그리고 몽골 초원의 유연이 서로 대립하는 상황을 이용해 등거리 외교[2]를 하며 고구려의 위상을 높인다. 장수왕 때 고구려는 독자적인 세력권을 유지하며 전성기를 누린다.

1 장수왕 | 오래 산 임금이라는 뜻. 78년 동안 왕위에 있어 붙은 명칭이다.

2 등거리 외교 | 어느 한쪽에 치우치지 않는 외교

광개토 대왕릉비
고구려 사람들이 직접 남긴 생생한 역사 기록으로 가치가 매우 높다.

414년 장수왕이 광개토대왕릉비를 세우다

장수왕이 광개토대왕의 업적을 기리기 위해 국내성 부근(지금의 중국 지린성 지안시)에 비석을 세웠다(광개토대왕릉비). 높이가 6.39미터에 이르는 거대한 비석이다. 광개토대왕릉비에는 고구려 건국 신화와 역대 왕들의 업적, 광개토대왕의 정복 활동, 묘를 지키는 사람들에 관한 규정 등을 다룬 1775자 정도의 비문이 새겨져 있다.

훗날 비문이 일부 판독되면서 비문 해석을 둘러싸고 한국과 일본 학자들 사이에 치열한 논쟁이 벌어진다(4권 1880년 참조).

3 실성왕과 눌지왕의 갈등 | 눌지왕의 동생들을 인질로 보낸 것은 실성왕이었다. 실성왕도 즉위하기 전 고구려에 인질로 가 있었다. 실성왕은 자신을 인질로 보낸 내물왕의 아들들을 인질로 보냈다. 그 목적 중 하나는 내물왕의 아들들이 자신의 왕권을 위협하지 못하게 하기 위해서였던 것으로 보인다.

417년 신라 19대 눌지왕이 즉위하다

실성왕이 죽고 19대 눌지왕(재위 417~458)이 즉위했다. 눌지왕은 17대 내물왕의 아들이자 실성왕의 사위다. 실성왕은 눌지의 세력이 커지자 고구려의 힘을 빌려 눌지를 제거하려 했다. 그러나 고구려는 정반대로 눌지를 도왔다. 눌지는 고구려의 지원에 힘입어 실성왕을 몰아내고 왕위에 올랐다.

눌지왕은 즉위 직후 박제상을 시켜 고구려와 왜에 각각 인질로 가 있던 동생들을 돌아오게 했다.[3] 또한 신라에 군대를 주둔시키며 신라를 신하의 나라로 간주하던 고구려의 간섭(400년 참조)에서 벗어나기 위해 백제와 손잡는다(433년 참조).

일본 대마도의 박제상 순국비
박제상은 고구려에서 복호 왕자를 데리고 돌아온 뒤 왜로 가서 미사흔 왕자를 탈출시켰다. 그러나 자신은 왜 왕에게 잡혀 잔인하게 처형됐다.

420년 백제 19대 구이신왕(재위 420~427)이 즉위하다

아
프
리
카

415년 알렉산드리아에서 여성 학자 히파티아가 살해되다

이집트 알렉산드리아¹에서 여성 학자 히파티아가 크리스트교 신도들에게 살해됐다. 신도들은 알렉산드리아의 거리에서 히파티아를 습격해 난도질했다. 이들이 히파티아를 공격한 이유는 히파티아가 사악한 이단을 가르치고 있다고 여겼기 때문으로 전해진다.

히파티아는 저명한 수학자인 테온의 딸로서, 알렉산드리아는 물론 지중해 세계에서 이름 높은 철학자이자 수학자, 천문학자였다. 히파티아는 유클리드 기하학에 관한 책을 쓰고, 고대 수학자들의 책에 주석을 달았으며, 플라톤과 아리스토텔레스를 비롯한 철학자들의 사상을 가르쳤다.

히파티아의 비극은 크리스트교 문명이 떠오르고 고대 그리스와 로마 문명이 사양길로 접어든 역사의 변화를 상징하는 사건으로 받아들여진다.

히파티아

1 알렉산드리아 | 당시 여러 나라의 학자들이 모여드는 학문의 중심지였다. 알렉산드리아에서는 고대 그리스, 로마 문명을 대표하는 철학과 수학, 자연과학이 고도로 발달했다.

아
시
아

420년 송나라가 건국되고 남북조 시대가 시작되다

중국 남부 동진의 장군 유유가 동진을 무너뜨리고 송나라를 세웠다. 유유는 중국 북부에서 남부로 이주한 지체 낮은 가문 출신이었다. 그가 황제가 될 수 있었던 것은 동진 말기의 혼란을 무력으로 수습했기 때문이다.

본래 동진의 지배층들은 북방 민족으로부터 중국 북부를 되찾아야 한다는 생각이 강했다. 그러나 북방 민족과 여러 차례의 전쟁을 했음에도 얻는 것은 없었고, 오히려 국내에서 연이어 반란이 일어나 나라가 흔들렸다. 이때 유유가 과중한 세금을 견디다 못해 일어난 농민 반란(손은·노순의 반란)과 동진 최고의 귀족 가문 출신인 환현의 난을 평정하며 실력자로 떠오른 것이었다.

동진이 무너진 뒤 중국 남부에는 네 나라(송, 제, 양, 진)가 차례로 들어선다. 한족이 세운 이 네 나라(남조)는 모두 건강(지금의 난징)을 수도로 삼고, 북방 민족이 세운 북부의 왕조(북조)와 대립한다. 그래서 송나라가 세워진 420년부터 진나라가 수나라에 무너진 589년까지를 남북조 시대라고 부른다. 남북조는 모두 정치적 안정을 누리지는 못하지만, 이 시기에 강남이 대대적으로 개발돼 훗날 중국 경제의 중심지로 떠오른다.

북조
북위
(386~534)
평성

남조
송
(420~479)
건강

북위의 최대 영역
송의 최대 영역

남북조 시대

복원된 대성산성

427년 **장수왕이 수도를 평양성으로 옮기다**

고구려의 장수왕이 수도를 국내성에서 평양성으로 옮겼다. 2대 유리왕이 졸본에서 국내성으로 수도를 옮긴 지 424년 만이었다.

평양 지역은 국내성 지역보다 땅이 비옥해 농업에 유리했다. 서해 바닷길을 활용하는 데도 편리했다. 그러나 장수왕이 도성을 평양성으로 옮긴 이유가 그 때문만은 아니었다. 오랫동안 국내성을 중심으로 힘을 키워온 귀족 세력을 견제하기 위해서이기도 했다. 국내성에서 멀리 떨어진 평양에 새 수도를 건설해 귀족들의 힘을 약화시키고, 새로운 세력을 등용해 중앙 집권 체제를 더 강화하고자 한 것이다.

이 때문에 국내성의 귀족들은 수도 이전을 반대했다. 하지만 장수왕은 귀족들의 반대를 누르고 평양성으로 수도를 옮기는 데 성공했다. 이는 장수왕이 귀족 세력을 상대로 한 정치적 대결에서 승리했음을 뜻한다.

장수왕의 평양 천도는 아버지인 광개토대왕의 정책을 이어받은 측면이 강했다. 광개토대왕도 평양을 중시했다. 광개토대왕은 평양에 아홉 곳의 사찰을 세우고, 재위 기간 동안 여러 차례 평양을 찾았다.

장수왕은 평양 천도를 계기로 국가를 정비하고, 남쪽으로 세력을 뻗친다. 고구려의 이러한 남진 정책에 위협을 느낀 백제와 신라는 공동으로 고구려에 맞서게 된다.

평양성은 평시에 도시 기능을 하는 안학궁(지금의 평양시 대성산 기슭)과 유사시 방어에 유리한 대성산성의 이중 구조로 이뤄져 있었다. 국내성(평시)-환도산성(전시)과 같은 구조였다. 고구려는 25대 평원왕 때 장안성(지금의 평양성 지역)으로 다시 도성을 옮긴다 (586년 참조).

국내성(3년, 유리왕)

졸본(서기전 37년, 주몽)

압록강

두만강

고 구 려

평양성(427년, 장수왕)

대동강

백제

신라

가야

고구려의 수도 변화

427년 **백제 20대 비유왕이 즉위하다**

구이신왕이 세상을 떠나고 20대 비유왕(재위 427~455)이 왕위에 올랐다. 비유왕은 구이신왕의 맏아들로 알려져 있다.[1] 비유왕은 429년 송나라에 사신을 보내 교류하고 왜와 동맹 관계를 유지한 것에 더해, 고구려에 맞서기 위해 신라에 접근한다.

1 비유왕 | 18대 전지왕의 서자라는 설도 있다.

아시아

424년 송 문제가 즉위해 '원가의 치'를 열다

중국 송나라를 세운 유유(무제)의 셋째 아들 유의륭이 3대 황제(문제)에 올랐다. 신하들이 무제의 큰아들인 소제를 퇴위시키고 그 동생을 황제로 옹립한 것이었다. 문제는 중소 농민들을 중시한 무제의 정책을 계승하고, 지방 통치를 안정시키는 한편, 문치(文治)를 내세워 학문을 장려했다('원가의 치'). 그 결과 문제 때의 송나라는 남조 169년을 통틀어 가장 국력이 강했다는 평가를 받는다.

그러나 대외적으로 북조를 압도하지는 못했다. 송나라는 북위에 거듭 패하며 군사비 지출이 늘었다. 또한 문제가 아들인 태자에게 암살당하면서 송나라는 급속하게 약해진다.

1 원가(元嘉) | 문제 때 송나라가 사용한 연호

유럽

427년 아우구스티누스가 『신국론』을 완성하다

크리스트교 교부 아우구스티누스가 『신국론』을 완성했다. 『신국론』은 아우구스티누스가 413년부터 쓴 22권의 대작이다. 아우구스티누스는 이 책에서 신에 대한 사랑으로 만들어진 '신의 국가'와 신을 멸시하고 자신만을 사랑하는 '지상의 국가'를 대조했다. 아우구스티누스는 교회 바깥에 구원은 없으며, 교회를 통해 사람들을 '신의 국가'로 인도해야 한다고 주장했다.

아우구스티누스가 『신국론』을 쓴 목적은 크리스트교를 옹호하기 위해서였다. 이 무렵 로마제국은 둘로 쪼개지고(395년 참조) 로마가 서고트족에게 짓밟히는 등(410년 참조) 쇠락하고 있었다. 이렇게 쇠락한 원인이 로마제국의 국교인 크리스트교 때문이라며 비난하는 목소리가 퍼지자, 이를 반박하고자 『신국론』을 쓴 것이었다. 『신국론』은 가톨릭 신학의 기반을 굳건히 하고 중세 사상에 큰 영향을 끼친다.

2 교부(敎父) | 크리스트교에서 정통으로 인정받은 교리를 책으로 설명하고 신도들의 모범이 된 사람들로, 초기 크리스트교 교회의 권위를 세우는 데 크게 기여했다.

3 반달족 | 게르만족의 일파로 본래 오데르강(오늘날 독일-폴란드 국경 지대) 상류에 거주하다가, 게르만족 대이동 때 로마제국의 영역 안으로 들어왔다.

4 반달족의 약탈 | '무자비한 문화 파괴'를 뜻하는 반달리즘(Vandalism)은 반달왕국의 약탈 행위에서 비롯된 말이다. 그러나 실제로 반달족은 로마를 점령했을 때 재물을 약탈하고 인질을 잡아가긴 했지만 도시를 심하게 파괴하지는 않은 것으로 전해진다.

유럽

429년 반달족이 북아프리카로 이동하다

이베리아반도에 머물고 있던 반달족이 북아프리카로 떠났다. 로마를 약탈한 후 이베리아반도로 밀려온 서고트족의 압력 때문에 이동한 것이었다. 반달족의 수장인 게이세리쿠스는 북아프리카를 휩쓸고 439년 지금의 튀니지에 반달왕국을 세운다(수도는 카르타고). 그 후 반달왕국은 주변 바다를 지배하며 여러 지역을 공격하고, 455년에는 로마마저 약탈한다. 반달왕국은 534년 동로마제국에 멸망당한다.

반달족의 로마 약탈

433년 백제와 신라가 동맹을 맺다

백제의 비유왕이 신라의 눌지왕에게 화친 사절을 보냈다. 눌지왕도 백제의 친선 제안에 호응했다. 이렇게 해서 두 나라는 동맹을 맺었다(나·제동맹[1]). 적대하던 백제와 신라가 손잡은 이유는 명확했다. 남쪽으로 세력을 뻗치는 고구려를 혼자 힘으로 막아내기 어려워서였다.

백제와 신라는 동맹을 맺은 후, 두 나라 중 어느 한 나라가 고구려의 공격을 받으면 다른 나라가 지원군을 보내며 협력한다. 493년에는 백제 왕자와 신라 이벌찬[2]의 딸을 결혼시키며 혼인 동맹으로까지 나아간다.

나·제동맹은 553년까지 120년 동안 지속된다. 475년 백제 수도가 고구려군에 함락되자, 백제와 신라는 동맹을 통해 고구려의 남진(南進)을 지금의 충청남도 북부와 죽령·조령을 잇는 선에서 저지한다.

436년 고구려와 북위가 전쟁 직전까지 가다

435년 북연[3]의 군주 풍홍이 고구려에 도움을 요청했다. 북연은 북중국을 사실상 통일한 북위의 공세에 시달리고 있었다. 436년 장수왕이 북연의 수도 화룡성에 수만 명의 군대를 보냈다. 고구려군은 화룡성을 사이에 두고 북위군과 대치했다. 일촉즉발 상태에서 고구려군이 북위군보다 먼저 화룡성을 장악했다. 고구려군은 화룡성을 약탈한 후 풍홍과 북연의 백성들을 고구려로 데려갔다.

북위 황제는 분노했다. 북연의 군주는 물론 노동력으로 쓰일 백성과 재물까지 고구려에 빼앗겼기 때문이다. 북위 황제는 풍홍을 내놓으라고 장수왕에게 요구했다. 장수왕은 이를 거부했다. 그러자 북위 황제는 고구려를 치려 했다. 그러나 신하들의 만류로 고구려 공격 계획은 실행되지 않았다. 이 일로 인해 고구려와 북위는 20여 년간 사신을 주고받지 않으며 외교 단절 상태를 이어간다.

고구려는 풍홍 문제로 남조인 송나라와도 갈등을 겪는다. 438년 장수왕은 풍홍을 자국으로 보내라는 송나라의 요구를 거부하고 풍홍을 죽인다. 이 과정에서 송나라 사신이 고구려 관리를 죽였다가 고구려 측에 체포되는 등 두 나라 사이에 긴장이 고조된다. 439년 장수왕은 북위와 대립하던 송나라에 말 800필을 보낸다. 송나라와 긴장 상태를 해소하는 동시에 북위를 견제하기 위한 조치였다.[4]

나제통문
전라북도 무주군에 있는 인공 동굴로 위쪽에 '羅濟通門(나제통문)'이라는 글자가 새겨져 있다. 만들어진 시기는 분명하지 않지만, 백제와 신라의 경계 지역이었던 것으로 전해진다. 일제가 금을 비롯한 물자를 수탈하기 위해 뚫었다는 말도 있다.

1 나·제동맹 | '나'는 신라, '제'는 백제를 말한다.

2 이벌찬 | 신라의 17관등 중 가장 높은 관직이다.

3 북연 | 오호십육국의 하나. 후연의 뒤를 이었다가 북위에 멸망당했다.

4 고구려와 북위 | 고구려는 460년대 이후 다시 북위와 우호 관계를 맺는다.

431년 에페소스 공의회가 열리다

지금의 터키 서부 지역에 위치한 에페소스에서 크리스트교의 교리 문제를 논의하기 위한 공의회가 열렸다. 당시 콘스탄티노플 교회의 대주교 네스토리우스는 예수의 신으로서의 속성과 인간으로서의 속성을 구별해야 한다며(이성설), 마리아는 인간 예수의 어머니일 뿐 신의 어머니로 불려서는 안 된다고 주장했다. 반면 알렉산드리아 교회의 대주교 키릴로스는 예수의 신성과 인성을 하나로 보아야 한다고 반박했다(단성설).

키릴로스는 네스토리우스 일행이 도착하기 전에 공의회를 개회하고, 네스토리우스의 주장을 이단으로 몰았다. 네스토리우스는 대주교직에서 해임되고 제국의 바깥으로 추방됐다.

그러나 네스토리우스파는 이후에도 오래도록 서아시아와 중국 등에서 포교 활동을 계속한다. 지금도 이란과 인도 남부 지역에 극소수의 신도들이 남아 있다.

키릴로스

434년 아틸라가 훈족의 왕이 되다

아틸라가 형 블레다와 함께 훈족(376년 참조)의 공동 왕이 됐다. 뛰어난 전략가였던 아틸라는 지금의 루마니아 지역을 중심으로 동쪽으로 카스피해, 서쪽으로 라인강에 이르는 대제국을 건설한다. 또한 발칸반도와 갈리아[1], 이탈리아 지역을 여러 차례 침략해 유린하고, 443년에는 동로마제국의 수도 콘스탄티노플까지 포위 공격한다.

로마인들에게는 무시무시한 공포의 대상이었으며, 동로마제국으로부터 평화를 조건으로 매년 최대 900킬로그램의 금을 공납으로 받아 내기도 한다. 445년 블레다가 죽은 뒤에는 단독 왕이 된다.

아틸라

1 갈리아 | 지금의 이탈리아 북부, 프랑스, 벨기에 일대를 가리킨다.

438년 왜 왕 진이 중국의 송으로부터 안동장군의 칭호를 받다

왜 왕[2] 진이 중국 남조의 송나라에 사신을 보내 스스로 안동대장군이자 왜, 백제, 신라 등의 왕이라고 주장하며 정식으로 책봉되기를 청했다. 송의 문제는 안동장군이자 왜 왕의 관직만을 허락했다.

2 왜 왕 | 이 무렵 진 외에도 찬, 제, 흥, 무 등 5명의 왜 왕이 중국에 사신을 보내 관직을 요청했다. 이들을 '왜5왕'이라고 한다. 중국 황제의 권위를 빌려 국내에서 자신의 권력을 강화하려 한 것이다.

439년 북위가 중국 북부를 통일하다

중국 북위의 3대 황제 태무제가 오호 가운데 마지막으로 남은 북량(北涼)을 멸망시키고 중국 북부를 통일했다. 이로써 중국 북부의 오호십육국 시대(304년 참조)가 끝났다.

444년 왜군이 금성을 열흘간 포위하다

왜군이 신라를 공격했다. 왜군은 신라의 금성(지금의 경상북도 경주)을 열흘간 포위했지만, 신라군은 금성을 잘 지켰다. 왜군은 식량이 떨어지자 포위를 풀고 물러났다. 눌지왕은 왜군을 추격하려 했다. 신하들은 '궁지에 몰린 도적은 쫓지 말아야 한다'며 왕을 만류했다. 그러나 눌지왕은 신하들의 말을 듣지 않고 수천의 기병을 이끌고 왜군을 쫓았다. 신라군은 독산(지금의 경상북도 포항시)까지 왜군을 추격해 싸웠다. 결과는 대패였다. 추격군이 절반 이상 죽었을 정도였다. 눌지왕은 말을 버리고 허겁지겁 산에 올라갔다. 왜군은 이 산을 겹겹이 에워쌌다. 위기의 순간, 짙은 안개가 눌지왕을 구했다. 한 치 앞도 분간하기 어려울 정도로 안개가 짙게 끼자 왜군은 물러갔다.

신라는 건국 초기부터 왜군의 침략에 시달렸다. 왜군은 400년에 고구려군에 크게 패하면서 일시적으로 기세가 꺾였지만, 5세기에도 끊임없이 신라를 공격했다. 『삼국사기』에 기록된 것만 해도, 신라는 401년부터 500년까지 17번이나 왜군의 침략을 당했다. 이 때문에 신라는 408년 대마도 정벌 계획을 세우기도 했다.

관문성
울산에서 경상북도 경주로 가는 길에 있는 성곽. 경주를 지키는 관문을 이뤘다. 왜의 침략은 신라의 역사에서 매우 중요한 문제였다. 경상북도 경주시 외동읍 모화리와 울산광역시 울주군 범서읍 두산리 사이에 있다.

450년 신라 성주가 고구려 장수를 죽이다

고구려의 한 변방 장수가 실직(지금의 강원도 삼척시)의 들판에서 사냥을 했다. 이를 본 신라의 아슬라(지금의 강원도 강릉시) 성주 삼직이 군사를 내어 불시에 고구려 장수를 죽였다. 이 소식을 들은 장수왕은 분노했다. 장수왕은 군대를 보내 신라의 서쪽 변경을 공격했다. 신라의 눌지왕은 고구려에 사죄했다. 고구려군은 눌지왕의 사죄를 받은 후 물러났다.

이 사건을 전후해 고구려와 신라는 적대적인 관계로 변했다. 신라는 이 무렵부터 고구려에 날 선 태도를 취했다. 450년에는 눌지왕이 고구려에 사죄했지만, 속마음은 그렇지 않았다. 눌지왕은 왜군을 몰아낸 것을 계기로 신라를 속국처럼 여기던 고구려의 간섭(400년, 417년 참조)에서 벗어나기 위해 애쓰고 있었다. 433년 백제와 손잡은 것도 이 때문이었다. 450년 이후 신라는 고구려와 연이어 무력 충돌한다.

아시아

445년 『후한서』를 편찬한 범엽이 죽다

중국 송나라의 역사가 범엽이 세상을 떠났다. 범엽은 앞서 쓰인 여러 역사서를 참조해 후한(後漢)의 역사를 총정리한 『후한서』를 편찬했다. 『후한서』는 사마천의 『사기』, 반고의 『한서』 등과 함께 중국 역사서 가운데 가장 중요한 책으로 꼽힌다. 이 책에 포함된 「동이전」은 진수가 쓴 『삼국지』의 「동이전」과 더불어 한국 고대사 연구의 귀중한 자료다.

『후한서』

아시아

446년 북위 태무제가 불교를 탄압하다

중국 북위의 태무제가 대신 최호와 도사 구겸지의 건의를 받아들여 도교를 국교로 삼고, 불교를 극심히 탄압했다. 태무제가 죽고 불교 신자인 손자 문성제가 즉위할 때까지 약 7년에 걸쳐 많은 불교 승려들이 살해되고 사원과 불경, 불상이 불탔다.
이 사건은 중국 불교사의 4대 불교 탄압 사건인 '삼무일종의 법난'[1] 중 하나로 꼽힌다.

1 삼무일종 | 북위의 태무제, 북주의 무제, 당의 무종, 후주의 세종을 함께 이르는 말이다.

유럽

449년 앵글족과 색슨족이 브리튼섬에 침입하다

브리튼섬(지금의 영국)에서 로마 군단이 철수하자, 지금의 덴마크와 독일 북부 지역에 살고 있던 게르만족 일파인 앵글족과 색슨족이 브리튼섬의 동남부에 쳐들어왔다. 이들은 브리튼섬의 원주민인 켈트족을 서쪽으로 몰아내고 군사 지도자를 중심으로 여러 작은 나라들을 세운다.
이들은 서로 간의 전쟁과 통합을 통해 7개의 왕국들이 각축하는 7왕국 시대로 접어든다. 6세기에는 로마가톨릭을 받아들이며, 9세기 초반 웨식스왕국의 에그버트 왕이 7왕국을 통일해 하나의 잉글랜드 왕국을 세운다.

영국 스코틀랜드 지방에 있는 스카이섬

455년 **백제 21대 개로왕이 즉위하다**

비유왕이 죽고 그 맏아들인 부여경사가 21대 왕으로 즉위했다(개로왕, 재위 455~ 475). 개로왕의 핵심 과제는 고구려의 남진을 막는 것이었다. 이를 위해 개로왕은 469년 고구려를 공격한다. 472년에는 북위에 사신을 보내 고구려 정벌을 요청한다. 그러나 북위는 이를 거부한다.

외교 실패에 더해, 개로왕은 내정에서도 무리수를 둔다. 개로왕은 왕실의 권위를 높이고자 대규모 토목 공사를 벌여 백성을 힘들게 하고 국력을 소모시킨다. 또한 왕족 중심으로 권력을 재편하려 하다가 귀족들의 반발을 산다. 개로왕은 고구려군의 공격을 받고 비참한 최후를 맞는다(475년 참조).

> **개로왕과 도림, 그리고 도미 부부**
> 『삼국사기』는 개로왕의 잘못된 정치에 관한 두 가지 일화를 전하고 있다.
> 하나는 도림 이야기다. 개로왕은 바둑을 좋아했다. 이를 안 장수왕은 바둑의 고수인 승려 도림을 백제에 첩자로 보냈다. 바둑 실력을 앞세워 개로왕에게 접근한 도림은 성곽과 궁궐을 웅장하게 다시 지으라고 개로왕을 부추겼다. 개로왕은 대규모 공사를 벌였다. 그러나 이 때문에 개로왕은 백성의 신망을 잃었다.
> 다른 하나는 도미 부부 이야기다. 도미의 아내는 매우 아름다운 여성이었다. 이 소문을 들은 개로왕은 도미의 아내에게 '남편을 버리고 내 여인이 되라'고 강요했다. 도미의 아내는 이를 받아들이지 않았다. 그러자 개로왕은 도미의 두 눈을 뽑았다. 도미 부부는 개로왕을 피해 백제를 떠나 고구려로 갔다. 『삼국사기』에는 도미 부부 이야기가 4대 개루왕 때 일어난 일이라고 기록돼 있지만, 많은 학자들은 개로왕 때 벌어진 일로 보고 있다.

신라 기마 무사
5~6세기에 만들어진 것으로 보이는 토우(土偶, 흙으로 만든 인물상)

455년 **백제와 신라가 첫 공동 작전을 펴다**

백제에서 개로왕이 즉위한 직후, 고구려가 백제를 공격했다. 그러자 신라가 백제에 구원병을 보냈다.

이는 433년 나·제동맹을 맺은 백제와 신라가 고구려에 맞서 처음으로 펼친 공동 작전이었다. 또한 고구려의 영향력에서 벗어나려는 신라의 의지를 상징적으로 보여 준 사건으로 해석된다.

458년 **신라 눌지왕이 세상을 떠나고 20대 자비왕**(재위 458~479)**이 즉위하다**

유럽

451년 **칼케돈 공의회가 열리다**

이성설과 단성설(431년 참조) 사이의 갈등을 해소하기 위한 크리스트교 교회의 공의회가 칼케돈(지금의 터키 북부 지방)에서 열렸다. 공의회는 교황 레오 1세의 주장에 따라 예수가 '신이자 동시에 진정한 인간'이라고 선언하고, 이러한 교리를 모든 신도들에게 강요했다.

그러나 이집트, 에티오피아, 시리아 등 동방 지역의 많은 교회들은 단성설에 대한 지지를 쉽게 거두지 않았다. 예수는 신 자신이며, 신이 인간을 위해 직접 십자가에 못 박히는 고난을 겪었기에 인간에게 구원의 기회가 주어졌다는 것이었다. 로마제국에 정복당한 지역들이라 중앙 정부에 대한 반감이 컸던 것도 공의회의 결정을 따르지 않은 또 다른 이유였다.

영화 「아틸라」의 포스터

유럽

451년 **아틸라가 아에티우스에게 패하다**

훈족의 왕 아틸라(434년 참조)가 447년 동로마제국에 대한 제2차 원정을 감행하고 3년에 걸쳐 발칸반도를 유린했다. 451년에는 서로마제국 황제 발렌티아누스 3세의 누이인 호노리아가 원치 않는 정략결혼에서 구해 달라고 요청해 오자, 그녀를 자신의 아내로 삼겠다고 선언하고 갈리아 지방을 침략했다.

그러나 서로마의 장군 아에티우스는 서고트왕국의 테오도리쿠스 1세와 연합해 아틸라의 공세에 격렬히 맞섰다. 연합군은 테오도리쿠스 1세가 전쟁터에서 목숨을 잃는 희생을 치른 끝에 마침내 아틸라를 물리쳤다. 아틸라로서는 최초이자 최후의 패배였다.

이후 아틸라는 452년 이탈리아를 침략하고, 453년에는 동로마제국이 공납을 중단하자 다시금 침략을 준비하지만 자신의 결혼식 날 급작스럽게 세상을 떠난다. 아틸라가 죽자 그 아들들이 영토를 나누어 가짐으로써 광대한 제국은 사라진다.

아시아

455년 **쿠마라 굽타 1세가 죽다**

사무드라 굽타와 찬드라 굽타 2세를 이어 굽타왕조의 전성기를 이끌어 온 쿠마라 굽타 1세가 죽었다. 쿠마라 굽타 1세는 세계 최초의 대학 중 하나인 날란다 사원을 세워 불교를 크게 융성시켰고, 에프탈족의 침략도 성공적으로 막아냈다.

날란다 사원
'날란다 대학'이라고도 한다. 전성기에는 최대 3000명의 승려와 학자들이 머무르며 학문과 수행에 힘썼다.

461년 개로왕이 곤지를 왜에 파견하다

백제의 개로왕이 왕족인 곤지¹를 왜에 보냈다. 고구려의 남진을 막기 위해 왜와 맺은 동맹 관계를 더 굳건하게 하기 위해서였다.

곤지는 왜에서 백제의 외교를 총괄하며 두 나라의 결속력을 높였다. 또한 10년 넘게 왜에 머물며 세력을 구축하고 부를 쌓았다. 이렇게 왜에서 다진 기반은 이후에 곤지의 아들²이 백제의 왕위에 오르는 발판으로 작용한 것으로 평가된다.

468년 고구려가 신라의 실직성(450년 참조)을 공격하다

469년 자비왕이 방리제를 실시하다

신라의 자비왕이 서라벌에서 방리제를 실시했다. 방리제는 서라벌을 방(坊)과 리(里)로 나눠 구획한 도시 계획이다. 자비왕은 6부³의 독자적인 기능을 줄이고, 왕을 중심으로 한 중앙 집권 체제를 강화하고자 방리제를 시행해 행정구역을 개편한 것으로 풀이된다. 이후 서라벌의 도시 확장은 방리제의 틀에 맞춰 이뤄진다.

470년 신라가 삼년산성을 쌓다

신라가 삼년산성(지금의 충청북도 보은군)을 완공했다. 성을 다 쌓는 데 꼬박 3년이 걸려 삼년산성이라는 이름이 붙은 것으로 전해진다. 구들장처럼 납작한 자연석을 활용해 한 층은 가로로, 다음 층은 세로로 쌓아 성벽이 매우 견고한 산성이다. 이 때문에 삼년산성은 5세기 후반 신라의 축성 기술을 대표하는 산성이라는 평가를 받고 있다.

신라가 삼년산성을 쌓은 것은 이 지역이 전략적 요충지였기 때문이다. 삼년산성을 쌓은 일차 목적은 고구려의 남하를 막는 것이었다. 신라는 삼년산성 완공 직후인 474년 지금의 충청북도 청원·옥천·영동과 경상북도 상주 일대에 6개의 성을 더 쌓는다. 삼년산성을 비롯한 이 성들은 모두 고구려군이 신라로 남진하는 길목에 자리 잡았다.

삼년산성은 북쪽의 고구려뿐만 아니라 서쪽의 백제를 견제하는 데도 이용된다. 훗날 나·제동맹이 깨지고 신라와 백제가 격돌할 때 삼년산성은 신라군의 주요 요새로 활용된다.

1 곤지 | 『삼국사기』는 곤지를 개로왕의 아들로, 『일본서기』는 개로왕의 동생으로 전하고 있다.

2 곤지의 아들 | 24대 동성왕이 바로 곤지의 아들이다. 25대 무령왕 또한 곤지의 아들이라는 설도 있다(501년참조).

3 6부 | 연맹체를 결성해 신라를 세운 6개의 정치 단위를 말한다.

삼년산성

460년대 초 윈강 석굴이 조성되다

아시아

중국 북위의 황제 문성제가 승려 담요의 건의에 따라 수도 평성 부근에 석굴 사원을 조성했다. 이때 석가불, 미륵불, 아미타불, 약사불, 비로나자불의 다섯 부처를 모신 다섯 개의 석굴이 지어졌다. 석굴 건설은 후대에도 계속돼, 지금은 총 40여 개의 석굴에 5만 개가 넘는 불상이 모셔진 중국 최대의 석굴 사원이다.

도교를 우대하고 불교를 탄압했던 태무제(446년 참조)가 죽고 그 뒤를 이은 손자 문성제 때 이르러 불교는 이처럼 다시 부흥기를 맞았다. 이후 북위의 불교는 황제의 보호를 받는 대신 황제의 권위를 종교적으로 뒷받침하는 국가 종교가 된다.

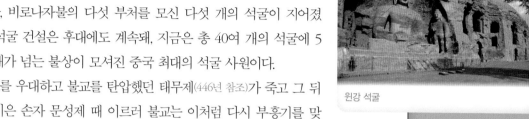
윈강 석굴

461년 아일랜드의 수호성인 성 패트릭이 죽다

유럽

아일랜드에 크리스트교를 전한 성(聖) 패트릭이 세상을 떠났다. 스코틀랜드 출신인 패트릭은 16세에 해적들에게 붙잡혀 아일랜드에 끌려갔다가 6년 만에 도망쳐 나왔다. 그러나 훗날 꿈에서 아일랜드에 크리스트교를 전하라는 계시를 받고 주교가 돼 다시 아일랜드로 향했다. 패트릭의 노력으로 원래 다신교를 믿던 아일랜드인들은 크리스트교를 받아들였다.

지금도 아일랜드인들은 패트릭을 나라의 수호성인으로 추앙하며 그가 죽은 3월 17일을 '성 패트릭의 날'로 기리고 있다. 전설에 따르면 패트릭이 세 잎 토끼풀을 이용해 삼위일체[1]를 설명했기에, 이날 아일랜드인들은 토끼풀의 색인 초록색 옷을 입는다.

성 패트릭

1 삼위일체 | 성부(聖父), 성자(聖子), 성령(聖靈)이 신 안에 하나로 존재한다는 크리스트교의 핵심 교리

467년 스칸다 굽타가 죽고 굽타왕조가 기울기 시작하다

아시아

굽타왕조의 황제 스칸다 굽타가 죽었다. 스칸다 굽타는 왕자 시절부터 에프탈족의 침략을 막는 데 앞장섰고, 황제가 된 뒤에도 여러 차례의 침략을 성공적으로 저지해 제국을 지켜냈다.

그러나 스칸다 굽타가 죽은 뒤 굽타왕조는 빠르게 쇠약해져 간다. 황제 자리를 두고 다툼이 끊이지 않아 10년간 세 명의 황제가 교체된다. 정치적 혼란을 틈타 이민족의 침입이 잦아지며, 지방 세력들은 중앙 정부로부터 독립해 스스로 나라를 세운다. 결국 인도 북부는 네 개의 왕국으로 분열되고, 6세기 중반 굽타왕조는 멸망을 맞는다.

굽타왕조의 최대 판도

475년 고구려군이 백제 수도 한성을 함락하고 개로왕을 죽이다

장수왕이 군사 3만을 이끌고 백제를 공격했다. 이 무렵 백제의 개로왕은 민심을 잃고 귀족들의 반발을 사고 있었다(455년 참조). 고구려군은 이처럼 흔들리는 백제를 공략해, 곧 수도인 한성을 포위했다. 개로왕은 왕족 문주[1]를 신라로 보내 지원군을 요청하는 한편 성문을 닫아걸었다. 신라는 백제의 구원 요청에 응해 지원군 1만 명을 보냈다. 그러나 백제는 신라군이 도착할 때까지 버티지 못했다.

고구려군은 사면에서 한성을 공격하고 바람을 이용해 성에 불을 질렀다. 전세가 불리해지자 개로왕은 기병 수십 명을 거느리고 성 밖으로 나가 달아나려 했다. 그러나 개로왕은 고구려군에 사로잡혀 목숨을 잃었다. 고구려군은 신라의 지원군이 오기 전에 한성을 함락하고, 백제의 많은 왕족을 죽였다.

살해된 개로왕의 뒤를 이어 문주가 왕위에 올랐다(22대 문주왕, 재위 475~477). 문주왕은 수도를 웅진으로 옮겼다(한성 시대 종말, 웅진[2] 시대 개막). 웅진이 적군을 막기 좋은 곳이기 때문이었다.

475년의 전쟁을 통해 고구려는 전략적으로 중요한 한강 유역을 완전히 장악하는 성과를 거뒀다. 이와 달리 백제는 국왕이 전사하고 남쪽으로 쫓겨나는 수모를 겪었다. 이뿐만 아니라 왕실의 권위가 추락하면서, 웅진으로 옮긴 후 귀족의 반란이 거듭되고 왕이 귀족에게 살해되는 정치적 혼란기를 맞이한다.

477년 백제 23대 삼근왕이 즉위하다

병관좌평[3] 해구가 자객을 보내 문주왕을 살해했다. 그 뒤를 이어 문주왕의 아들이 왕위에 올랐다(삼근왕, 재위 477~479). 478년 해구가 반란을 일으키자, 삼근왕은 이를 진압하고 해구를 죽였다.

479년 신라 21대 소지왕이 즉위하다

자비왕이 세상을 떠나고 그 아들이 왕위에 올랐다(소지왕, 재위 479~500).

479년 백제 24대 동성왕이 즉위하다

삼근왕이 세상을 떠나고 곤지(461년 참조)의 아들 부여모대가 왕위에 올랐다(동성왕, 재위 479~501).

1 문주 | 『삼국사기』와 『삼국유사』는 문주를 개로왕의 아들로, 『일본서기』는 개로왕의 동생으로 전하고 있다.

2 웅진 | 지금의 충청남도 공주시

3 병관좌평 | 오늘날의 국방부 장관에 해당한다.

백제 왕의 관식

476년 서로마제국이 멸망하다

서로마제국이 게르만족 용병 대장 오도아케르에 의해 멸망했다. 이로써 서유럽 지역에서 로마제국의 시대가 끝나고 게르만족의 시대가 펼쳐진다.

오도아케르는 470년 무렵 부족을 이끌고 이탈리아 지역으로 들어와 서로마제국의 용병이 됐다. 475년 서로마의 장군 오레스테스가 황제 율리우스 네포스를 쫓아내고 자신의 아들 로물루스 아우구스툴루스를 새 황제로 세웠다. 하지만 오레스테스가 이 과정을 도운 게르만족 용병들에게 땅을 나눠 주기로 한 약속을 지키지 않자, 오도아케르는 여러 부족을 규합해 반기를 들고 오레스테스를 죽였다. 그리고 마침내 476년, 서로마의 마지막 황제 로물루스 아우구스툴루스를 폐위시켰다.

동로마제국의 황제 제노는 처음에 오도아케르의 힘을 인정해 그를 이탈리아의 총독으로 임명한다. 그러나 제노는 488년 동고트족의 왕 테오도리쿠스를 이탈리아의 왕으로 임명해 오도아케르를 몰아내도록 부추긴다. 테오도리쿠스는 이탈리아로 쳐들어 가 493년 오도아케르로부터 항복을 받아내고 곧 그를 살해한다.

로물루스 아우구스툴루스의 얼굴이 새겨진 금화

오도아케르 앞에서 황제의 지위를 포기하는 로물루스 아우구스툴루스

478년 왜 무왕이 송나라로부터 안동대장군의 칭호를 받다

왜 무왕이 중국 송나라에 사신을 보내 황제로부터 "사지절 도독 왜 신라 임나 가라 진한 모한 육국 제군사 안동대장군 왜국왕[1]"의 칭호를 받았다. 오늘날 일본과 한국의 역사학자들은 이 칭호의 해석을 두고 견해가 엇갈리고 있다. 일본의 일부 역사학자들은 이를 근거로 신라와 가야 등이 왜의 지배를 받았다고 주장하나, 한국의 역사학자들과 일본의 또 다른 역사학자들은 왜 왕의 희망 사항일 뿐이었다고 보고 있다.

1 왜 왕이 받은 칭호의 뜻 | "사지절이자 도독이며, 왜, 신라, 임나, 가라(가야), 진한, 모한의 여섯 나라를 군사적으로 관할하는 안동대장군이자 왜의 왕〔使持節都督倭新羅任那加羅辰韓慕韓六國諸軍事安東大將軍倭國王〕"이라는 뜻이다.

479년 제나라가 세워지다

중국 남조의 송나라가 멸망하고, 내전 끝에 송나라의 무장이었던 소도성이 제(齊)나라를 세웠다.

481년 신라 · 백제 · 가야가 공동으로 고구려를 물리치다

고구려가 신라를 공격했다. 6년 전(475년) 백제 수도 한성을 무너뜨린 고구
려군이 이번에는 신라로 말머리를 돌린 것이다. 고구려군은 신라 북쪽의
7개 성을 점령했다. 기세가 오른 고구려군은 신라 수도에서 그리 멀지 않
은 미질부[1]까지 진격했다.

이때 백제와 대가야를 중심으로 한 가야연맹의 지원군이 신라를 도우러
달려왔다. 신라·백제·가야연맹의 군대는 고구려군을 협공해 물리쳤다.

484년 고구려군이 모산성에서 나 · 제동맹군에 패하다

고구려가 신라의 모산성[2]을 공격했다. 신라군은 동맹 세력인 백제군과 협력해 고
구려군을 공격했다. 나·제동맹군은 고구려군을 크게 물리쳤다.

487년 신라가 도로망을 정비하고 우편역을 설치하다

신라가 사방으로 통하는 도로망을 정비하고 우편역을 설치했다. 우편역은 공문
서 전달에 활용될 뿐만 아니라, 지방에 파견된 관리들에게 말을 비롯한 운송 수
단과 묵어갈 곳을 제공하는 시설이다. 방리제(469년 참조)를 시행해 서라벌의 행정
구역을 정돈한 데 이어, 서라벌과 각 지방을 연결하는 연결망을 새롭게 구축한
것이다. 도로망과 우편역은 중앙 집권을 강화하는 데 필요한 요소들이다.

489년 북위가 고구려를 우대하자 남제 사신이 항의하다

북위에서 각국 사신이 모인 외교 행사가 열렸다. 이때 북위 측은 남제의 사신과
고구려의 사신을 나란히 앉게 했다. 동급으로 대우한 것이다. 이에 남제 사신이
북위에 항의했다. 한편 남제의 역사를 기록한 『남제서』에 따르면, 이 무렵 북위
는 각국 사신 중 남제 사신에게 가장 큰 관저를, 고구려 사신에게 두 번째로 큰
관저를 내줬다. 이 두 가지는 당시 고구려의 국제적인 위상이 높았음을 보여 주
는 사례로 여겨진다.

490년 서라벌에 처음으로 시장이 들어서다

신라가 수도인 서라벌에 최초로 시장을 열어 전국의 물품을 거래하게 했다(509
년 참조).

신라의 청동 저울추

481년 클로비스가 프랑크왕국을 세우다

프랑크족(376년 참조)의 일파인 살리족의 클로비스가 아버지를 이어 왕이 됐다. 이로써 프랑크왕국의 메로빙거왕조[1]가 시작됐다. 클로비스는 486년 수아송에서 서로마제국의 갈리아 총독인 시아그리우스를 무찌르고, 솜강에서 루아르강 사이의 지역을 차지한다. 496년 알라마니족을, 507년 서고트족을 각각 격파하고 갈리아의 거의 전 지역을 장악하며, 정복 전쟁을 계속해 프랑크족 전체를 통일한다. 가톨릭으로 개종(496년 참조)해 교황과 정치적인 우호 관계를 맺음으로써 프랑크왕국이 발전하는 발판을 마련한다.

1 메로빙거왕조 | 클로비스의 할아버지인 메로비스의 이름에서 유래했다. 751년까지 이어지다 카롤링거왕조에 의해 대체된다.

2 에프탈 | 유럽에서는 '하얀 훈족'으로, 중국에서는 '엽달' 또는 '읍달'로 불렸다.

484년 에프탈 3세가 에프탈의 왕으로 즉위하다

에프탈 3세가 중앙아시아의 유목 민족인 에프탈[2]의 왕으로 즉위했다. 에프탈 3세는 주변 30여 개 부족을 지배하며 영역을 크게 확장하고, 인도 북서 지역을 침략해 굽타왕조를 위기로 몰아넣는다. 에프탈은 인도와 중국, 페르시아를 연결하는 교역로를 장악해 중앙아시아 일대에서 거대한 제국을 건설하나, 567년 사산왕조페르시아와 돌궐 연합군의 공격을 받아 멸망한다.

동로마제국
사산왕조페르시아
에프탈
굽타왕조

에프탈의 최대 판도

485년 북위에서 균전제가 시행되다

중국 북위 효문제의 섭정인 풍태후[3]가 한족 관리 이안세의 건의를 받아들여 균전제를 시행했다. 균전제는 15세에서 70세까지의 성인에게 일정한 넓이의 토지를 지급하고, 70세가 되거나 사망하면 국가에 반납하도록 하는 제도였다. 오랜 전쟁으로 황폐해진 토지를 농민들에게 나눠 줌으로써 농업을 발전시키고 더 많은 세금을 거두기 위한 것이었다.

또한 풍태후는 지역에 인장, 이장, 당장이라는 호적 작성 및 세금 징수 담당자를 두는 삼장제[4]라는 행정 제도도 도입했다. 균전제를 제대로 시행하기 위해서는 정확한 토지와 인구 조사가 필수적이었기 때문이다. 지방 관리에게 봉록이라는 정기적인 급여를 처음으로 주게 된 것도 이 무렵의 일이었다.

이러한 제도들을 통해 북위는 점차 중앙 집권적인 성격을 강화해 간다.

3 풍태후 | 효문제의 할아버지 문성제의 황후다. 효문제가 5세의 어린 나이로 즉위했기에 섭정으로서 황제를 대신해 나라를 통치했다.

4 삼장제(三長制) | 5개의 가(家)를 1린(隣)으로, 5개의 린을 1리(里)로, 5개의 리를 1당(黨)으로 조직하고 각각의 장을 둔 제도

장군총
고구려의 피라미드로 불리는 돌무지
돌방무덤. 장수왕릉으로 여겨진다.
중국 지린성 지안시

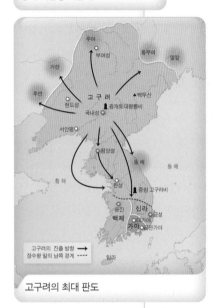

고구려의 최대 판도

491년 **고구려 21대 문자명왕이 즉위하다**

장수왕이 죽고 그 손자인 고나운이 왕위에 올랐다(문자명왕, 재위 491~519). 장수왕은 아들인 고조다가 세상을 떠나자 손자를 후계자로 키웠다.

문자명왕은 남북조로 분열된 중국의 상황을 잘 활용해 고구려의 국제적 위상을 안정적으로 유지한다. 또한 증조할아버지(광개토대왕)와 할아버지(장수왕)의 위업을 이어받아 고구려의 전성기를 지속시킨다.

494년 **부여가 고구려에 항복하다**

고구려가 부여를 정복했다. 이로써 고구려는 건국 이래 가장 넓은 영토를 차지하게 됐다.

본래 부여는 지금의 쑹화강 유역을 중심으로 한 북만주에 자리하고 있었다. 그러다 285년과 346년에 선비족 모용씨에게 연이어 침략을 당하며 사실상 몰락했다. 494년 고구려에 항복한 이들은 쑹화강 일대에 남아 있던 부여의 잔존 세력으로 여겨진다. 이들마저 고구려에 완전히 복속되면서 부여는 역사 속으로 사라진다.

한편 이에 앞서 410년 광개토대왕에게 항복한 동부여는 285년 선비족 모용씨의 공격을 피해 지금의 두만강 일대로 몸을 피했다가 그대로 정착한 세력으로 보인다.

498년 **탐라가 백제에 사죄하다**

동성왕이 지금의 광주로 내려갔다. 백제에 공물을 바치지 않는 탐라(오늘날 제주도)를 치기 위해서였다. 탐라에서는 이 소문을 듣고, 백제에 사신을 보내 사죄했다. 동성왕은 탐라의 사죄를 받은 후 정벌 계획을 중지했다.

이 사건 이전인 476년 탐라는 백제에 토산물을 바친 적이 있다. 당시 문주왕은 이를 반기며 탐라 사신을 은솔[1]로 임명했다.

1 은솔 | 백제의 16관등에서 세 번째로 높은 관직이다.

500년 **신라 22대 지증왕이 즉위하다**

소지왕이 세상을 떠나고 22대 지증왕(재위 500~514)이 즉위했다. 지증왕의 이름은 김지대로[2]이며 소지왕의 육촌 동생이다. 소지왕이 후사 없이 세상을 떠나자 지증왕이 왕위를 이은 것이다.

2 김지대로 | 김지도로, 김지철로라고도 한다.

유럽

496년 **클로비스가 가톨릭으로 개종하다**

프랑크왕국의 왕 클로비스(481년 참조)가 3000명의 부하들과 함께 랭스의 주교 레미기우스로부터 세례를 받고 가톨릭교도가 됐다. 클로비스는 일찍이 가톨릭[1]을 믿는 부르군트왕국의 공주 클로틸드와 결혼했으나 자신은 개종하지 않았다. 그러나 알라마니족과 전쟁을 치르다 위기에 처했을 때 왕비가 신에게 도움을 청해 승리를 거두었기에 개종을 결심했다고 전해진다.

클로비스와 프랑크왕국은 가톨릭을 받아들임으로써 여러 면에서 유리한 위치에 올랐다. 로마 교황과 정치적인 제휴 관계를 맺었으며, 동로마 황제로부터도 '크리스트교의 보호자'로 인정받았다. 가톨릭을 믿는 갈리아 지방의 주민들도 클로비스의 정복 전쟁을 아리우스파(325년 참조) 이단에 맞서 싸우는 성전(聖戰)으로 여겨 지지했다.

프랑크왕국은 크리스트교를 매개로 게르만족의 문화와 로마제국의 문화를 한데 융합시킴으로써 서유럽 세계의 새로운 중심으로 자리 잡는다. 프랑크왕국이 형성한 문화적 정체성은 오늘날 유럽인들이 갖고 있는 공통된 정체성의 기원이기도 하다.

1 가톨릭 | 로마 교황이 정통으로 인정한 서유럽 지역의 크리스트교를 가리킨다.

알라마니족과 싸운 톨비아크전투

클로비스

아시아

496년 **효문제가 한화 정책을 추진하다**

중국 북위의 효문제(485년 참조)가 수도를 평성에서 낙양으로 옮겼다. 효문제는 풍태후가 죽고 직접 북위를 통치하게 된 뒤 계속 천도를 시도했으나, 선비족 귀족들의 거센 반발로 어려움을 겪어 왔다. 귀족들이 반발한 것은 효문제가 천도를 통해 선비족 고유의 전통을 버리고 한족의 선진 문화를 받아들이려 했기 때문이다. 효문제는 천도를 강행한 뒤 귀족들이 태자인 탁발순을 부추겨 수도를 다시 평성으로 옮기려 하자 태자를 쫓아내고 독살하기까지 했다.

효문제는 천도 이후 적극적으로 한화 정책[2]을 추진한다. 자신이 앞장서 선비족의 성(姓)인 '탁발' 대신 '원(元)'이라는 중국식 성을 쓰고, 30세 이하의 사람들과 조정의 관리들에게 중국어만 사용하도록 강요한다. 선비족에게 중국식 옷을 입히고, 한족과의 결혼을 장려하며, 정치 제도 또한 중국식으로 바꾼다.

2 한화 정책(漢化政策) | 중국 한족(漢族)의 문화를 받아들이는 정책

국강상광개토경평안호태왕은 (……)
영락대왕이라 불렸다. 은덕이 하늘에 미쳤고,
그 위엄을 온 세상에 떨쳤다. (……) 나라는 부유하고,
백성도 풍요롭고, 오곡이 풍성하게 익었다. 그러나
불행히도 하늘이 돌보지 않아 (대왕은) 39세에 세상을
버리고 나라를 떠났다.

(……)

(396년) 왕이 몸소 군대를 이끌고 백잔(백제를 낮춰 부른 말─
옮긴이)을 토벌했다. (……) (백제) 왕이 (……) 무릎을 꿇고
'이제부터 영원히 노객(奴客, 태왕의 신하를 뜻함─옮긴이)이
되겠다'고 맹세했다. (……)

(399년) 신라가 사신을 보내 '왜인이 국경에 가득 차 성을
부쉈으니, 노객은 백성 된 자로서 왕에게 귀의해 분부를
청한다'고 했다. (400년) 보병과 기병 5만을 보내 신라를
구하게 했다. 신라 성에 이르자 왜인이 그 안에 가득했다.
관군(고구려군─옮긴이)이 사방에서 오자 왜적이
물러갔다. 뒤를 급히 추격하자 (……) 왜구가
궤멸됐다.[1]

1 광개토대왕릉비의 비문 중 일부
고구려 사람들은 고구려가 천하의 중심이라고 여겼다. 그러한 고구려의
천하에서 가장 높은 곳에 있는 존재가 바로 태왕(고구려의 왕)이다.
광개토대왕릉비의 비문에는 이러한 고구려 사람들의 자신감과 독자적인
천하관이 담겨 있다.

당신을 보고 당신의 말씀을 들을 때
나는 무릎을 꿇습니다. (……)
숭고한 히파티아여,
당신 말씀의 아름다움이여.
가장 뛰어난 지혜의 순수한 별이여![1]

평성은 무예를 쓰는 땅이지
문화를 일으킬 수 있는 곳이
아니다.
마땅히 중원에서 천하를
밝게 다스려야 한다.[2]

1 알렉산드리아의 이름 높은 여성 철학자 히파티아의 지성을 찬양하는
동시대인의 시
히파티아는 크리스트교 신도들과 갈등을 빚다 그들에 의해 잔인하게 살해됐다.
로마제국에서 크리스트교가 융성하고 고대 그리스와 로마 문명이 쇠락하는
모습을 보여 주는 상징적인 사건이었다

2 북위 효문제가 낙양으로 천도하는 것을 반대하는 신하들에게 했던 말
북위는 선비족의 나라였으나 효문제는 선비족의 전통을 버리고 한족의
문화를 받아들이려 했다. 수도를 옮기는 일도 이러한 한화 정책의 일환이었다.
효문제는 496년 신하들의 반발에도 불구하고 끝내 낙양으로 수도를 옮긴다.

6 세 기

501~600

삼국의 항쟁이 본격화되고,
중국의 분열이 막바지에 이르다

6세기의 한국과 세계

삼국의 항쟁이 본격화되고, 중국의 분열이 막바지에 이르다

한국사에서 삼국 시대는 사실상 6세기에 시작된다. 신라가 가야연맹을 정복해 고구려, 백제, 신라만 남은 것이 6세기의 일이기 때문이다. 뒤늦게 성장을 거듭한 신라가 한강 유역을 독차지하고 고구려와 백제를 위협하면서 삼국은 한 치 앞을 내다볼 수 없는 치열한 대결 국면으로 치닫는다.

삼국의 항쟁은 결국 삼국의 통일로 이어질 것이다. 이러한 역사적 흐름은 중국에서도 나타났다. 3세기에 시작된 위·진·남북조의 분열과 항쟁은 6세기에 막바지로 치닫는다. 최후의 승자로 중원을 통일한 수나라는 국경을 접한 고구려와 무력 충돌을 벌이면서 삼국 간 항쟁에 커다란 영향을 미치게 된다.

그러는 동안 유럽에서는 서로마제국을 무너뜨린 게르만족과 동로마제국에 의해 크리스트교 문명이 발달해 간다. 페르시아에서 조로아스터교가 마지막 불꽃을 피우는 동안, 불교는 혼란에 빠진 인도를 떠나 동아시아에서 빠르게 성장하고 있었다.

501년 백제 25대 무령왕이 즉위하다

1 무령왕의 계보 | 동성왕의 아들이라는 설도 있으나, 개로왕의 동생인 곤지의 아들로서 동성왕의 배다른 형이라는 설이 유력하다.

2 무령왕과 왜 | 무령왕의 아버지 곤지는 우방인 왜의 오사카 남부 지방에 내려가 세력을 이루고 살았다.

3 담로 | 백제의 지방 행정 구역으로 '성읍(城邑)'을 뜻한다. 중국의 군현과 같은 지방 통치 조직이다.

12월, 동성왕이 자객에게 살해당하자 동성왕의 형인 부여융이 왜에서 급거 귀국해 왕위에 올랐다. 백제의 25대 무령왕[2](재위 501~523)이다.

백제는 웅진으로 천도한 이래 한성 출신 귀족과 웅진의 신진 귀족 사이에 갈등을 빚어 왔다. 동성왕은 신진 귀족을 등용해 국정을 운영하고 왕권을 안정시키는 정책을 폈다. 그러자 신진 귀족들의 세력이 커졌고, 위사좌평에 임명된 백가도 그중 한 명이었다. 동성왕은 501년 가림성(지금의 충청남도 부여 성흥산성)을 쌓고 백가에게 그곳을 지키는 임무를 맡겼다. 백가는 아프다는 핑계로 거절했으나 왕이 허락하지 않았다. 그러자 백가가 자객을 보내 동성왕을 살해한 것이다.

무령왕은 시급히 왕권을 안정시키기 위해 한성 출신 귀족을 등용해 신진 귀족을 견제하도록 했다. 또 22담로[3]에 왕족을 파견해 지방을 통제했다. 무령왕은 재임 중 이러한 정책에 성공함으로써 '백제의 중흥 군주'라는 평가를 받고 있다.

백마강
금강의 지류로 부여 근교를 흐른다.

501년경 가림성에서 반란을 일으킨 백가를 죽이다

동성왕을 죽인 백가가 가림성에서 반란을 일으키자, 무령왕은 직접 군사를 거느리고 우두성(지금의 충청남도 청양)에 이르러 한솔 해명에게 가림성을 공격하도록 지시했다. 백가는 성 밖으로 나와 항복했지만, 무령왕은 그를 용서하지 않고 죽인 뒤 시체를 백마강에 던졌다.

502년 신라가 순장을 폐지하고 우경을 시행하다

2월, 지증왕이 노예제 사회의 잔인한 관습인 순장법을 폐지했다. 순장은 주인이 죽으면 처첩을 비롯해 그를 모시던 노비도 함께 무덤에 묻는 풍습이었다. 순장의 폐지는 농업 생산이 발달하면서 노예를 죽이는 것보다는 살려서 계속 일을 시키는 것이 유리해졌기 때문이기도 하다. 같은 해 실시한 우경법으로 농업은 더욱 발달했다. 소를 부려 밭을 가는 우경은 사람이 농사짓는 것보다 생산력이 월등했다.

503년 나라 이름을 신라로 정하고 왕의 호칭을 사용하다

10월, 그동안 '서라벌'이라 했던 나라 이름을 한자식으로 바꿔 '신라'로 정했다. '덕업이 날로 새로워지고[德業日新], 사방을 망라한다[網羅四方]'는 뜻이다. 그동안 왕을 가리키던 '마립간'이란 칭호도 폐지하고 정식으로 왕이라 부르게 했다.

509년 신라가 상설 시장인 동시(東市)를 설치하다

아시아 502년 소연이 남조의 양나라를 세우다

남조 제나라의 지방 총독이었던 소연(양나라 무제)이 황제로부터 강제로 양위를 받고 양나라를 건국했다. 황실 종친이었던 무제는 미천한 가문 출신이었던 이전 남조 건국자들에 비해 권력 기반이 탄탄한 편이었다. 덕분에 남북조 시대에는 보기 드물게 긴 기간인 47년을 재위하면서 안정된 정치를 펼 수 있었다.

무제는 교양과 정치 감각이 뛰어난 황제였다. 그는 관대한 정책을 펴 지배층인 귀족들의 환심을 얻었고, 근검절약에 앞장서 재정을 탄탄히 했다. 504년에는 불교를 국교로 선포했고, 이듬해에는 오경박사[1] 제도를 부활시키고 학교를 세워 유교를 장려하는 데도 힘썼다. 이에 학문과 문화가 발달하고 강남 지방은 오랜만에 번영을 누린다. 심약이나 유협, 소명태자 등 남조를 대표하는 문인들이 활동한 것도 무제의 치세였다.

양 무제
남조에서 가장 뛰어난 황제 중 한 명으로 꼽힌다.

1 오경박사 | 유교의 다섯 경전인 『시경』, 『서경』, 『주역』, 『예기』, 『춘추』의 5경을 연구하는 관직. 한나라 때인 기원전 136년 처음 만들어져 유교의 보급에 기여했으며 우리나라의 백제에서도 이를 도입한 바 있다.

아시아 502년경 북위가 맥적산 석굴 건설에 착수하다

북위가 지금의 간쑤성 톈수이현 지방에 있는 맥적산에 석굴을 건설하기 시작했다. 맥적산 석굴은 비슷한 시기에 건설된 용문 석굴과 더불어 당시 북위 황제들의 불교에 대한 열정을 보여 준다. 북위 수도 낙양에는 절이 1300개나 있었는데, 지배층의 비호 아래 행해진 불교 세력의 지나친 사치는 북위가 몰락하는 한 원인이 된다.

맥적산 석굴

아시아 502년 에프탈이 굽타왕조에 대한 압박을 강화하다

미히라쿨라가 에프탈의 왕으로 즉위해 이 나라의 전성기를 이끌었다. 그는 30여 년 동안 인도 북부를 거세게 압박해 굽타왕조에 심각한 타격을 준다. 굽타왕조는 467년 스칸다 굽타 왕이 죽은 뒤 왕이 빈번하게 바뀌면서 정치적 응집력이 약해져 에프탈의 침공에 제대로 대응할 수 없었던 것으로 보인다. 굽타왕조는 528년 에프탈에 일시적인 승리를 거두기는 하지만 계속된 전란으로 정치와 경제 질서가 크게 흔들려 몰락의 길을 걷는다.

울릉도 너와집
신라가 동해의 우산국을 정벌한 것은 이곳이 고구려와 왜를 상대하는 데 전략적으로 중요했기 때문이다. 이사부의 우산국 정벌은 독도가 한국 영토임을 입증하는 역사적 근거로 제시돼 왔다.

512년 신라 이사부, 우산국(울릉도)을 정벌하다

6월, 아슬라주(지금의 강원도 강릉) 군주로 있던 이사부가 군사를 이끌고 동해상의 해상 왕국인 우산국(지금의 경상북도 울릉군)을 정벌했다. 이사부는 우산국 사람들이 쉽게 항복하지 않는다는 것을 알고 꾀를 썼다. 배에 나무로 만든 사자를 싣고 가서 항복하지 않으면 맹수를 풀어 모두 죽이겠다고 협박했던 것이다.

우산국은 이후 해마다 신라에 공물을 바치며 우호 관계를 이어 나갔다.

514년 신라 23대 법흥왕이 즉위하다

지증왕이 죽고 아들인 김원종이 왕위에 오르니, 23대 법흥왕(재위 514~540)이다. 선왕을 이어 국가 체제를 정비하고 불교를 공인했다.

519년 고구려 22대 안장왕이 즉위하다

고구려의 전성기를 이끌었던 문자명왕이 죽고 아들인 고흥안이 왕위에 오르니, 22대 안장왕(재위 519~540)이다. 문자명왕의 정책을 이어받아 중국 남북조의 북위, 양나라와 모두 외교관계를 맺으며 남진 정책을 계속했다.

520년 신라의 법흥왕이 율령을 반포하고 백관의 공복을 정하다

1월, 법흥왕이 지증왕의 한화(漢化) 정책을 이어받아 율령을 반포하고 관리의 등급에 따른 관복의 종류를 정했다. 모든 사람이 따라야 할 법령을 정하고 관리들이 왕 앞에서 정해진 옷을 입어야 한다는 것은 그만큼 왕의 권위가 높아졌다는 것을 의미한다.

520년 백제 다리가 은팔찌를 만들다

백제의 장인 다리(多利)가 은팔찌를 만들어 무령왕의 왕비에게 바쳤다. "경자년(520)에 다리가 왕비를 위해 만들었다"라는 글씨를 팔찌 안쪽에 새기고 밖에는 혀를 내민 용을 조각했다. 은에 열을 가한 뒤 망치로 두드려서 형체를 만드는 단금(鍛金) 기법을 사용했고, 두 마리 용은 끌과 망치로 세부 모양을 양각했다.

다리의 은팔찌
왕비의 것으로 글자가 남아 있는 국내 유일의 팔찌. 지름 14센티미터. 국보 제158호

유럽

511년 프랑크왕국의 클로비스 왕이 죽고 영토가 네 아들에게 분할되다

프랑크왕국의 창시자인 클로비스 왕이 사망하자 왕국은 게르만족의 관습에 따라 네 아들에게 분배됐다. 네 아들은 곧 죽고 죽이는 골육상쟁에 돌입했고 클로비스 왕이 애써 닦아 놓은 통일 제국의 기초는 무너진다. 본래 게르만족에게는 확고한 국가 개념이 없어 영토도 일반 재산처럼 분할 상속하곤 했다. 이 점은 게르만족 사이에 강력한 국가가 출현하는 것을 가로막았고, 서유럽은 수세기 동안 군소 왕국들이 분열과 통일을 거듭하는 극심한 혼돈에 빠진다. 그 과정에서 왕권은 약해지고 대토지를 소유한 귀족들의 힘이 상대적으로 강해진다. 이는 훗날 유럽에서 지방 분권적인 봉건제가 발달하는 밑바탕이 된다.

1 슬라브족 | 오늘날 러시아와 동유럽 일대에 거주하는 민족

슬라브족 전통 신앙의 신을 새긴 석상
슬라브족은 본래 게르만족보다도 문명 세계와 접촉이 적은 민족이었다. 이 때문에 그들은 독특한 문화를 유지했고, 유럽의 크리스트교 문화도 비교적 늦게 받아들였다.

유럽

514년 슬라브족이 도나우강 하류로 이동하다

본래 흑해 북부 일대에 거주하던 민족인 슬라브족[1]이 동유럽을 관통해 흐르는 도나우강 유역에 모습을 드러냈다. 4세기에 시작된 게르만족의 대이동에 이어 또 하나의 민족 이동이 시작되는 찰나였다.

슬라브족은 게르만족처럼 중앙아시아 방면으로부터 훈족 등 아시아계 유목민의 압박을 받고 민족 이동을 시작했다. 슬라브족의 본거지와 이동 경로는 게르만족의 그것과 유사했다. 그러나 서유럽에는 이미 게르만족이 정착해 있었기 때문에 주로 동유럽 일대에 머물며 발칸반도의 동로마제국을 압박했다. 산발적으로 이동한 데다 다른 민족의 견제가 심해 국가 형성은 더뎠고, 9세기에 가서야 대모라비아왕국[2] 등 본격적인 슬라브족 국가가 등장한다.

2 대모라비아왕국 | 833년 건설된 슬라브족 국가. 지금의 체코와 슬로바키아 일대에 있었다. 동로마제국 문화를 적극적으로 받아들이고 키릴 문자를 처음 사용해 이후의 슬라브족 문화에 큰 영향을 끼쳤다.

아시아

518년 북위 관리 송운이 불전을 얻으러 인도로 떠나다

북위의 관리 송운이 승려 법력, 혜생과 함께 당시 실권자인 호태후의 명을 받고 불전을 구하러 인도로 떠났다. 그는 4년 뒤 인도에서 대승 불전 170부를 얻어 귀국했는데, 이는 북위의 불교 발전에 큰 도움을 준다.

6세기경 인도의 불화
송운이 인도를 방문할 무렵 그려진 인도 불화

아시아

519년 북위에서 우림 · 호분의 난이 일어나다

북위 황제의 힘이 지배층의 권력 다툼으로 약해진 틈을 타 선비족 정예 부대인 우림과 호분 소속 병사들이 반란을 일으켰다. 선비족 병사들은 효문제(471년 참조) 이래의 한화(漢化) 정책과 문신 우대 정책에 불만을 품고 있었다. 4년 뒤 비슷한 이유로 육진의 난[3]이 일어나면서 북위는 돌이킬 수 없는 위기에 빠졌고, 결국 535년 동위와 서위로 갈라지며 멸망한다.

3 육진의 난 | 북위의 북쪽 국경을 지키던 육진 소속의 선비족 병사들이 일으킨 반란. 조정의 선비족 귀족들이 나머지 선비족을 천대하면서 생긴 불만이 쌓여 일어났다.

523년 백제 26대 성왕이 즉위하다

웅진으로 천도한 뒤 흔들리던 백제를 반석 위에 올려놓은 중흥 군주 무령왕이 죽고 아들인 부여명농이 왕위에 올랐다. 백제의 26대 성왕(재위 523~554)이다. 선왕에 이어 백제의 부흥을 위해 일생을 바쳤다.

525년 신라 울주 천전리 각석에 글씨를 새기다

사훼부의 갈문왕[1] 누이, 어사추안랑이라는 화랑과 함께 지금의 경상북도 울주 천전리계곡에 놀러갔다가 그곳의 각석(刻石)에 글씨를 새겼다. 각석에는 선사 시대부터 여러 사람들이 새긴 그림과 글씨가 남아 있어, 갈문왕은 이 계곡을 서석곡(書石谷, 글씨를 새긴 바위가 있는 계곡)이라 불렀다.

천전리 각석에 새겨진 신라인의 글씨

1 갈문왕 | 왕의 아버지나 장인 등에게 주던 칭호. 조선 시대의 대원군, 부원군과 같다.

525년 백제 무령왕릉을 완성하다

8월, 굴식 벽돌무덤(횡혈식전축분)의 형식으로 쌓은 무령왕의 대묘가 2년에 걸친 공사 끝에 완성되었다. 백제 왕의 무덤은 굴식 돌방무덤(횡혈식석실분)이 일반적이지만, 생전에 중국 남조의 양나라와 밀접한 관계를 맺었던 무령왕답게 양나라의 형식인 벽돌무덤을 택했다.

무덤에 안장된 무령왕의 관은 생전에 무령왕이 머물렀던 일본 오사카 남부 지방의 최고급 목재인 금송으로 짰다. 무덤 입구에는 선왕을 잘 지키라고 돌짐승을 배치하고 묘지(墓誌)를 써 넣었다. 또한 토왕(土王, 땅 주인)으로부터 1만 매의 돈을 주고 무덤 터를 샀다는 증서까지 넣고서 무덤을 봉했다. 4년 뒤 왕비가 죽었을 때 합장하기 위해 한 번 열린 이 무덤은 1971년 발굴될 때까지 굳게 닫혀 있게 된다.

무령왕릉 발굴 사진
"영동대장군 백제 사마왕께서 62세 되는 계묘년 5월 7일에 붕하셨다. 을사년 8월 12일에 대묘에 모시고 이와 같이 적는다"라고 적혀 있다. '붕(崩)'은 천자의 죽음에만 붙이는 용어로, 백제 사람들이 무령왕을 중국 황제와 동등하게 여겼다는 것을 짐작할 수 있다.

527년경 신라 이차돈이 순교하고 불교를 공인하다

독실한 불교 신자 이차돈이 불교에 반대하는 귀족들 앞에서 목이 잘리는 형벌을 당했다. 이차돈의 죄목은 신성한 신라 고유의 제사터인 천경림에서 나무를 베어내어 흥륜사라는 불교 사찰을 세우려 한 것이었다.

이차돈은 자기가 죽은 뒤에 반드시 이적(異蹟, 기이한 일)이 있을 것이라고 예언했다. 예언대로 그의 잘린 목에서는 흰 피가 치솟고 하늘이 컴컴해지더니 꽃비가 내렸다고 한다. 이런 기적을 본 귀족들은 마음을 돌리고, 불교를 공인하고 싶었지만 귀족들의 반대에 막혀 있던 법흥왕은 뜻을 이룰 수 있었다.

이차돈 순교비

아시아

526년 달마가 중국에 도착하다

인도 향지국의 왕자라 전해지는 보리달마(약칭 달마)가 남조 양나라의 광주(지금의 광저우)에 도착했다. 그는 대승불교 승려였는데, 먼저 불심이 깊은 것으로 알려진 양 무제를 만나 대화를 나눴다. 그러나 무제의 깨달음이 깊지 못한 데 실망해 소림사에 가서 9년 동안 면벽 수행[1]을 했다. 달마는 깨달음을 얻는 방법으로 모든 상념을 벗어 버린 수행을 강조했는데, 이는 남북조 시대의 혼탁한 정치에 염증을 느낀 귀족들의 현실 도피 성향에 잘 부합했다. 게다가 복잡한 이론을 배제하고 직관[2]을 강조했기에 대중에게 다가가기도 쉬웠다. 달마가 창시한 선종은 중국에서 큰 호응을 받아 비슷한 시기 창시된 정토종(542년 참조)과 함께 중국 최대의 불교 종파가 된다.

1 면벽 수행 | 벽을 향하고 앉아 참선 수행을 함. 또는 그런 일

2 직관 | 머리를 써서 생각을 하는 사유 과정을 거치지 않고 대상을 직접 파악하는 일

유럽

527년 동로마제국에서 유스티니아누스 1세가 즉위하다

동로마제국 황제 유스티니아누스 1세가 즉위했다. 그는 추락한 로마제국의 위신을 되찾고자 하는 원대한 야망을 가진 야심가였다. 미천하지만 탁월한 지혜를 갖춘 테오도라를 아내로 맞기 위해 국법까지 바꾼 사실에서 볼 수 있듯 신분에 구애받지 않고 능력 본위로 인재를 채용했다. 덕분에 우수한 인재를 많이 얻고 귀족의 세력까지 견제할 수 있었다.

유스티니아누스의 최종 목표는 멸망한 서로마제국의 땅을 되찾는 것이었다. 이는 막대한 재정과 강력한 황제권이 뒷받침돼야 가능한 일이었다. 따라서 대외 원정과 더불어 정치 개혁도 적극적으로 추진했는데, 이 과정에서 법전 편찬과 행정 제도 정비 등 뛰어난 치적을 많이 남겼다. 동로마제국의 판도는 그의 치세에 최대가 됐으나, 과도한 재정 지출 때문에 오래 지속되지는 못한다.

성 소피아 성당
유스티니아누스 1세가 로마제국의 위세를 드높일 목적으로 537년 완성했다. 15세기 이후 이슬람 사원으로 쓰였기 때문에 오늘날에는 모습이 다소 변형됐다.

유럽

529년 베네딕트 교단이 성립하다

수도사 '누르시아의 베네딕트'가 이탈리아의 몬테카시노에 독자적인 수도원을 세웠다. 그는 본래 다른 큰 수도원의 원장이었으나 원생들의 퇴폐적이고 문란한 모습을 질책하다가 배척받은 바 있었다. 베네딕트는 초기 크리스트교 공동체의 순수성 회복을 목표로 청빈과 근면을 강조하는 새 수도회칙을 만들었다. 그 가르침은 현실 권력과 야합해 부패해 가던 크리스트교에 환멸을 느낀 이들로부터 많은 공감을 얻었고 베네딕트 교단을 탄생시키기에 이른다. 순수한 열정으로 무장한 베네딕트 교단은 이후 게르만족을 상대로 한 포교 활동에서 맹활약할 뿐 아니라, 크리스트교 개혁 운동에도 지대한 영향을 끼친다.

베네딕트와 달마
동서양의 수도승

1 안장왕의 죽음 『일본서기』에는 "531년 12월 고구려 왕 안이 살해당했다"라는 기사가 적혀 있다.

531년 고구려 23대 안원왕이 즉위하다

5월, 안장왕이 아들 없이 죽고 동생인 고보연이 왕위에 올랐다. 23대 안원왕(재위 531~545)이다. 안원왕은 북위가 동위와 서위로 분열되자 두 나라와 모두 외교 관계를 유지하는 안정된 대외 관계를 이어간다. 그러나 왕위 계승을 둘러싼 갈등과 잇따른 재난으로 어려운 시기를 맞이했다. 이때부터 고구려는 서서히 쇠퇴한다.

532년 금관가야가 신라에 항복하다

전기 가야연맹의 중심인 금관가야가 신라에 합병됐다. 수로왕이 건국한 이래 491년 만의 일이다. 금관가야의 마지막 왕인 구형왕은 훗날 신라의 삼국 통일에 공헌하는 김유신의 증조할아버지이다.

536년 신라가 처음으로 연호를 세워 건원(建元)이라 하다

법흥왕이 '건원'이라는 연호를 쓰기 시작했다. 중국 남조의 양나라와 외교 관계를 맺은 뒤 양나라에서 연호를 쓰는 것을 보고 따라 한 것이다. 신라가 양나라와 사대 관계를 맺었다면 독자적 연호를 쓰지 않았을 것이므로, 아직 신라와 중국 왕조 사이에는 상하 관계가 맺어지지 않았음을 알 수 있다.

538년 백제가 사비성(부여)으로 천도하고 나라 이름을 남부여라 하다

성왕이 도읍을 사비성(지금의 충청남도 부여)으로 옮겼다. 본래 웅진은 고구려에 한성을 빼앗긴 뒤 방어에 급급해 정한 임시 수도로서 지역이 좁아 나라를 운영하는 데 한계가 있었다. 사비 천도는 동성왕 때부터 계획돼 왔으며, 무령왕 이래 지방에 대한 통제를 강화한 뒤로는 시급한 과제였다.

사비로 천도한 성왕은 22부의 중앙 관서를 설치하고, 나라 이름을 '남부여'로 바꿨다. 백제는 고구려와 더불어 부여로부터 갈라져 나온 나라로서, 이제 옛 부여의 영광을 남쪽에서 이룩하겠다는 의지가 표현된 이름이었다.

539년 고구려가 금동연가7년명여래입상을 만들다

평양성의 불교 사찰인 동사(東寺) 승려들이 불법을 세상에 널리 퍼뜨리고자 천 개의 불상을 만들었다. 그중 29번째로 만든 금동불상이 지금도 남아 있다.

540년 신라 24대 진흥왕이 즉위하다

법흥왕이 죽고 외손자인 김삼맥종이 즉위하니, 24대 진흥왕(재위 540~576)이다. 한강 유역을 차지하고 신라의 국세를 떨친 정복 군주이다.

금동연가7년명여래입상
호리호리하면서도 강인한 인상을 준다. 광배의 앞면에 새겨진 거친 불꽃 무늬도 인상적이다. '연가7년'이란 글씨가 새겨져 있는데, '연가'는 안원왕 때 연호로 추측된다. 전체 높이 16.2센티미터. 국립중앙박물관 소장. 국보 제119호

531년 호스로 1세가 사산왕조페르시아의 번영을 이끌다

사산왕조페르시아가 호스로 1세를 황제로 맞으면서 새로운 번영기를 맞았다. 그는 즉위하자마자 황제권 강화를 목표로 내정 정비에 착수했다. 우선 세금 제도를 개혁해 귀족들이 수취하던 세금을 국고에 귀속시켰고, 대귀족 대신 중소 지주를 관리로 중용해 귀족 세력 견제와 부패 축소라는 두 가지 효과를 얻었다. 기동력에 중점을 둔 군제 개혁으로 넓은 영토에 대한 수비 능력을 높였고, 도로와 다리를 건설해 상업 활동도 지원했다. 체제 위협 세력이라 간주되던 마즈다교를 탄압하긴 했지만 타 종교에 관대했고, 학문과 예술을 적극적으로 후원했다. 덕분에 사산왕조의 국력이 크게 신장돼 한창 전성기를 맞고 있던 동로마제국과 견주어도 밀리지 않았다.

호스로 1세는 540년부터 동로마제국과 싸움을 시작하는데, 여기서 상당한 성과를 거두어 흑해 연안까지 영토를 늘리고 동로마제국으로부터 조공을 받는다. 동쪽으로는 돌궐과 손을 잡고 5세기 이래의 골칫거리였던 에프탈을 멸망시킨다. 이러한 업적 덕분에 그는 오늘날 이란에서 가장 추앙받는 군주로 꼽히곤 한다.

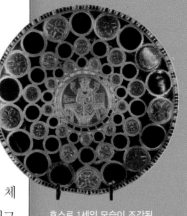

호스로 1세의 모습이 조각된 사산왕조의 쟁반

1 마즈다교 | 5세기 말 조로아스터교를 변형한 신흥 종교로 평등주의적 색채가 강해 하층 민중으로부터 상당한 지지를 받았다. 귀족들에 대한 혁명 운동으로 발전해 가던 중 호스로 1세의 탄압으로 몰락했다.

534년 동로마제국이 북아프리카를 제패하다

지중해 원정에 나선 동로마제국의 명장 벨리사리우스가 반달왕국을 멸망시키고 북아프리카를 제패했다. 반달왕국은 게르만족의 일파인 반달족이 지금의 튀니지 일대에 건설한 나라로, 당시 지중해 서부에 상당한 세력을 쌓고 있었다. 벨리사리우스는 계속해서 이탈리아반도까지 쳐들어갔으나, 그의 세력이 너무 커지는 것을 경계한 황제에 의해 원정이 중단된다. 동로마제국은 나중에 원정을 재개해 552년에는 지중해 대부분을 통일한다.

유스티니아누스 1세 시대의 동로마제국

535년 북위가 멸망하고 동위, 서위로 분열하다

흥륜사 터

경상북도 경주 오릉의 북쪽 논밭과 민가를 포함한 지역. 1910년경 우연히 금당터로 보이는 토단과 석조(石槽)석불 등이 발견되었다. 금당 터는 민가 뒤뜰의 감나무 밭으로 바뀌어 있었으나 비교적 온전한 상태로 보존되어 있었다.

544년 신라 최초의 불교 사찰 흥륜사를 세우다

2월, 신라 최초의 불교 사찰인 흥륜사가 준공됐다. 설화에 따르면 265년(미추왕 3)에 고구려의 고승 아도가 성국공주의 병을 고쳐 준 데 대한 보상으로 왕이 건립을 허락했다고 한다. 검소한 아도는 억새를 얽어 움막을 짓고 거처하면서 부처의 가르침을 전했는데, 때마침 하늘에서 꽃이 떨어졌기에 흥륜사라고 이름 지었다고 한다(『삼국사기』). 이차돈이 천경림의 나무를 베어 흥륜사 건립에 쓰도록 했다는 이야기도 전해진다(527년 참조).

544년 신라 백성이 출가하여 승려가 되는 것을 허락하다

3월, 신라는 흥륜사가 준공된 것과 때를 같이해 신라의 백성이 출가해 절에 들어가 승려가 되는 것을 공식적으로 허가했다.

545년 고구려 24대 양원왕이 즉위하다

3월, 안원왕이 죽고 맏아들인 고평성이 즉위하니, 24대 양원왕(재위 545~559)이다. 중국의 동위, 북제 등과 친선을 도모하고 돌궐의 침입을 격퇴하지만, 백제와 신라의 공격을 받아 한강 유역을 잃는다.

545년 신라 거칠부 등이 『국사(國史)』를 편찬하다

7월, 이찬 이사부의 건의로 대아찬 거칠부가 신하들을 모아 신라의 공식 역사책인 『국사』를 편찬했다. 지증왕과 법흥왕 때 국가 체제를 정비하고 영토를 확장한 업적을 과시하며, 신라 문화의 자존심을 드러내기 위해 편찬된 것으로 짐작된다. 백제 근초고왕(재위 346~375) 때 펴낸 『서기(書記)』[1], 고구려 영양왕(재위 590~618) 때 펴낸 『신집(新集)』[2]과 더불어 삼국 시대의 정사(正史)로 여겨지고 있으나, 세 책 모두 현재는 전하지 않아 어떤 내용이 실려 있는지 알 수 없다.

1 서기 | 박사 고흥이 쓴 백제 최초의 역사책이라고 『삼국사기』에 전한다.

2 신집 | 고구려 초기에 편찬된 『유기』 100권을 집약해 5권으로 펴낸 역사책

아시아 542년 **정토종의 창시자 담란이 사망하다**

오늘날 선종(526년 참조)과 함께 중국 최대의 불교 종파인 정토종을 창시한 담란이 사망했다. 담란은 본래 도교에 관심이 있었으나 인도에서 온 불교 승려 보제류지를 만난 뒤 마음을 불교로 돌렸다고 한다. 중생이 '나무아미타불'을 외치며 오직 아미타불의 보살핌을 믿고 염원하기만 하면 정토[1]에 이를 수 있다고 가르쳐 일반 대중의 마음을 단숨에 사로잡았다. 정토종과 선종은 공통적으로 불교의 교리를 크게 단순화함으로써 대중적 유행의 발판을 마련했다. 이는 남북조 시대 초기에 소수 추종자만 거느렸던 불교가 점점 저변을 넓히는 과정에서 일어난 현상이었다고 할 수 있다.

루산[廬山]
중국 장시성에 있는 명산. 5세기 중국 승려 혜원이 수행한 곳으로, 여기서 정토종 신앙의 기본 관념들이 탄생했다고 한다. 루산은 도교의 영산(靈山)으로도 유명한데, 도교와 정토종의 밀접한 관계를 잘 보여 준다.

1 정토 | 부처와 보살이 사는 곳으로, 번뇌와 구속에서 벗어난 아주 깨끗한 세상

아시아 550년 **서위가 부병제를 실시하다**

서위의 문제가 새로운 군사 제도인 부병제를 실시했다. 535년 북위가 동위와 서위로 분열하면서 병사로 쓸 수 있는 선비족의 수가 반으로 줄자, 일반 농민들을 병사로 쓰기 위함이었다. 각 지방에 군사 지휘부를 설치해 그 지역의 농민을 군인으로 편성, 관리케 한 것이 주된 내용이었다. 농민들은 보통 3년에 한 해씩 군인으로 복무하며 복무 기간에는 세금을 대부분 면제받았다. 이는 농민들이 평상시에 생업에 종사하면서도 군인으로 관리될 수 있게 한 획기적인 조처였다. 부병제는 이후 수나라와 당나라에서도 계승돼 군사 제도의 기초가 된다.

아시아 550년경 **굽타왕조가 소멸하다**

굽타왕조의 마지막 왕이라 알려진 비시누 굽타(재위 540경~550경)가 사망했다. 굽타왕조 멸망의 원인은 에프탈의 침입이 야기한 국력 쇠퇴로 보인다. 이후 인도는 지방 정권이 할거하는 시대에 접어들면서 정치적 혼란에 빠진다.

아시아 550년 **인도의 천문학자 · 수학자 아리아바타가 사망하다**

굽타왕조의 천문학자이자 수학자인 아리아바타가 사망했다. 그는 23세 때 저술한 『아르야바티야』로 유명한데, 여기서 그는 오늘날 사용되는 소위 '아라비아 숫자' 체계의 성립에 영향을 준 숫자 기록 체계를 제시했다. 뿐만 아니라 지구 자전설, 원주율 계산, 그리스 수학에서 전래된 사인 함수표 정리 등의 내용을 담아 인도 과학 발전에 중요한 공헌을 했다. 아리아바타는 지구 둘레를 3만 9984킬로미터로 계산했는데, 이는 실제 지구 둘레인 4만 킬로미터에 거의 근접한 수치로 향후 약 1000년간 세계에서 가장 정확한 지구 둘레 계산이었다.

인도의 푸네 대학교에 세워진 아리아바타 동상

단양적성비
이사부 등이 고구려 지역이었던 적성(지금의 충청북도 단양)을 빼앗은 뒤 신라를 도운 이들의 공을 치하하고 적성 백성을 위로할 목적으로 세운 비. 충청북도 단양군 단성면 하방리. 신라의 통치 조직, 촌락의 성격, 율령과 조세 제도를 연구하는 데 좋은 자료이다. 높이 93센티미터. 국보 제198호

고구려 고분 벽화 속의 거문고
5, 6세기에 그려진 춤무덤(중국 지린성 지안시) 벽화에는 거문고의 원형으로 보이는 악기가 그려져 있다. 이에 따라 거문고의 원형은 이미 고구려에 있었다는 주장이 힘을 얻고 있다.

1 거문고 도입 | 『삼국사기』는 그 연대를 밝히고 있지 않으나 『한국고전용어사전』에 552년(양원왕 8)으로 되어 있다.

551년 **백제, 신라와 연합해 고구려로부터 한강 유역을 되찾다**

백제와 신라의 나·제동맹군이 고구려를 공격해 한강 유역을 빼앗고 나눠 가졌다. 이로써 백제는 70여 년 만에 고구려에게 빼앗긴 한강 유역을 되찾았다.

552년 **우륵이 신라에서 가야금을 가르치다**

대가야 출신 음악가 우륵이 진흥왕의 배려로 국원(지금의 충청북도 충주)에 살면서 계고, 법지, 만덕에게 각각 가야금, 노래, 춤을 가르쳤다. 충주의 '탄금대(彈琴臺)'는 우륵이 가야금을 연주하던 곳을 뜻한다.

우륵은 대가야 가실왕의 뜻을 받들어 12현금(가야금)을 만들고 12곡을 지었다. 551년 우륵이 신라에 투항한 뒤 그를 아낀 진흥왕은 가야금곡을 궁중음악으로 삼았다.

552년 **고구려의 왕산악이 거문고를 만들다**

고구려의 왕산악이 중국에서 보내온 칠현금을 고쳐 거문고를 만들었다.[1] 거문고로 100여 곡을 지어서 연주하자 검은 학이 날아들어 춤을 추었다. 그래서 '현학금(玄鶴琴)'이라는 이름이 붙었고, 나중에 '현금'이라 했다고 한다.

553년 **신라가 한강 유역을 독차지하다**

7월, 백제가 차지했던 한강 하류 지역을 신라가 빼앗아 신주(新州)를 설치했다. 이로써 한강 유역은 신라의 독차지가 됐다.

554년 **백제 성왕이 신라에 복수하려다가 전사하다**

7월, 백제 성왕이 한강 유역을 빼앗은 신라에 복수하기 위해 군사를 이끌고 공격에 나섰다가 관산성(지금의 충청북도 옥천)에서 신라의 매복 공격에 전사했다. 관산성싸움으로 백제는 2만 9600여 명의 전사자를 냈으며, 나제동맹은 완전히 깨졌다. 성왕의 맏아들 창이 왕위에 오르니, 27대 위덕왕(재위 554~598)이다.

559년 **고구려 25대 평원왕(재위 559~590)이 즉위하다**

돌궐제국의 영향을 받던
아프라시압의 황금 가면

아시아

552년 돌궐제국이 건국되다

몽골 고원의 튀르크계 유목 민족인 돌궐[1]이 내분으로 쇠약해져 있던 유연으로부터 독립해 새 나라를 세웠다. 돌궐은 뛰어난 철기 기술을 지닌 민족으로, 본래 유연에 무기를 제작해 바치던 사람들이었다. 그 무렵 중앙아시아와 동아시아의 주요 국가인 유연[2], 에프탈, 그리고 중국의 북조(북제와 서위)는 저마다 전쟁과 내분으로 혼란에 빠져 있었다. 덕분에 돌궐은 강력한 철제 무기와 유목 민족의 기마 전술을 결합해 순식간에 중앙아시아의 패권을 거머쥔다. 555년 유연을 멸망시킨 돌궐은 여세를 몰아 동쪽으로는 거란[3], 서쪽으로는 에프탈을 쳐서 흑해에서 만주에 이르는 대제국을 건설한다. 실크로드 전체가 수중에 들어오자 동서양을 연결하는 무역으로 번영했다. 그러나 아시아의 두 강대국인 사산왕조페르시아 및 중국과 분쟁이 잦았고, 지배층 내부의 결속도 약했으므로 584년 동서로 분열한 뒤 점차 쇠퇴한다.

동돌궐과 서돌궐의 경계(583년) ─

돌궐제국의 영역

유럽

553년 동로마제국이 동고트왕국[4]을 무너뜨리고 이탈리아반도를 정복하다

동로마제국이 당시 이탈리아반도를 지배하던 동고트왕국을 멸망시키고 이탈리아 정복에 성공했다. 이로써 옛 로마제국을 부흥하겠다는 유스티니아누스 1세의 꿈이 거의 성사되는 듯 보였다. 그러나 로마 부흥의 꿈은 게르만족이 서유럽에 강력한 세력으로 자리 잡은 현실을 외면한 시대착오적인 것이었다. 따라서 처음부터 성공하기 어려웠고, 동로마제국의 국력을 낭비하는 결과만 초래했다. 동로마제국의 이탈리아 지배는 랑고바르드족(568년 참조)이 침입하자 크게 흔들리고, 동로마제국은 9세기 중엽까지 긴 침체기에 들어간다.

아시아

557년 남조의 양나라가 멸망하고 진나라가 들어서다

강남 지방을 지배하던 양나라가 멸망하고 진(陳)나라가 뒤를 이었다. 양나라는 무제(502년 참조) 때 귀족들에 대한 관대한 정책으로 정치적 안정을 이뤘지만, 귀족들의 사치를 방관했기 때문에 국력이 쇠퇴했다. 이 때문에 535년 북위가 동위, 서위로 분열하는 등 혼란에 빠졌을 때도 제대로 대처하지 못했고, 오히려 554년 서위의 공격으로 황제가 살해되는 사건까지 겪었다. 진나라를 세운 진패선은 거의 껍데기만 남은 양나라 황제로부터 양위를 받아 즉위했지만, 이미 과거 영토의 상당 부분이 서위에 넘어간 뒤였다.

아시아

557년 북조의 서위가 무너지고 북주가 뒤를 잇다

1 돌궐과 튀르크 | '돌궐'은 '튀르크'를 한자로 표기한 명칭이다.

2 유연 | 4~6세기 북아시아에 있었던 몽골족 계통의 나라

3 거란 | 5세기 무렵부터 몽골 고원과 만주 일대에 거주하던 민족

4 동고트왕국 | 493년 게르만족의 일파인 동고트족이 이탈리아반도에 세운 나라

562년 신라가 대가야를 정복해 가야연맹을 완전히 흡수하다

신라 진흥왕이 장군 이사부, 화랑 사다함 등을 보내 대가야를 정복했다. 대가야는 본래 반파국(경상북도 고령 지역)이라는 소국이었다. 그러나 5세기 이후 금관가야 중심의 전기 가야연맹이 지리멸렬해지자 스스로 대가야라고 내세우며 후기 가야연맹의 맹주로 떠올랐다. 대가야는 농업에 유리한 입지 조건과 제철 기술을 바탕으로 번영을 누렸으나, 강국인 백제와 신라 사이에 끼어 운신의 폭이 넓지 않았다. 금관가야가 멸망한 지 30년 만에 대가야가 신라에 흡수됨으로써 가야연맹은 지도에서 완전히 사라졌다(532년 참조).

566년 황룡사가 준공되다

신라의 최대 사찰인 황룡사가 월성 동쪽에 준공됐다. 진흥왕은 이곳에 새로운 궁을 지으려 했으나 그곳에서 황룡이 승천하는 모습을 보자 계획을 바꿔 절을 짓도록 하고 '황룡사'라는 이름을 내렸다고 한다.

신라 최고의 화가로 알려진 솔거가 황룡사 벽에 소나무를 그리자 새들이 진짜 나무인 줄 알고 날아와 앉으려다 벽에 부딪쳐 떨어졌다고 한다. 훗날 다른 사람이 이 그림에 단청을 했더니 더 이상 새들이 날아들지 않았다고 한다.

1 휘(諱) | 왕이나 제후가 살아 있을 때 쓰던 이름

백제창왕명석조사리감
국립부여박물관에 소장돼 있다. 높이 60센티미터. 국보 제288호

567년 백제창왕명석조사리감을 능산리 절에 모시다

위덕왕의 누이가 만들고 사리를 넣은 사리감이 사비성(지금의 충청남도 부여) 능산리 사찰에 안치됐다. 사리감에 새겨진 '창왕(昌王)'은 위덕왕의 휘이다.[1] 위덕왕은 아버지인 성왕이 신라군의 기습에 말려 전사했을 때 출가해 승려가 되려고 했을 만큼 불심이 깊은 것으로 알려져 있다.

568년 신라 진흥왕이 연호를 대창(大昌)으로 바꾸다

백제금동대향로
부여 능산리 절터에서 백제창왕명석조사리감과 함께 발굴된 백제 최고의 유물이다. 성왕을 기리는 제사에 사용됐을 것으로 보인다. 국립부여박물관 소장. 높이 64센티미터. 국보 제287호

신라 진흥왕 북한산 순수비
신라의 정복 군주 진흥왕이 568년 북한산을 돌아보고 세운 기념비. 국립중앙박물관에 보관돼 있다. 높이 1.54미터. 국보 제3호. 진흥왕은 영토를 넓히고 이를 기념하기 위해 이 밖에도 경상남도 창녕에 척경비를 세우고, 함경남도 마운령과 황초령에 순수비를 세웠다.

유럽 567년 아바르족이 유럽에 침입해 나라를 세우다

중앙아시아의 유목 민족인 아바르족이 유럽에 들어와 오늘날의 헝가리 일대에 아바르칸국[1]을 세웠다. 아바르족은 555년 돌궐에 멸망한 유연의 후예라는 설이 있는데, 이 무렵 돌궐에 밀려 서쪽으로 이주한 것으로 보인다. 용맹한 기마 민족이었던 그들은 주변의 슬라브족과 불가르족을 정복하고 발칸반도 대부분을 차지한다. 남쪽으로는 동로마제국, 서쪽으로는 프랑크왕국을 위협하며 동유럽의 주요 세력으로 군림했으나 7세기 중엽 동로마제국의 반격과 피지배 민족의 저항 등으로 쇠퇴한다.

동유럽에 침입한 8세기 유목민 전사를 묘사한 것으로 추정되는 그림

유럽 568년 랑고바르드족이 이탈리아반도에 랑고바르드왕국을 세우다

게르만족의 일파인 랑고바르드족[2]이 알프스 산맥을 넘어 이탈리아 북부에 랑고바르드왕국을 세웠다. 그 무렵 이탈리아반도는 여러 게르만 왕국들과 동로마제국의 싸움터가 돼 황폐해져 있었다. 덕분에 랑고바르드족은 쉽게 영역을 넓히고, 동로마제국을 대신해 이탈리아의 패권을 차지한다(572년).

랑고바르드족은 로마계 주민들과 마찰이 심했고, 로마계 주민들의 땅을 빼앗아 농노로 만들곤 했다. 또한 랑고바르드족은 게르만 고유 신앙을 믿거나, 교황이 이단으로 본 아리우스파 크리스트교를 믿었기 때문에 교황과도 사이가 나빴다. 603년 가톨릭으로 개종한 뒤에도 종종 무력으로 교황을 위협한다. 그래서 교황은 랑고바르드족의 위협으로부터 자신을 보호해 줄 세력으로 가톨릭에 우호적인 프랑크왕국에 주목하게 된다.

7세기경 랑고바르드족의 공예품

유럽 568년 동로마제국이 돌궐과 사신을 교환하다

서돌궐(583년 참조)이 비단 무역[3] 상인인 마니아크를 동로마제국에 사신으로 보냈다. 두 나라 사이에 무역 관계를 맺고, 함께 사산왕조페르시아에 대항하기 위해서였다. 얼마 전 사산왕조에 조공을 바치는 수모를 당했던 유스티니아누스 1세는 반색하며 답례 사절단을 보냈다. 이 사건은 로마제국과 중앙아시아 세력이 외교 관계를 맺은 첫 사례였다. 돌궐은 본래 사산왕조와 우호 관계에 있었다. 그러나 567년 돌궐이 실크로드의 패권을 차지하면서 사이가 벌어졌다. 돌궐이 사산왕조 상인들을 배제하고 직접 무역을 지배하려 했기 때문이다. 돌궐은 중국의 비단을 동로마제국과 사산왕조 등에 팔면서 수익을 올렸다. 돌궐과 주변국의 외교 관계는 이 비단 무역과 관계된 경우가 많았다. 돌궐과 중국의 관계가 험악했던 이유 중 하나는 돌궐이 비단을 헐값에 사들이기 위해 중국에 압력을 가하곤 했기 때문이다.

이란에서 출토된 7세기 무렵의 비단

1 칸국 | '칸'이 지배하는 나라. '칸'은 중앙아시아의 유목 민족이 사용한 군주의 칭호다.

2 랑고바르드족 | 성인 남성이 턱수염을 길게 기르는 풍습을 지니고 있어서 '긴 턱수염(long beard)'이라는 뜻의 랑고바르드(Langobard)로 불렸다.

3 비단 무역 | 이 무렵 사산왕조페르시아와 동로마제국에서도 비단 생산을 시작했지만 중국산 비단의 품질은 여전히 으뜸으로 여겨졌다.

경주 황룡사 터
경상북도 경주시 분황사 옆 너른 벌판에 남아 있는 절터. 호국 신앙의 중심지로 금당은 584년(진평왕 6), 9층 목탑은 645년(선덕여왕 14)에 완공됐다. 황룡사 금동장륙존상과 9층 목탑은 진평왕 옥대(옥으로 만든 허리띠)와 더불어 '신라 삼보(3대 보물)'로 일컬어졌으나, 오늘날 모두 전하지 않는다.

1 아소카 왕 | 인도 마우리아 왕조(서기전 317~180)의 3대 왕으로 불교를 널리 퍼뜨렸다. 불교 신자들로부터 이상적인 군주로 추앙받았다.

2 진지왕 | 훗날 29대 태종무열왕이 되는 김춘추의 할아버지이다.

3 진평왕의 혈통 | 진평왕은 진흥왕의 태자였던 아버지 동륜의 직계를 신성한 혈통으로 내세웠다. 그것이 곧 왕위에 오를 수 있는 유일한 혈통인 성골이며, 성골은 바로 이때 생겨났다는 것이 다수 학설이다.

572년 신라 진흥왕이 연호를 홍제(鴻濟)라고 고치다

574년 황룡사 금동장륙존상이 완성되다

4월, 황룡사에 거대한 금동불상이 만들어졌다. 전설에 따르면 인도의 아육(아소카)[1] 왕이 불상을 만들려다 실패하자 재료인 철 5만 7000근과 황금 3만 푼을 배에 실어 '인연 있는 땅에서 완성되기를 비노라'는 기원과 함께 띄웠다고 한다. 배는 800여 년 만에 신라에 닿았고, 진흥왕은 그 재료로 황룡사에 금동장륙존상을 세우게 했다는 것이다.

이 전설은 진흥왕을 고대 인도의 불교도 왕이었던 아소카와 연결 지어 성스러운 군주로 높이려는 의도에서 만들어진 것으로 보인다. 이듬해인 575년에는 금동장륙존상이 눈물을 흘렸다는 기록도 있다.

576년 신라 25대 진지왕이 즉위하다

진흥왕이 죽고 둘째 아들인 김사륜이 왕위에 오르니, 25대 진지왕[2](재위 576~579)이다. 진흥왕의 첫째 아들이자 태자였던 동륜은 572년 개에 물리는 사고를 당해 사망했다. 동륜의 아들 김백정(훗날의 진평왕)을 제치고 진지왕이 왕위에 오른 것은 재상 거칠부의 지원이 있었기 때문이다. 거칠부는 진지왕이 즉위하자 최고위직인 상대등에 올라 나랏일을 총괄했다.

579년 신라 26대 진평왕이 즉위하다

진지왕의 정치적 후원자였던 거칠부가 죽자 진지왕이 무능과 음란한 생활을 이유로 폐위됐다. 조카인 김백정이 왕위에 오르니, 26대 진평왕[3](재위 579~632)이다. 진평왕은 오랜 재위 기간 동안 불교를 진흥하고 왕권을 강화하는 데 힘썼다.

아시아

574년 **북주의 무제가 불교를 탄압하다**

북주의 3대 황제 무제가 대대적인 불교 탄압에 나섰다. 불교 세력이 역대 황제들의 비호 아래 지나치게 비대해졌다는 판단에서였다. 당시 불교 사원들은 막대한 토지와 노비를 보유했고 농민을 착취했으며 세금도 내지 않아 재정에 심각한 타격을 입혔다. 무제는 내친김에 불교와 비슷하게 지배층의 비호를 받고 있던 도교 세력마저 탄압했다. 불교와 도교 사원으로부터 몰수한 막대한 재산 덕분에 재정이 튼튼해지자, 무제는 이를 바탕으로 577년 북제를 정복해 중국 북부를 통일한다.

아시아

575년 **지의가 천태종의 기본 교의를 만들다**

천태산(오늘날 중국 저장성에 있는 산)에 은둔해 수양을 하던 북주의 승려 지의가 천태종의 기본 교의를 만들었다. 천태종은 불교 경전 중 하나인 『법화경』에 바탕을 둔 불교 종파인데, 오늘날 화엄종(699년 참조)과 함께 교종 계열의 불교 종파 중 가장 신도가 많다. 지의는 천태산에서 정립한 자신의 불교 사상을 바탕으로 594년 천태종을 창시한다.

천태종의 기본 경전인
『법화경(묘법연화경)』

교종이란 이론을 배제하고 직관을 중시하는 선종과 대립되는 개념인데, 불교 경전에 대한 연구와 정교한 이론 체계가 특징이다. 천태종의 창시는 남북조 시대 초기부터 지식인들을 중심으로 전개된 불교 연구 활동이 결실을 맺는 단계에 이르렀음을 보여 준다. 6세기 중국에서는 선종과 정토종, 천태종 등 개성이 뚜렷한 불교 종파가 연이어 등장했는데, 이는 그만큼 중국인들이 불교를 중국 문화의 일부로 받아들이고 자기 방식대로 해석하게 됐음을 드러낸다. 천태종은 고려 시대의 승려 의천에 의해 우리나라에도 정착하는데, 우리나라의 천태종은 중국 천태종과 달리 선종과 교종을 혼합한 것이 특징이다.

아시아

577년 **안지추가 『안씨가훈』을 쓰다**

북제의 학자 안지추가 자손들에게 남기는 교훈집인 『안씨가훈』을 썼다. 안지추는 본래 남조 양나라의 귀족이었으나 당시의 어지러운 정세 속에서 온갖 고난을 겪으며 이 나라 저 나라 떠돌아다닌 인물이었다. 이 때문에 현실적이고 합리적인 사고를 갖게 됐고 남조의 퇴폐적인 귀족 문화에 비판적이었다. 당시 문화를 지배하던 도교 및 불교와 거리를 두었으며 유교 사상을 권장했다. 특히 가족과 도덕을 중시하고 실용적인 학문에 힘쓸 것을 강조해 후대 중국 사람들의 사고에 많은 영향을 끼친다.

1 고구려 장안성의 길이와 조선 한성의 길이 | 조선의 도성인 한성의 길이는 18킬로미터이다.

평양성벽 석각
평양성을 쌓을 때 쓰인 돌로, 공사에 평양 5부 사람들이 동원됐다는 사실과 공사의 담당 구간, 공사 책임자의 관직과 이름이 적혀 있다.

평양성 전경
지금의 평양 대동강을 해자로 끼고 건설됐다. 북한 국보 문화유물 제1호

581년 **고구려와 백제가 수나라에 사신을 보내다**

중국 북조에 수나라가 등장하자 고구려 평원왕과 백제 위덕왕이 모두 사신을 보내 수 문제로부터 관작을 받았다.

584년 **신라 진평왕이 연호를 건복(建福)으로 정하다**

586년 **고구려가 장안성(평양성)으로 도성을 옮기다**

고구려 평원왕이 지금의 평양시 대성산 기슭에 있던 안학궁을 떠나 장안성(평양성)으로 도성을 옮겼다(427년 참조). 고구려의 도성은 국내성-환도산성, 안학궁-대성산성의 조합에서 볼 수 있듯 평상시 생활하는 평지성과 유사시 피란하는 산성의 이중구조로 돼 있었다. 그러나 장안성은 평지성과 산성의 장점을 한데 합쳐 지은 단일 구조의 도성이었다. 내성, 외성(나성), 북성(北城), 중성으로 겹겹이 둘러친 성벽의 길이는 약 23킬로미터에 이른다.[1]

589년 **백제가 수나라의 중국 통일을 축하하는 사신을 보내다**

590년 **고구려 26대 영양왕이 즉위하다**

고구려의 평원왕이 죽고 태자인 고대원이 왕위에 오르니, 26대 영양왕(재위 590~618)이다. 중국을 통일한 수나라의 침입에 대비해 군사 훈련을 강화하는 한편, 수나라와 화친을 모색했다.

590년 **고구려 장수 온달이 아차산에서 전사하다**

고구려의 온달 장군이 한강 유역을 회복하기 위해 신라의 아차산성을 공격하다 전사했다. 온달은 평양의 하급 귀족 출신으로 평원왕의 딸 평강공주와 혼인한 뒤 전공을 세워 왔다. 뜻을 이루지 못하고 죽은 게 억울했는지 온달의 관은 움직이려 하지 않았다고 한다.

아차산 유적
왼쪽부터 철솥과 시루, 재갈과 등자, 구절판

수 문제

581년 수나라가 건국되다

북주의 승상 양견이 여덟 살의 어린 황제로부터 제위를 빼앗아 수나라를 세우고 문제로 즉위했다. 문제는 황제권 강화를 목표로 한 강력한 개혁을 밀어붙였다. 즉위하자마자 중앙의 관료 조직을 개편해 3성 6부를 설치했는데, 이는 관리들이 서로 역할을 분담하고 견제하게 함으로써 권력이 소수의 관리에게 집중되는 것을 막는 조치였다. 또 지방 호족들이 장악하던 지방 행정 조직을 개편해 정부에서 모든 지방관을 임명하고, 호족 세력이 뿌리내리지 못하도록 지방관은 반드시 다른 지방 출신으로 임명한다는 원칙도 세웠다.

587년에는 과거제[1]를 실시했다. 남북조 시대의 관리 선발 제도였던 구품중정제는 귀족들끼리 관직을 나눠 먹는 수단으로 변질됐다. 그런데 과거 시험을 통해 관리를 뽑자 귀족들이 관직을 독점하기가 어려워졌고 황제의 힘이 상대적으로 강해졌다. 이 밖에도 세금을 효과적으로 거두기 위한 호적 제도 정비, 농촌 경제 안정을 위한 의창 설치 등 각종 개혁이 줄기차게 이뤄졌다. 문제의 이러한 정책들은 당나라에서도 그대로 계승돼 당나라 율령 체제의 기초가 된다.

> ### 수나라의 개혁 정치 체제
> ■ 3성 6부 | 3성이란 정책을 결정하는 내사성, 그 정책을 심의하는 문하성, 그리고 결정된 정책을 집행하는 상서성을 말한다. '견제와 균형의 원리'를 적용했다는 점에서 현대 정치의 삼권분립론과 유사한 면이 있다. 6부는 행정의 각 부문을 관장하는 6개 부처를 가리킨다.
> ■ 율령 체제 | 정부에서 시행하는 법률에 의해 운영되는 국가 체제를 가리킨다. 중앙 집권화를 이루기 위해서는 중앙에서 하달돼 전국적으로 고르게 적용되는 법질서가 있어야 하기 때문에 전제 국가들에서 중시됐다.

1 과거제 | 과목에 따라 시험을 보고 관리를 뽑는 제도. 수나라와 당나라에서 과거제를 통해 선발된 관리는 일부에 불과했고, 시험이 그다지 공정하게 실시되지도 않아 한계가 컸다. 과거제가 관리 등용의 기본 수단으로 자리 잡은 것은 송나라 때부터다.

581년 『옥편』을 만든 고야왕이 사망하다

583년 돌궐이 동서로 분열하다

돌궐제국이 서돌궐과 동돌궐로 완전히 분열됐다. 서돌궐은 동돌궐에 형식적으로 종속돼 있었는데, 수나라가 서돌궐을 부추겨 동돌궐을 공격하게 했다. 위기에 빠진 동돌궐은 결국 수나라에 복종한다.[2]

589년 수나라가 중국을 통일하다

수나라가 남조의 마지막 왕조인 진나라를 정복함으로써 위진남북조 시대가 약 400년 만에 끝나고 중국이 마침내 하나로 통일된다.

590년 그레고리오 1세가 교황으로 선출되다 (602년 참조)

『옥편』
남조 양나라와 주나라에서 벼슬살이를 했던 고야왕이 편찬한 한자 사전. 글자를 부수별로 분류해 정리했으며 자전의 원조격이다.

2 돌궐 | 돌궐이 다시 세력을 회복하는 것은 7세기에 들어서다.

아좌 태자가 그린 것으로
전해지는 쇼토쿠 태자와
두 왕자의 초상

594년 신라 진평왕이 수나라에 사신을 보내고, 수 문제가 관작을 하사하다

597년 백제의 아좌 태자가 왜에 가다

4월 1일, 백제 위덕왕의 아들인 아좌 태자가 왜에 건너가 쇼토쿠 태자의 스승이
됐다(『일본서기』). 아좌 태자는 뛰어난 화가로 알려졌으며, 그가 그린 쇼토쿠 태자
의 초상화는 일본 나라의 호류사[法隆寺]에 남아 국보로 전하다가 1949년 불에
타 없어졌다.

598년 고구려와 수나라 사이에 전쟁이 일어나다

고구려가 수나라의 위협에 대비해 군사 훈련을 강화하자 수 문제가 이를 문제
삼았다. 그러자 영양왕은 말갈 군사 1만 명을 이끌고 요서의 임유관을 공격했으
나, 함락시키지는 못했다(2월). 6월, 수 문제는 고구려 왕에게 내린 관작을 몰수하
고 30만 대군으로 고구려를 침공했으나, 3개월의 공방 끝에 격퇴당했다.
이때 백제 위덕왕은 장사와 왕변나를 수나라에 사신으로 보내 '백제가 수나라
의 길잡이가 돼 고구려 침공을 돕겠다'고 밝혔다. 이 사실을 안 영양왕이 백제를
공격해 두 나라 사이에도 교전이 벌어졌다.

598년 백제 28대 혜왕이 즉위하다

백제 위덕왕이 죽자 왜에 건너간 아좌 태자를 대신해 위덕왕의 동생인 부여계
가 왕위에 오르니, 28대 혜왕(재위 598~599)이다.

599년 백제 29대 법왕이 즉위하다

12월, 백제 혜왕이 죽고 맏아들인 부여선이 왕위에 오르니, 29대 법왕(재위 599~
600)이다. 독실한 불교 신자로 살생을 금지하고 민가에서 기르는 매를 모두 놓아
주게 했으며, 사냥 도구는 모두 거둬들여 불태웠다.

600년 고구려가 역사책 『신집』을 편찬하다

고구려의 태학박사 이문진이 100권에 이르는 고구려 정사(正史) 『유기』[1]를 요약
정리해 『신집』 5권을 펴냈다.

600년 백제 30대 무왕이 즉위하다

법왕이 죽고 부여장이 왕위에 오르니, 30대 무왕(재위 600~641)이다. 어릴 때 이름
은 서동인데, 신라에 들어가 마[薯] 세를 팔며 향가인 〈서동요〉[2]를 지었다고 전한다.

592년 수나라에서 균전제를 전국적으로 확대하다

문제가 균전제(485년 참조)를 전국적으로 확대 실시했다. 수나라 균전제의 특징은 농민에게 군 복무 대가로 토지를 지급함으로써 균전제를 부병제(550년 참조)와 결합했다는 점이다. 이는 농민의 생활을 안정시켜 국가 경제를 발전시키고, 군사 조직을 안정적으로 유지할 뿐 아니라, 농민의 충성심도 끌어올릴 수 있다는 일석삼조의 효과를 지녔다. 이 때문에 8세기 무렵 인구 증가와 대지주의 등장으로 균전제가 무너질 때까지 수나라와 당나라 토지 제도의 기초가 된다.

593년 일본에서 아스카 시대가 시작되다

쇼토쿠 태자가 스이코 천황의 섭정[1]으로 임명되면서 국정을 장악했다. 이로써 아스카 시대[飛鳥時代]의 막이 오른다. 아스카 시대란 일본의 유력 씨족인 소가 씨가 권력을 장악한 593년(또는 587년)에서 645년 사이의 기간을 가리킨다. 아스카(지금의 나라현 다카이치군 소재)에 궁전이 있었다고 해서 붙여진 명칭이다. 스이코 천황은 최초의 여성 천황으로, 권력 다툼이 한창인 와중에 소가 씨의 후원을 업고 즉위했다. 쇼토쿠 태자 역시 소가 씨의 일원이었다.

소가 씨는 587년 일본의 또 다른 유력 씨족이었던 모노노베 씨를 물리치고 정권을 장악한 집단이었다. 당시 일본은 백제에서 막 전래된 불교의 수용 여부를 놓고 격렬한 찬반 논쟁에 휩싸여 있었다. 일본의 전통 신앙인 신토[神道]를 신봉하던 이들은 불교에 적대감을 보였고 모노노베 씨는 신토 지지 집단의 우두머리였다. 반면 소가 씨는 불교 지지 세력의 선봉이었다. 587년 소가 씨가 지지하는 스천황이 불교를 공인함으로써 소가 씨는 불교를 둘러싼 대결에서 승리했다.

일본에서 불교 수용 문제는 단순히 새로운 종교를 받아들이는 것 이상의 의미가 있었다. 불교 지지 세력은 불교를 대륙의 선진 문물을 받아들이는 계기로 여겼다. 섭정이 된 쇼토쿠 태자의 정책은 불교 지지 세력의 그러한 인식을 단적으로 보여 준다. 그는 여러 씨족 집단으로 갈라져 있던 일본의 정치 체제를 중국식 중앙 집권 체제로 바꾸기 위해 적극적인 개혁을 폈다. 이를 위해 관료제를 도입하고 중국의 율령을 모방한 '17조 헌법'을 만드는가 하면, 수나라의 문물을 배우기 위해 대규모 사절단을 여러 차례 파견했다.

일본에 화려한 불교 사원들이 건설되기 시작했고 대륙의 미술 기법을 도입한 불상과 불화 제작이 유행하면서 일본 미술이 크게 발전했다. 아스카 시대는 645년 소가 씨의 독재에 지친 천황과 후지와라 씨의 쿠데타로 끝나지만, 뒤를 이은 다이카 정권(645년 참조)은 소가 씨의 중국화 정책을 더욱 적극적으로 밀어붙인다.

1 섭정 | 군주가 직접 통치할 수 없을 때 대신 통치하는 사람. 스이코 천황은 즉위 당시 38세로 통치 능력이 있었지만, 소가 씨의 뜻에 따라 쇼토쿠 태자를 섭정으로 임명해 정치를 위임했다.

아스카데라[飛鳥寺]
596년 완공된 일본 최초의 불교 사원

영양왕이 즉위하자 온달이 아뢰었다.

"생각건대 신라가 우리 한북의 지역을 빼앗아
군현으로 삼으니 백성은 몹시 가슴 아파하며 지금껏
부모의 나라를 잊지 않고 있습니다. 대왕께서 저를
어리석다고 생각하지 않고 군대를 주신다면, 한 번
가서 반드시 우리의 땅을 되찾아 오겠습니다."

왕이 허락했다. 출정하기에 앞서 맹세하기를
"계립현·죽령의 서쪽 지역을 되찾아오지 못한다면
돌아오지 않겠다"라고 했다.

아단성 아래에서 신라군과 싸우다가 흐르는 화살에
맞아 쓰러져 죽었다. 장사 지내고자 했지만, 관이
움직이지 않았다. (평강)공주가 와서 관을 어루만지며
"죽음과 삶이 결정되었습니다. 돌아가시지요"라고
하자, 드디어 (관을) 들어 묻을 수 있었다. 대왕이
이를 듣고 비통해 했다.[1]

1 『삼국사기』 「온달 열전」
평강공주는 고구려 25대 평원왕의 딸이다. 『삼국사기』에 따르면 평강공주가
어릴 때 잘 울자 평원왕이 농담처럼 말했다. "잘 울어서 사대부의 아내가
되기는 어렵겠구나. 바보 온달에게 시집보내야겠다."
평강공주가 16세가 되자 왕은 공주를 상부 고씨에게 시집보내려 했으나
공주는 어릴 때 왕이 한 말을 떠올리며 바보 온달과 혼인하겠다고 고집했다.
왕이 화를 내고 공주를 내쫓자 공주는 값비싼 팔찌 수십 개를 팔꿈치에 걸고
궁을 나와 홀어머니와 함께 어렵게 사는 온달을 찾아갔다. 기어코 온달과

혼인한 평강공주는 지혜를 발휘해 온달을 고구려에서 제일가는 장군으로
출세시켰다. 영양왕이 즉위하자 온달은 신라에게 빼앗긴 한강 유역을
되찾아오겠다며 출정했으나, 뜻을 이루지 못하고 죽었다.
역사학자들은 온달이 평양의 하급 무사였을 것으로 추측한다. 당시 고구려는
옛 수도인 국내성 출신의 귀족들과 평양의 귀족들 사이에 팽팽한 힘겨루기가
벌어지고 있었다. 온달이 평강공주와 혼인해 장군으로 출세하는 이야기는
평양의 신흥 귀족들이 왕과 힘을 합쳐 국내성 출신의 낡은 세력을 물리치는
과정을 말해준다고 한다.

"짐은 즉위 이래 지금까지 절을 짓고,
경전을 펴내고, 승려를 임명한 것이 이루
셀 수가 없다. 내게 어떠한 공덕이 있는가?"
"아무런 공덕이 없습니다."
(……)

"그렇다면 가장 성스러운 진리는 무엇인가?"
"성스러움 따위란 존재하지 않습니다."[1]

죄지은 이가 처벌받지 않도록 놔두는 편이
죄 없는 이를 처벌하는 것보다 낫다.[2]

1 양나라 무제와 달마의 문답
위 대화는 재산이나 학식이 불교적 실천과 관계가 없다는 달마의 입장을 잘
보여 준다. 달마가 창시한 선종은 당시 중국의 귀족 불교에 대한 비판의 성격을
갖고 있었다. 누구나 마음속에 부처가 있다는 점을 강조해 혈통이나 재산,
교육 수준에 따른 차별을 부정한 것이다. 이 때문에 귀족에게 불만을 품은
서민층으로부터 지지를 받았고, 당나라 중기 이후 귀족 세력이 내리막길을
걷자 중국 불교의 주류로 자리 잡는다.

2 유스티니아누스 1세
유스티니아누스 1세가 위와 같이 말한 이유는 통치의 안정성을 중시했기
때문이다. 법 집행이 지나치게 엄격하면 사람들이 법, 그리고 법을 집행하는
국가 권력에 불만을 품게 마련이다. 6세기는 '법전 정비의 시대'였다.
서양에서는 동로마제국이, 동양에서는 수나라가 각각 야심찬 군주들의 지휘
아래 법전 편찬과 율령 체제 확립에 힘썼다. 권력을 안정시키기 위해서는
통치가 원칙(법)에 따라 이뤄져야 하기 때문이다.

7세기
601~700

신라가 삼국을 통일하고,
당나라와 이슬람제국이 등장하다

7세기의 한국과 세계

신라가 삼국을 통일하고, 당나라와 이슬람제국이 등장하다

수나라에 이어 통일 중국의 주인이 된 당나라는 만주와 한반도까지 차지하기 위해 끊임없이 침략군을 보낸다. 그러나 당나라의 야심은 고구려에 의해 1차 저지되고, 끝내는 신라와 발해에 의해 좌절된다. 당나라는 혼자 힘으로 고구려를 무너뜨리지 못하자 신라와 손을 잡고 백제를 먼저 멸망시킨 뒤 고구려의 평양성마저 함락한다. 여세를 몰아 신라까지 무릎 꿇리려던 당나라는 신라의 예상치 못한 반격에 밀려 한반도를 신라에게 내주고 만다. 얼마 후에는 옛 고구려 땅에서 일어난 발해 때문에 당나라는 만주에서도 손을 떼야만 했다.

당나라는 비록 만주와 한반도를 직접 지배하지는 못하게 됐지만, 동아시아와 서역을 아우르는 세계 제국을 건설하고 다채로운 세계 문화를 창조한다. 당나라 서쪽에서는 새로운 세계 종교인 이슬람교가 탄생해 서아시아와 북아프리카, 남유럽을 아우르는 새로운 제국을 건설한다. 당나라와 이슬람제국은 실크로드를 통해 교역을 하며 중세의 세계를 이끌고 나가게 된다.

1 오계(五戒) | 불교의 오계는
다음과 같다.
❶ 살생하지 말라.
❷ 도둑질하지 말라.
❸ 음란한 행동을 하지 말라.
❹ 거짓말을 하지 말라.
❺ 술을 마시지 말라.

고구려와 돌궐의 교류를
증명해 주는 돌궐 비석
732년 돌궐제국의 영웅 퀼
테긴을 기리기 위해 몽골
북쪽 오르콘강변에 세운 비
석으로, 6세기 무한 카간의
장례식 때 고구려 사신이
조문 온 사실을 기록하고
있다.

602년 귀산과 추항이 원광에게 세속오계를 받고 따르다

신라 화랑 귀산과 추항이 원광법사에게 받은 '세속오계[1]'에 따라 장렬히 전사했다. 세속오계는 수나라에 유학하고 돌아온 원광법사가 귀산과 추항에게 준 다섯 가지 계율로 다음과 같다.

> ❶ 사군이충(事君以忠) | 임금을 충성으로써 섬긴다.
> ❷ 사친이효(事親以孝) | 어버이를 효도로써 섬긴다.
> ❸ 교우이신(交友以信) | 벗을 믿음으로써 사귄다.
> ❹ 임전무퇴(臨戰無退) | 싸움에 임해서는 물러나지 않는다.
> ❺ 살생유택(殺生有擇) | 산 것을 죽일 때는 가려서 한다.

백제가 신라의 아막성을 침공하자 귀산과 추항은 소감(少監) 벼슬로 출전했다. 전세가 불리해지자 두 화랑은 세속오계의 가르침에 따라 돌진해 적군 수십 명을 죽이고 군사들의 사기를 높여 승리에 결정적인 공을 세웠다. 추항은 전장에서 죽고 귀산은 돌아오다 상처가 심해 죽었다. 진평왕은 추항의 시신을 찾아 후히 장사지내고, 추항에게는 대사, 귀산에게는 나마의 벼슬을 바쳤다.
이후 세속오계는 화랑이 지켜야 할 계율로 자리 잡았다.

607~608년 백제와 신라가 수나라에 고구려 정벌을 요청하다

백제의 무왕이 좌평 왕효림을 수나라에 보내 양제에게 공물을 바치고 고구려를 정벌해 달라고 부탁했다. 양제는 이를 받아들이고, 고구려의 동정을 살펴 수나라에 알려 줄 것을 백제에 요청했다(607년). 신라도 고구려가 자주 침략해 오자 수나라에 사신을 보내 고구려를 정벌해 줄 것을 요청했다(608년).
고구려는 이에 대한 대응으로 돌궐에 사신을 보내 수나라에 대항하는 연합 전선을 형성하고자 했다(607년). 양제는 고구려 영양왕에게 수나라로 들어와 자신을 알현하라고 압력을 넣었으나, 영양왕은 이를 받아들이지 않았다.

610년 담징이 왜 호류사에 금당벽화를 그리다

고구려 승려 담징이 백제를 거쳐 왜에 건너가 불법을 가르치고, 맷돌·종이·먹 등의 제조법을 가르쳤다.
담징이 왜 호류사 금당에 그린 벽화는 동양 3대 미술품의 하나로 꼽혔으나, 1949년에 불탔다.

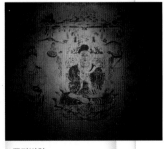

금당벽화
담징이 그린 금당벽화를 베
껴 놓은 모사도

유럽 602년 **교황이 크리스트교 전체의 지도자로 인정받다**

교황 그레고리오 1세가 동로마제국의 제위를 찬탈한 포카스의 즉위를 인정해 주는 대가로 동로마제국으로부터 '모든 교회의 총대주교'라는 칭호를 받았다. 이로써 교황은 명실상부한 크리스트교 전체의 지도자로 인정받는다. 그레고리오 1세는 이 밖에도 교황의 영지 확보, 교회법 정비, 게르만족에 대한 포교 활동 주도 등을 통해 교황권의 기초를 다진 인물로 평가받는다. 가톨릭 예배 음악인 그레고리오 성가가 형성된 것도 그레고리오 1세 때였다.

대운하
길이가 1700킬로미터에 이르는 세계 최대의 운하다. 기존의 여러 운하를 연결해 만들었으며 10세기에 갑문이 발명되면서 활용도가 높아졌다. 지금까지도 중국 남북을 연결하는 수송로로 활발하게 이용된다.

아시아 610년 **수나라가 대운하를 완성하다**

양제[1]가 중국 중부의 회하강과 북부의 황하를 연결하는 대규모 운하를 건설했다. 경제 중심지인 강남 지방의 물자를 고구려 및 돌궐과 대치하는 북쪽의 군대에 운반하기 위해서다. 대운하는 이후 중국의 상업 발전과 경제 통합에 중요한 역할을 하게 된다. 그러나 건설 과정에서 수많은 농민들이 희생됐기 때문에 양제에 대한 불만이 폭증한다.

1 양제 | 황제의 시호 중 '양(煬)'은 '여자를 밝히고 예를 멀리하며 하늘의 뜻을 거역하고 백성을 착취한다'는 뜻으로 최악의 폭군에게 붙는 칭호다.

아시아 610년 # **무함마드가 이슬람교를 창시하다**

아라비아반도 메카의 무역상 무함마드가 동굴에서 명상하다가 알라[2] 신으로부터 계시를 받았다. 그는 알라 신을 유일신으로 받들 것, 신께 기도하며 경건하게 살 것, 탐욕과 부정으로 얼룩진 삶을 버리고 가난한 이들을 도울 것을 가르쳤다. 오늘날 세계적으로 약 15억 신도를 거느린 이슬람교[3]가 탄생하고, 아랍인이 세계사의 전면에 떠오르는 출발점이었다.

6세기 무렵 홍해가 인도로 가는 교역로로 떠오르면서 홍해 연안의 아라비아 반도에 변화가 일어났다. 유목을 하며 공동체 생활을 하던 아랍인 사이에 도시 문화가 번져 나갔다. 평등한 공동체에 익숙해 있던 사람들은 빈부 격차가 커지고 부유한 무역상들이 권력을 독점하자 불만을 품었다. 무함마드는 평등주의 전통과 새로운 상업 문화를 조화시키려 했다. 그는 상인들의 과도한 탐욕을 억제하고 가난한 이들에 대한 자선 활동을 장려해 공동체의 가치를 회복하려 했다. 그러면서 건전한 상업 질서를 만드는 데 공을 들였다. 독점, 사기 행위 등 부당한 상거래를 금지해 상인들이 안심하고 활동할 수 있는 환경을 조성했고, 몇몇 금지 사항을 제외한 대부분의 상업 행위에 대해서는 무척 관대했다.

부족 단위로 뿔뿔이 갈라져 있던 아랍인은 이제 이슬람교 아래 단결해 독자적인 세력을 이룬다. 무함마드는 도시 지배층으로부터 박해를 받지만, 많은 하층 아랍인들의 지지를 받아 점차 세력을 늘려 나간다.

2 알라 | 아랍어에서 '신'을 뜻하는 '일라흐'에서 파생된 말로, 무함마드가 유일신의 명칭으로 쓰기 시작했다.

3 이슬람 | '평화'를 뜻하는 아랍어 '살람'에서 유래한 말로, 평화와 신에 대한 복종을 뜻한다.

설교하는 무함마드

올밀대
고구려 때 평양성에 지은 단층 누정.
수나라 군대를 살피는 을지문덕이 보
이는 듯하다.

**1 수나라 장수 우중문에게 주
는 시** | 귀신 같은 계책은 하늘
에 이르고 / 신묘한 계산은 지
리에 통달했소. / 싸움마다 이
겨 공이 이미 높으니 / 만족한
줄 알면 그치기를 바라오.

살수대첩
고려 때 강감찬의 귀주대
첩, 조선 때 이순신의 한산
도대첩과 더불어 한국사의
3대첩으로 꼽힌다. 셋 다
침략군을 격퇴한 전투였다.

2 효수(梟首) | 죄인의 목을 베
어 높은 곳에 매달아 놓는 일

612년 고구려가 수나라 침략군을 살수에서 격퇴하다

1월 양제가 이끄는 수나라의 113만 대군이 탁군(지금의 베이징)을 떠나 고구려
원정을 시작했다. 양제가 직접 지휘하는 지상군은 요하를 건너 요동성을 친
뒤 남하하고, 내호아가 지휘하는 수군은 산동반도에서 황해를 건넌 다음, 한
데 모여 평양성을 공격하는 전략이었다.

그러나 지상군은 요동성을 공략하지 못해 발이 묶였다. 그사이 평양에 도착
한 내호아는 지상군을 기다리지 않고 평양성에 진입했다가 매복한 고건무(훗
날의 영류왕)의 군사들에게 전멸당했다.

양제는 요동성 앞에서 30만 별동대를 편성해 바로 압록강을 건너 평양성을
치도록 했다. 을지문덕이 이끄는 고구려군은 별동대를 맞아 하루에 일곱 번
싸워 모두 후퇴하는 작전으로 적의 기운을 뺐다. 보급 부대의 지원 없이 무
거운 양식을 손수 짊어지고 내려온 수나라 별동대는 하루가 다르게 지쳐 갔
다. 평양성 앞에 진을 친 적군의 사기가 땅에 떨어진 것을 확인한 을지문덕은 적
장 우중문에게 거짓 항복의 뜻이 담긴 시를 적어 보냈다.[1] 우중문은 이 시가 자
신을 놀리고 있다는 것을 알았으나, 군사들이 싸울 수 없다는 것을 알고 항복을
받아들인다는 명분으로 후퇴를 결정했다.

을지문덕은 후퇴하는 적군을 추격해 살수에서 공세를 벌인 끝에 30만 명 중 수
천 명만 돌려보내는 대승을 거두었다(7월). 양제는 참담한 패배를 인정하고 요동
성에서 원정군을 되돌려야 했다.

613년 수 양제의 2차 고구려 원정이 실패로 돌아가다

2월 양제가 이끄는 30만 대군이 다시 한 번 수나라를 떠나 4월에 요동성 공격
을 시작했다. 그러나 양제가 없는 사이 수나라에서 양현감이 이끄는 반란이 일
어나자 양제는 원정군을 되돌려야 했다(5월). 귀국한 양제는 양현감을 죽이고 사
흘간 효수했다.[2]

614년 수 양제의 3차 고구려 원정이 무위에 그치다

아시아

613년 **양현감의 난이 일어나다**

612년의 대실패에도 불구하고 양제가 고구려 원정을 계속 고집하자 군량 운반을 맡았던 관리 양현감이 반란을 일으켰다. 반란은 두 달 만에 진압됐지만 양제의 폭정에 반대하는 수백 개의 호족과 농민 집단이 각지에서 들고일어나면서 수나라의 정치 질서는 무너진다.

양제의 실패는 황제의 권위를 높이기 위해 지나치게 백성을 닦달했다는 데 그 원인이 있었다. 그는 능력이나 의지 면에서 특별히 무능한 황제는 아니었다. 그러나 수백 년간의 혼란을 극복한 새로운 통일 제국의 황제라는 생각이 그에게 지나친 자신감을 심어 주었다. 양제의 정책들은 일관되게 황제권을 강화하고 통일 제국의 새 기반을 다지는 것에 초점이 맞춰졌다. 이를 위해 대운하를 건설해 국내 경제를 통합하고, 장안에 호화로운 새 수도를 건설해 황제의 권위를 높이며, 통일 제국의 국력을 바탕으로 오랫동안 중국을 위협했던 주변 민족들을 정복해 새로운 시대를 열고자 했다. 무력 통일로 황제권이 전례 없이 강해졌으므로 백성에게 엄청난 부담을 안기는 대규모 토목 공사와 대외 원정을 마음껏 실행해도 된다고 여긴 것이 문제였다. 결국 백성의 처지를 고려하지 않고 무리하게 황제권 강화에만 골몰한 것이 수나라의 몰락 원인이었다고 할 수 있다.

아시아

618년 **당나라가 건국되다**

반란군을 피해 도망치던 양제가 말단 병졸에게 살해되자 장안을 점거하고 있던 선비족 계통의 호족 이연(당 고조)이 황제 자리에 올라 당(唐)나라를 세웠다. 그는 다른 반란 세력을 잇달아 격파하고 624년 중국에 다시금 평화를 안긴다.

고조는 수나라의 율령 체제를 이어받아 균전제, 부병제, 조용조[1]를 기초로 하는 지배 체제를 만들었다. 위진남북조 시대에 비해 상당한 수준의 중앙 집권화가 이뤄졌지만 음서제[2] 등 귀족이 관직을 차지할 수 있는 길이 많아 대체로 귀족들이 지배층을 이뤘다. 과거제 역시 시행됐지만, 과거에 최종 합격하기 위해서는 주로 귀족들이 면접관이었던 면접에 통과해야 했으므로 결과적으로 구품중정법과 비슷한 효과를 낳았다.

당나라는 한나라 이후 4세기 만에 등장한 안정된 통일 제국이었다. 정치가 안정되자 농업이 다시 활발해졌고 부가 쌓이면서 교역도 증가했다. 귀족들의 사치스런 취향이 경제적 부와 어우러지면서 당나라 문화는 중국 역사상 가장 화려한 색채를 띠게 된다.

당나라 무인의 모습과 사냥하는 당나라 귀족들

1 조용조 | 수나라와 당나라 때 실시된 세금 제도. 토지세인 조(租), 국가에 노동력을 제공하는 용(庸), 그리고 가구에 부과하는 세금인 조(調)를 가리킨다. 백성에게 일괄적으로 부과하는 세금인데, 역시 일괄적으로 지급하는 균전의 대가로 부과했다.

2 음서제 | 관리나 국가에 공훈이 있는 자의 자손에게 관직을 주는 제도

1 설계두의 전사 | 당 태종은 전사한 설계두가 신라인이라는 이야기를 듣고 자기 옷을 벗어 덮어주고 대장군 관직을 내렸다.

2 도사(道士) | 도교를 믿고 수행하는 사람

3 천존(天尊) | 도교에서 받드는 신. 가장 널리 제사 지내는 신에는 원시천존 또는 옥황상제가 있다. 원시천존은 무형천존(無形天尊), 무시천존(無始天尊), 범형천존(梵形天尊)으로 변신하기도 한다.

도교의 신 옥황상제
도교의 최고신. 광엄묘악국의 왕인 정덕왕은 후손이 없자 여러 도사들을 불러 기도를 올렸다. 기도를 올린 지 6개월이 지났을 때 정덕왕의 왕비는 태상노군에게 간청해 아기를 받는 꿈을 꾸고 옥황상제를 임신했다고 한다.

도교의 창시자 노자
춘추 시대 말기에 활약한 사상가. 이름은 이이(李耳)로 당나라 황실은 자신들과 성이 같은 노자의 사상을 적극적으로 지원했다.

4 『도덕경』 | 371년 백제의 근초고왕이 고구려에 진격했을 때, 백제 장군 막고해는 『도덕경』의 구절을 인용해 "무릇 만족할 줄 알면 욕되지 않고, 멈출 줄 알면 위태롭지 않다"라고 했다(371년 참조). 이로 미루어 백제에는 도교가 이미 불교보다 먼저 전해진 것으로 보인다.

621년 신라인 설계두가 당나라에 가다

신라의 육두품 출신 설계두가 진골이 아니면 대신과 장군이 될 수 없는 처지를 억울하게 여겨 당나라로 밀항했다. 설계두는 당 태종의 고구려 원정 때 좌무위 과의로 자진 참전해 주필산전투에서 전사했다[1](645년 참조).

622년 고구려와 당나라가 전쟁 포로를 교환하다

고구려와 당나라 사이에 화해 기류가 조성됐다. 고구려는 수나라 포로를 당나라에 돌려보내고, 당나라는 수 양제가 잡아갔던 고구려 포로를 돌려보냈다.

624년 고구려가 당나라에서 도교를 받아들이다

당나라에서 숙달 등 8명의 도사[2]가 천존상[3]과 도교의 경전을 가지고 고구려에 와서 노자의 『도덕경』[4]을 가르쳤다.

625년 신라가 당나라에 사신을 보내 고구려를 비난하다

신라 사신이 당나라에 도착해 고구려가 길을 막는다고 호소했다. 신라는 당나라와 교류하고 싶으나 고구려가 중간에서 길을 막고 있으니 고구려를 응징해 달라는 것이었다.

그러자 당나라는 고구려에 사신을 보내 백제, 신라와 사이좋게 지내라는 압력을 가했다(625년).

628년 고구려가 당나라에 지도를 보내다

영류왕이 당나라에 제후국의 예를 다한다는 뜻으로 사신을 보내 고구려의 지도인 〈봉역도(封域圖)〉를 바치고, 당나라가 돌궐에 승리한 것을 축하했다. 이로써 당나라는 고구려의 지리를 손바닥 들여다보듯 살필 수 있게 됐다.

628년 신라의 청백리 검군이 죽다

낭도 출신 벼슬아치 검군이 동료들의 음모에 빠져 독약을 먹고 죽었다.

전국에 큰 가뭄이 들자 검군의 동료들은 나라의 창고에서 식량을 훔쳐 먹었다. 그러나 청렴하고 강직한 검군은 이 일에 가담하지 않았다. 동료들은 검군이 이 사실을 밀고할까 두려워 검군을 술잔치에 초대한 뒤 술에 독약을 넣어 마시게 했다. 검군은 이 사실을 알고도 독주를 받아 마시고 죽었다.

아시아

622년 무함마드가 '헤지라'를 단행하다

메카의 지배층으로부터 박해를 받던 무함마드가 추종자들을 이끌고 북쪽의 오아시스 도시 야스리브로 떠났다. 야스리브 주민들은 무함마드가 전쟁으로 혼란스럽던 주변 지역의 질서를 바로잡아 줄 것으로 기대해 그를 따뜻하게 맞이했다. 야스리브는 '예언자의 도시'를 뜻하는 '메디나'로 이름이 바뀌었고 이곳에서 최초의 이슬람 공동체가 탄생한다. 이 사건은 헤지라('이주'를 뜻함)라 불리는데, 이슬람교가 단순한 종교 운동을 넘어 본격적인 정치 운동으로 발전하는 전환점이었다. 오늘날 이슬람 달력에서는 헤지라가 일어난 622년을 이슬람 원년으로 삼는다.

메디나를 장악한 무함마드는 이곳을 발판으로 순식간에 주변 지역을 정복해 나간다. 이슬람교의 가르침에 공감한 많은 아랍인들이 군대에 가담하면서 사기가 높은 정예 부대가 탄생한 덕분이었다. 무슬림[1]들은 630년 메카를 점령하고 632년에는 아라비아반도 전체를 통일한다. 무함마드가 메디나의 이슬람 공동체를 운영하면서 만든 규범들은 이슬람 율법의 기초가 됐고, 메디나를 중심으로 형성된 이슬람 국가는 이후 이슬람제국[2]으로 발전한다.

메카를 상대로 한 바르드 전투에서 승리한 무함마드

아시아

626년 당나라에서 '정관의 치'가 시작되다

고조의 둘째 아들 이세민이 장안 궁궐의 현무문에서 형과 동생을 기습해 죽이고 정권을 장악했다(현무문의 변). 아버지 고조를 강제로 은퇴시킨 그는 태종으로 즉위해 연호를 '정관'으로 정한다. 이후 태종의 치세는 '정관의 치'라 불리게 되는데, 당나라 역사에서 가장 빛나는 시기로 꼽힌다.

태종은 수나라가 가혹한 통치로 멸망하는 모습을 생생하게 지켜 본 바 있었다. 따라서 권력을 유지하기 위해서는 백성과 신하들이 불만을 품어서는 안 된다고 여겼다. 그는 신하들의 말을 널리 경청했고, 백성들에 대한 세금과 형벌을 줄였으며, 관리들을 철저하게 감독해 함부로 백성을 쥐어짜지 못하도록 신경을 썼다. 귀족들을 누르고 유능한 신하를 선발하기 위해 과거제를 확대했고, 수나라의 3성 6부제를 정비해 안정적인 중앙 집권 체제를 다졌다. 이러한 정책 덕분에 정치가 안정되면서 농업이 발전하고 재정도 풍족해졌다. 태종은 안정된 국내 정치를 바탕으로 630년 돌궐[3]을 굴복시키는 등 대외 정복에서도 상당한 성과를 거둔다. 태종의 정치는 그의 역사 조작으로 상당히 미화됐다는 평도 있지만, 당나라가 이 시기에 발전을 이루었다는 사실은 비교적 분명해 보인다.

아시아

629년경 손챈감포가 즉위해 토번[4](지금의 티베트)을 일으키다

1 무슬림 | '알라 신에게 절대적으로 귀의한 자'를 뜻하며 이슬람교 신자를 가리킨다.

2 이슬람제국 | 7~13세기에 서아시아와 북아프리카를 지배한 이슬람 국가를 일반적으로 가리키는 말이지만, 정식 국호는 칼리파가 지배하는 나라'라는 의미의 '칼리파트'다. 유럽에서는 이슬람제국을 '사라센'이라 불렀는데, 이는 고대 그리스와 로마 사람들이 아랍인을 가리키던 말에서 유래한다.

3 돌궐 | 수나라 때 약해졌던 돌궐의 세력은 수나라 말기 중국의 혼란을 틈타 이 무렵 다시 강성해져 있었다.

4 토번 | 정확한 성립 시기는 명확하지 않으나 대체로 손챈감포 시대에 국가로서의 틀을 갖춘 것으로 평가받는다.

포탈라궁전

631년 당나라 사신이 고구려의 전승 기념비를 헐다

고구려가 수나라의 침략을 물리친 것을 기념해 만든 경관(京觀, 전승 기념비)을 당나라 사신이 헐어 버렸다. 고구려를 확실한 제후국으로 삼기 위해 중국과 싸워 이긴 흔적을 없애 버린 것이다.

632년 신라 27대 선덕여왕이 즉위하다

진평왕이 죽고 딸인 덕만이 왕위에 오르니, 신라 최초의 여왕인 선덕여왕(재위 632~647)이다. 진평왕이 아들 없이 죽자 선덕여왕이 즉위한 것은 성골이 왕위를 독점하기 위해서였다(579년 참조). 634년 1월, 연호를 인평(仁平)으로 바꿨다.

647년 상대등 비담 등이 일으킨 반란과 싸우던 중 사망함에 따라 진평왕의 동복 아우인 갈문왕 국반의 딸 승만이 28대 진덕여왕(재위 647~654)

> **선덕여왕 설화**
> 선덕여왕에게는 특별한 예지력이 있었다고 한다. 이를 알려주는 세 가지 설화가 전한다(『삼국유사』).
> ❶ 당 태종이 진홍·자색·백색의 모란이 그려진 그림을 보내오자 "이 꽃은 향기가 없다"라고 바로 알아맞혔다.
> ❷ 영묘사 옥문지에 개구리가 모여들어 사나흘 울어대자 서쪽 교외에 백제 군사가 매복해 있는 징조라면서 군사를 보내 물리쳤다.
> ❸ 자신이 죽을 날을 정확히 예언했다.

으로 즉위해 이듬해 정월 반란을 진압하고 비담 등 30여 명을 처형한다.

분황사 모전석탑
돌을 벽돌 모양으로 다듬어 쌓아 올린 모전석탑으로, 현재까지 남아 있는 신라 석탑 가운데 가장 오래된 것이다. 원래는 9층이었으나 지금은 3층만 남아 있다. 높이 9.3미터. 국보 제30호

634년 신라가 분황사를 완공하다

634년 백제가 궁남지를 짓다

3월 백제 무왕이 왕궁 남쪽에 못을 파고 20리 밖에서부터 물을 끌어들여 정원을 꾸몄다. 이 못에는 무왕의 탄생 설화가 깃들어 있다. 법왕의 시녀가 못가에서 홀로 살다 용신(龍神)과 통해 무왕을 낳았으며, 무왕은 아들이 없던 법왕의 뒤를 이어 왕위에 올랐다는 것이다.

궁남지
백제의 정원(庭園)을 연구하는 데 중요한 자료이다. 『일본서기』에는 궁남지의 조경 기술이 왜에 건너가 일본 정원의 원류가 됐다고 전한다. 사적 제135호

아시아

632년 이슬람에서 정통칼리파 시대가 시작되다

예언자 무함마드가 후계자를 정하지 않은 채 사망했다. 이슬람 사회에 동요가 일어났으나 '만민이 신 앞에 평등하므로 모두가 동의할 수 있는 인물이 후계자가 돼야 한다'는 여론이 일어나 새 지도자는 이슬람 공동체의 민주적 선출에 의해 결정한다는 합의가 이뤄졌다. 그 결과 무함마드의 장인이자 이슬람교의 첫 개종자로 알려진 아부 바크르가 후계자로 뽑혔다. 아부 바크르는 후계자란 뜻의 '칼리파'란 칭호를 받았는데, 이는 이슬람제국의 지배자를 일컫는 이름이 된다.

정통칼리파 중 한 명인 알리에게 충성을 맹세하는 사람들

아부 바크르의 등장으로 이슬람제국의 막이 오른다. 이슬람제국의 첫 네칼리파는 이슬람 공동체의 선출을 통해 즉위하는데, 이 시기를 '정통칼리파 시대(632~661)'라 한다. 오랫동안 부족 단위로 갈라져 있던 아랍 사회는 자신들이 직접 뽑은 칼리파들의 지도 덕분에 점차 일체감을 갖춰 나간다. 정통칼리파들은 대외 정복 활동에 힘을 쏟았는데, 여기에는 이슬람교를 전파한다는 명분 외에도 전리품을 꾸준히 획득해 분배함으로써 아랍인들의 충성과 결속을 높이고자 하는 의도가 있었다.

아시아

634년 아부 바크르가 죽고 우마르가 칼리파로 선출되다

초대 칼리파 아부 바크르가 2년 만에 죽자 무함마드의 충실한 협력자로 신망이 두터웠던 우마르가 2대 칼리파로 선출됐다. 우마르는 종교, 행정, 군사 모두에서 뛰어난 지도력을 발휘해 이슬람제국의 기틀을 다진 인물로 평가받는다. 우선 이란, 이집트, 시리아를 정복하고 예루살렘을 점령했는데, 관대한 종교와 지배 정책으로 정복지 주민들의 환영을 받았다. 대내적으로는 화폐와 세금 제도를 통일하고, 행정 기구를 정비해 통치의 기반을 다졌다. 특히 점령지를 군인들에게 분배하는 대신 국가가 점령지에서 세금을 거둬 급료를 지급했는데, 이는 아랍인 병사들이 현지에 동화되는 것을 막고 이슬람제국이 통일성을 유지하는 밑거름이 된다. 종교적으로도 이슬람 율법인 '샤리아'를 정리하는 등 중요한 업적을 남겼으나 644년 그를 크리스트교의 적으로 간주한 한 크리스트교 신자에게 암살된다.

아시아

640년 당나라에서 『오경정의』[1]를 편찬하다

1 오경정의 | 유교 경전인 『시경』, 『서경』, 『역경』, 『예기』, 『춘추』를 '오경'으로 확정하고 이에 대한 주석을 단 책. 태종의 명으로 편찬됐으며 과거 시험의 주요 교과목으로 채택돼 유교 사상의 통일에 기여했다.

641년 **백제 31대 의자왕**(재위 641~660)**이 즉위하다**

642년 **연개소문이 정변을 일으키다**

10월, 고구려의 연개소문이 영류왕과 일부 귀족들이 자신을 죽이려 하자, 역습을 가해 영류왕을 죽이고 귀족들을 처단했다. 당나라와 화친을 꾀하던 영류왕은 당나라에 대해 강경 노선을 걷던 연개소문을 천리장성 책임자로 보내(1월) 그를 견제해 왔다. 연개소문은 영류왕의 동생 장을 28대 보장왕(재위 642~668)으로 옹립하고 대막리지에 올라 최고 권력자가 됐다.

642년 **백제가 신라의 대야성을 점령하고 김춘추의 사위를 죽이다**

당 태종에게 칼을 날리는
연개소문

백제가 신라에 대한 공세를 강화해 7월에 40여 개 성을 점령한 데 이어 8월에 대야성을 점령하고 성주인 김품석을 죽였다. 김품석은 신라의 실력자 김춘추의 사위였다. 위기를 느낀 신라의 김춘추는 겨울에 평양을 방문해 함께 백제를 공격하자고 제안했다. 보장왕은 먼저 신라가 차지한 한강 유역의 옛 고구려 땅을 돌려달라면서 김춘추를 가두었다. 김춘추는 자신을 보내 주면 왕을 설득해 보겠다고 말해 겨우 풀려날 수 있었다. 이 일로 고구려와 신라는 완전한 적이 됐다.

645년 **황룡사 9층 목탑이 완성되다**

황룡사 9층 목탑 터

3월, 백제의 장인 아비지가 서라벌에 가서 신라 3대 보물 중 하나인 황룡사 9층 목탑을 세웠다.

645년 고구려가 당 태종의 침략을 격퇴하다

당 태종이 함락시킨 백암성
중국 랴오닝성 랴오양의 연주산성으로 추정된다. 당 태종이 개모성과 요동성을 함락한 뒤 공격해 오자 성주 손대음이 지레 겁을 먹고 항복했다.

4월, 당 태종이 연개소문의 정변을 꾸짖는다는 명분 아래 10만 대군을 이끌고 고구려를 침략했다. 신라가 군사를 보내 당나라 지원에 나서자, 백제는 이 틈을 타 신라의 7개 성을 빼앗았다. 태종은 요동성과 백암성을 함락하고 6월부터 안시성을 포위 공격했다. 연개소문은 말갈군이 포함된 15만 명의 지원군을 파견했으나, 태종은 이들을 주필산 아래로 유인해 격파했다. 이로써 안시성은 고립됐으나 군사와 백성이 힘을 합쳐 당나라군의 공격을 끈질기게 막아냈다. 태종은 최후의 수단으로 성벽보다 높은 흙산을 쌓고 대공세를 준비했다. 그러나 폭우와 함께 흙산이 무너져 성벽 일부를 무너뜨리자 고구려군이 재빨리 공격에 나서 흙산을 빼앗았다. 9월, 태종은 안시성 성주의 지략을 치하하며 비단을 선물한 뒤 다급히 당나라로 퇴각했다.

아시아 **644년 우마르가 암살되고 우스만이 칼리파 자리에 오르다**

2대 칼리파 우마르가 사망하자 무함마드의 사위였던 우스만이 3대 칼리파로 선출됐다. 우스만은 관대하고 너그러운 정책을 펴 사랑을 받았으나, 우유부단한 인물이었다. 이 무렵 이슬람 사회는 순수성을 잃고 내부 갈등이 심해지고 있었다. 본래 예언자 무함마드의 초기 지지자들 중에는 하층 계급 출신이 많았고, 무함마드의 정복 전쟁에 적극적으로 합류한 고참 병사들도 대체로 이런 소외층이었다. 그러나 이슬람교의 세력이 커지면서 부유한 귀족과 상인들이 대거 합류하자 하층민과 갈등이 생겼다. 하층민 병사들은 자신들이 이슬람제국을 건설했음에도 불구하고 귀족들이 이슬람 공동체의 주도권을 빼앗았다고 불평했다.

우스만은 메카에서 가장 유력한 귀족 가문인 우마이야 가문 출신이었다. 우스만이 이들의 말을 잘 들어주면서 우마이야 가문 인사들이 권력을 독점했다. 그러자 하층민 병사들의 불만이 폭발하면서 이슬람제국은 혼란의 소용돌이에 빠진다.

아시아 **645년 일본에서 다이카개신이 일어나다**

나카노오에 황자(皇子, 훗날의 덴치 천황)가 중국 학문에 조예가 깊은 것으로 이름난 나카토미 가마타리와 손을 잡고 정변을 일으켰다. 권력을 독점하던 소가 씨는 몰살되고, 나카토미 가마타리는 '후지와라'[1]라는 성을 하사받는다.

이 정변으로 오랜만에 황실이 권력을 되찾았다. 나카노오에는 당나라의 황제 지배 체제를 본받고 싶었다. 그래서 '다이카[大化]'라는 중국식 연호를 제정하고 대대적인 중국화 개혁에 나선다. 개혁을 마음껏 추진하기 위해 지금의 오사카에 새 수도를 세웠는데, 이곳에는 중국식 건물들이 가득 들어섰다. '다이카'란 '큰 변화'를 뜻하는데, 이 시기의 개혁을 '다이카개신[大化改新]'이라 한다.

다이카개신의 목표는 일본의 뿌리 깊은 호족(氏族) 중심의 정치 질서를 해체하고 중앙 집권적 율령 체제를 건설하는 것이었다. '호족이 백성과 토지를 소유할 수 없으며 대신 국가에서 지정한 토지의 세금으로 생활한다', '지방 행정 체제를 개편해 호족의 통치 기반을 없앤다', '인구를 조사해 호적을 만들고 이를 바탕으로 정부에서 일괄적으로 세금을 거둔다' 등의 내용이 담긴 646년 '개혁의 칙령'에는 이러한 목표가 잘 드러나 있다. '개혁의 칙령'은 문자 그대로 시행되지는 못했지만, 중앙 집권화를 향한 천황들의 노력은 나카노오에 이후에도 계속 이어져 마침내 702년 '다이호율령'[2]으로 결실을 맺는다.

아시아 **646년 현장이 『대당서역기』[3]를 쓰다**

1 후지와라[藤原] 씨 | 일본 역사에서 가장 영향력 있던 귀족 가문의 하나다. 9세기부터 12세기까지 일본 정치를 독점했다.

2 다이호율령[大宝律令] | 일본 최초의 본격적인 율령으로, 일본이 율령제 국가로 거듭나는 계기가 된다.

3 『대당서역기』 | 당나라 승려 현장이 인도와 서역 여러 나라를 순례하고 돌아와 쓴 여행기. 당시 여러 나라의 사정을 알 수 있는 귀중한 사료로 이름이 높으며 명나라 때의 소설 『서유기』의 소재가 되기도 한다.

현장의 서역 기행을 소재로 해서 훗날 만들어진 현장과 괴물 제자들의 이야기를 다룬 삽화. 소설 『서유기』로 발전한다.

654년 백제 귀족 사택지적이 금당과 보탑을 세우다

1월, 대좌평을 지낸 사택지적이 출신지인 내지성(지금의 충청남도 부여 부소산 남쪽)에 금으로 장식한 금당(불상을 보관하는 곳)을 세우고 옥을 갈아 보탑(寶塔)을 세웠다. 그는 이곳에 비석을 세우고 은퇴 후의 울적한 심정을 담아 "몸은 해가 가듯 가기 쉬움을 슬퍼하고, 몸은 달이 가듯 돌아오기 어려움을 슬퍼한다"고 썼다.

654년 신라 29대 태종무열왕이 즉위하다

3월 진덕여왕이 후손 없이 죽자 김춘추가 추대를 받아 즉위하니, 29대 태종무열왕(재위 654~661년)이다. 진골 귀족 최초의 왕이다(579년 참조).

660년 백제가 멸망하다

정림사(定林寺) 5층석탑
백제 시대의 대표적 석탑. 충청남도 부여군 부여읍 동남리에 소재하고 있으며 국보 제9호이다. 화강암으로 이루어졌고 높이는 8.33미터이다. 정림사는 사비의 시내 한가운데 있던 중요한 절이었다.
초층탑신에 새겨진 비문을 줄여서 당평제비라고 부르기도 한다. 혹은 백제를 정벌했던 당나라의 장수 소정방의 공을 기록했다 하여 소정방비라고도 부른다. 능주장사 판병부에 있던 하수량이 글을 짓고 하남 사람 권회소가 글씨를 썼다. 비문의 제목은 전서로 새겨져 있다. 비문에 따르면 의자왕, 태자 융, 효, 인 및 대신과 장군 88인, 백성 12,807명을 당나라의 수도 낙양으로 압송하였다고 한다.

나·당 연합군이 백제를 멸망시켰다. 소정방이 이끄는 13만 당나라군이 황해를 건너고, 태종무열왕이 이끄는 5만 신라군이 서라벌을 떠나자 백제는 대책회의를 열었다. 당나라군을 막자는 주장과 신라군을 공격하자는 주장이 맞서자 의자왕은 유배 보냈던 좌평 흥수에게 문의했다. 흥수는 "백강(백마강)과 탄현(지금의 대전 동쪽 식장산)에서 적을 막으라"고 답했으나, 정부는 이에 즉각 따르지 않았다. 결국 나·당 연합군에게 백강과 탄현을 빼앗기자 백제는 계백이 이끄는 결사대 5000명으로 황산벌에서 신라군과 맞섰다. 백제군은 10배나 많은 신라군을 맞아 연전연승했다. 그러나 어린 화랑인 반굴과 관창이 목숨을 내던지며 용감히 싸우자 사기가 오른 신라군이 총공세를 펼쳐 계백과 장졸들은 전멸하고 말았다(7월 9일). 나·당 연합군이 사비성으로 쳐들어가자 의자왕은 태자 효와 함께 웅진으로 도망치고, 둘째 왕자인 태가 스스로 왕이 되어 성을 지켰다. 그러나 태자의 아들 문사가 당나라군에 투항하자 사비성은 함락되고 말았다. 의자왕과 태자 효도 항복해 백성 1만 2807명과 함께 당나라로 끌려갔다. 당나라는 웅진 등에 5도독부를 설치해 백제 옛 땅을 직접 지배하고 나섰다. 백제의 남은 세력도 가만있지 않았다. 달솔 흑치상지는 임존성(지금의 충청남도 예산)에서, 왕족 복신과 승려 도침은 주류성(지금의 충청남도 한산)에서 부흥군을 일으켰다. 이들이 200여 성을 되찾으며 거세게 반격하자 일부 병력만 사비성에 남겨두고 철수했던 신라와 당나라는 각각 지원군을 파견해 총력전 태세를 갖췄다. 복신은 왜에 지원군을 요청해, 백제 부흥운동은 나당 연합군과 백제왜 연합군 사이의 국제전이 될 가능성이 커졌다.

낙화암
백제가 멸망할 때 의자왕의 삼천 궁녀가 낙화암에서 떨어져 죽었다는 전설이 전해 내려온다.

아시아 651년 **사산왕조페르시아가 멸망하다**

이슬람제국이 사산왕조페르시아를 멸망시키고 서아시아의 새 패자로 등극했다. 427년 동안 서아시아를 주름잡던 사산왕조는 동로마제국과의 오랜 전쟁으로 약해져 있었다. 전쟁 비용이 늘어나자 정부는 백성들에게 무거운 세금을 매겼고 불만을 품은 백성이 곳곳에서 반란을 일으켰다. 사산왕조 백성은 더 적은 세금을 받는 아랍인 지배자를 환영했다.

아시아 653년경 **이슬람교 경전인 『쿠란』이 완성되다**

칼리파 우스만이 『쿠란』 편찬 작업을 완료했다. 『쿠란』은 예언자 무함마드가 알라로부터 받은 계시들을 정리한 이슬람교의 경전이다. 아랍어로 기록됐으며 원칙적으로 다른 언어로 번역되는 것이 금지됐다. 따라서 이슬람 문화는 아랍어를 중심으로 통일성을 유지하게 된다. 『쿠란』은 종교적 교리만 담은 것이 아니라 일상생활의 규범까지 폭넓게 다뤘기 때문에 오늘날까지 이슬람 사회 질서의 바탕이 된다. '쿠란'이란 '암송' 또는 '낭송'을 뜻한다.

『쿠란』을 낭송하는 무슬림들
『쿠란』의 낭송은 무슬림의 종교 생활에서 중요한 부분을 차지한다. 이러한 전통은 글을 모르는 서민들에게도 이슬람교를 전하려는 노력에서 시작됐다.

아시아 656년 **우스만이 암살되고 알리가 4대 칼리파로 즉위하다**

우마이야 가문의 권력 독점(644년 참조)에 불만을 품은 병사들이 이집트와 이라크에서 반란을 일으켰다. 많은 이슬람교도들이 반란에 공감했기 때문에 반란군은 큰 저항을 받지 않고 메디나로 진격해 우스만을 살해했다. 메디나의 이슬람교도들은 반란군이 지지했던 알리를 4대 칼리파로 선출한다. 알리는 예언자 무함마드의 사촌이자 사위로 무함마드의 유일한 자손을 남긴 인물이었다. 이 때문에 정통칼리파 시대 초기부터 가장 정통성 있는 칼리파 후보로 꼽히곤 했다.[1] 또한 그는 정의와 평등을 강조하는 무함마드의 가르침을 가장 충실하게 따른 지도자이기도 했다. 알리는 전임 칼리파들이 무함마드의 가르침을 무시하고 귀족들에게 너무 많은 특권을 안겼다고 여겼다. 이를 바로잡기 위해 귀족들이 부당하게 차지한 토지를 재분배하고, 모든 무슬림들에게 공평하게 세금을 부과하며, 전리품을 공정하게 나누고, 농업 장려 등 서민들의 생활 개선에 힘썼다. 그러나 이러한 정책은 귀족들의 강력한 반발에 부딪혔고, 결국 우마이야 가문의 무아위야가 반란을 일으키면서 알리는 위기를 맞는다(661년 참조).

1 알리의 정통성 | 이슬람교의 양대 종파 중 하나인 시아파(680년 참조)에서는 정통칼리파 중 알리만을 인정하고 나머지는 찬탈자로 간주한다. 반면 수니파에서는 정통칼리파 4명을 모두 인정한다.

아시아 657년 **당나라가 서돌궐을 멸망시키고 실크로드 전체의 패권을 장악하다**

당

당나라의 최대 영역(662년)

태종무열왕릉
경상북도 경주시 서악동. 사적 제20호

서역에 간 고구려 사신
우즈베키스탄의 사마르칸트에 자리 잡은 아프라시압궁전 벽화의 디지털 복원도(박진호 제공). 오른쪽에 조우관(깃털을 꽂은 관)을 쓰고 있는 두 명의 남자는 당나라와 치열한 대결을 벌이고 있던 연개소문이 외교적 교섭을 위해 파견한 고구려 사신으로 보인다.

661년 신라 30대 문무왕이 즉위하다

6월, 태종무열왕이 죽고 맏아들 김법민이 왕위에 오르니, 30대 문무왕(재위 661~681)이다.

662년 고구려 연개소문이 사수(蛇水)에서 당나라 군대를 대파하다

663년 백제 · 왜 연합군이 나 · 당 연합군과 최후의 결전을 벌여 패하다

8월, 백제 부흥군을 지원하러 온 왜의 수군이 백강에서 나·당 연합군과 결전을 벌여 대패했다.

왜에 가 있던 백제 왕자 풍은 복신의 요청을 받고 662년 귀국해 백제 부흥군을 이끌었다. 그러나 풍과 복신 사이에 내분이 일어나 풍이 복신을 죽였다. 이어 신라군이 주류성을 포위하고 왜군이 백강에서 전멸하자, 풍은 고구려로 도망가고 주류성의 백제 부흥군은 나·당 연합군에 항복했다. 백제 유민이 대거 왜로 망명하면서 한반도에서 왜의 우방은 완전히 사라졌다.

666년 고구려에서 연개소문의 아들들이 권력 다툼을 벌이다

고구려의 지도자 연개소문이 죽고 맏아들 남생이 막리지가 되자 동생인 남건과 남산이 반란을 일으켰다. 남생은 당나라로 도망가 고구려 공격의 선봉에 서게 된다.

668년 고구려가 멸망하다

9월, 문무왕과 김유신이 이끄는 신라군과 이적이 이끄는 당나라군의 총공세 앞에 고구려 보장왕이 끝내 항복했다. 보장왕을 비롯한 대신 등 20여만 명은 당나라로 끌려갔다. 당나라는 고구려 땅을 9도독부 42주로 나누고 평양에 안동도호부를 둬 직접 다스리기 시작했다.

670년 고구려 부흥 운동이 일어나다

6월 고구려 대형 검모잠이 당나라 한성(지금의 황해도 재령)에서 왕족 안승을 왕으로 추대하고 고구려 부흥 운동을 시작했다. 이때 당나라는 백제와 고구려 옛 땅을 독차지하고 신라마저 지배하려 들었기 때문에 신라는 고구려 부흥군과 힘을 합쳐 당나라와 싸웠다. 10월에는 말갈과 연합한 당나라군을 대파하기도 했다. 그러나 고구려 부흥군 사이에서 내분이 일어나 안승은 검모잠을 죽이고 신라에 망명했다(680년 참조).

아시아

661년 **우마이야왕조가 성립하다**

4대 칼리파 알리가 자신의 통치에 반대하는 한 이슬람교도의 손에 암살됐다. 그러자 알리에 대한 반란을 이끌던 시리아 총독 무아위야(656년 참조)가 강력한 군사력을 앞세워 칼리파로 추대됐다(무아위야 1세). 그는 자신의 아들을 후계자로 지목해 칼리파를 세습 직위로 만들었다. 이로써 이슬람교도들이 칼리파를 선출하던 정통칼리파 시대가 끝나고 우마이야왕조가 성립한다. 칼리파의 지위는 이때부터 종교 지도자라기보다는 현세적 통치자에 가까워진다.

우마이야왕조의 최대 영역(750년)

무아위야 1세는 평생을 전쟁터에서 보낸 군인으로, 도덕이나 이슬람 정신에 그다지 구애받지 않는 실용주의자였다. 또 로마제국의 문화적 전통이 강한 시리아 지방에 근거지를 뒀기 때문에 아랍 사회의 부족적 전통에도 얽매이지 않았다. 무아위야는 이슬람제국이 대제국에 어울리는 효율적인 통치 체제를 갖추도록 힘을 썼다. 동로마제국을 모방한 중앙 집권적 행정 체제를 도입함으로써 나날이 늘어나는 이슬람제국의 영토를 효과적으로 지배할 기초를 놓았다. 무아위야는 정복 전쟁에 힘을 쏟았는데, 이는 전리품을 얻어 자신을 비난하는 아랍인들을 달래기 위해서였다. 이후 정복전쟁이 칼리파들의 권위 유지 수단으로 여겨지면서 우마이야왕조는 엄청난 속도로 영토를 확장해 나간다. 그러나 특권층에 대한 우대와 각종 차별 정책[1]으로 이슬람 정신을 크게 훼손시켰다는 비난도 받는다.

1 우마이야왕조의 차별 정책 | 대표적으로 신분 차별과 민족 차별을 들 수 있다. 귀족들을 우대해 아랍의 부족장 가문들이 권력을 독점케 했으며, 아랍인이 아닌 사람은 이슬람으로 개종하더라도 세금을 많이 내야 했다. 이는 우마이야왕조가 권력을 안정적으로 유지하고 세금을 꾸준히 거두기 위해 시행한 조치들이었으나 많은 반발을 불러일으킨다.

아시아

670년경 **인도네시아에서 스리위자야왕조가 일어나다**

인도와 동남아시아를 여행한 당나라 승려들의 기록에 스리위자야왕조에 대한 언급이 등장하기 시작했다. 스리위자야왕조는 7~13세기에 인도네시아의 수마트라섬에서 번영한 불교 왕국의 이름이다. 2세기 무렵부터 등장한 인도네시아의 작은 왕국들이 통합해 성립한 나라로 보인다.

해상 교통의 요지인 말라카 해협에 위치해 무역으로 번성했으며, 당나라 및 인도와 활발하게 교역했다. 9세기에는 인도양 무역의 주도권을 장악할 정도로 번영했으며 말레이반도와 자와섬까지 영역을 확대하고 아프리카의 마다가스카르[2] 섬까지 진출했다.

보로부두르 불탑 등 뛰어난 문화유산을 남기기도 했으나 11세기부터 인도의 촐라왕국과 자와섬의 마자파힛왕조 등으로부터 공격받아 쇠퇴하다가 13세기에 멸망한다. 오늘날 인도네시아와 말레이시아 문화에 큰 영향을 남겼다.

스리위자야왕조의 영역 (8세기경)

2 마다가스카르섬 | 아프리카 동남부에 있는 큰 섬. 세계에서 가장 늦게 인류가 살기 시작한 지역 중 하나.

매소성
매소성싸움의 유적지로 여겨지는 경기도 연천 대전리산성. 이 싸움으로 신라는 당나라의 말 3만 380필과 많은 무기를 빼앗는 전과를 올렸다.

기벌포
기벌포싸움이 벌어진 금강 하구. 신라군은 22차례의 해전에서 당나라군 4000여 명을 죽이고 최후의 승리를 거뒀다.

1 고려조선군왕 | 고려는 고구려를 가리키는 말이고, 조선은 고조선을 가리키는 말로서 중국에서 종종 만주와 한반도를 부르는 지명으로 쓰였다.

2 소고구려 | 실제 명칭은 '고구려'였으나 668년에 망한 고구려와 구별하기 위해 '소고구려'라 부른 것

676년 신라가 삼국 통일을 완성하다

신라가 고구려, 백제를 무너뜨린 데 이어 당나라를 쫓아내고 삼국 통일의 위업을 이룩했다. 당나라는 백제에 웅진도독부, 고구려에 안동도호부를 둔 데 이어 신라마저 계림도독부라는 이름 아래 직접 지배하려 했다. 그러자 신라는 고구려 부흥군과 연합해 먼저 당나라를 공격하고(670년) 전면전에 나섰다. 신라군은 675년(문무왕 15) 이근행이 이끄는 20만 명의 당나라 대군을 매소성(지금의 경기도 연천)에서 대파한 데 이어, 676년(문무왕 16) 설인귀가 이끄는 당나라 수군을 기벌포(지금의 충청남도 장항)에서 무찔렀다. 이로써 신라는 한반도의 대부분을 차지한 통일 국가로 우뚝 서게 됐다.

677년 보장왕이 고구려 부흥 운동을 이끌다

고구려의 마지막 왕인 보장왕이 '요동주도독 조선왕'에 책봉돼 옛 고구려 땅인 안동도호부에 부임했다. 당나라가 수도 장안으로 끌고 갔던 보장왕을 옛 고구려 땅에 보낸 속셈은 고구려 유민을 무마시켜 고구려 부흥 운동을 잠재우려는 것이었다. 그러나 보장왕은 당나라의 의도와는 반대 방향으로 움직였다. 보장왕은 요동 땅에서 고구려인과 말갈인을 끌어모아 고구려 부흥 운동을 일으키려고 했던 것이다. 고구려 왕족 안승을 중심으로 한 고구려 부흥군은 671년 안시성에서 당나라군에게 패한 뒤 잦아들었다. 그런데 보장왕 때문에 고구려 부흥 운동의 불씨가 다시 한 번 피어오른 것이다.

681년 당나라는 보장왕을 붙잡아 공주(지금의 중국 쓰촨성)로 유배 보내고, 보장왕은 그곳에서 한 많은 삶을 마친다. 그 후 당나라는 보장왕의 후손을 장안에 억류한 채 고려조선군왕[1]으로 부르며 당나라 영토 내의 고구려 유민을 대표하게 했다. 그러나 요동 지역에서는 8세기 후반 이래 고구려 유민을 중심으로 하는 소고구려[2]가 독립하게 된다. 당나라의 영향권에서 벗어난 소고구려는 820년대 들어 발해에 흡수됐다.

680년 안승이 문무왕의 사위가 되다

고구려 부흥 운동을 이끌던 고구려 왕족 안승이 문무왕의 조카를 아내로 맞아들였다. 안승은 보장왕의 서자 또는 외손자라는 기록이 있는 고구려 왕족으로, 검모잠에 의해 왕으로 추대됐으나 내부 갈등이 생기면서 검모잠을 죽이고 신라에 망명했다(670년 참조). 신라는 안승과 그의 추종 세력을 금마저(지금의 전라북도 익산)에 머물게 하고, 안승을 고구려 왕에 봉한 바 있다.

아시아 673년 **우마이야왕조가 콘스탄티노플을 포위하다**

우마이야왕조가 동로마제국의 수도 콘스탄티노플까지 진격했다. 동로마제국은 간신히 방어에 성공했지만, 지중해의 패권을 빼앗겨 상당한 타격을 입었다. 동로마제국은 이후 700년 넘게 이슬람 세력과 싸우면서 점점 위축된다.

일종의 화염방사기인 '그리스의 불'로 이슬람 함대에 맞서는 동로마제국 함대

아시아 678년 **토번이 승풍령전투에서 당나라에 대승하다**

토번(지금의 티베트)의 명장 가르친링이 승풍령(지금의 청하이호 부근)에서 당나라 18만 대군을 거의 전멸시켰다.[1] 이 싸움으로 토번은 지금의 중국 칭하이성 대부분을 영토로 굳혔고, 9세기 초까지 당나라와 실크로드의 패권을 놓고 경쟁한다.

토번은 7세기 전반에 통일을 이룬 후 당나라의 서쪽을 위협하는 강대국으로 성장했다. 나당전쟁 직전인 670년에는 당나라의 지배를 받던 서역을 공격하면서 당의 수도 장안을 위협하기도 했다. 이는 당시 당나라와 대결 중이던 신라를 간접적으로 지원하는 셈이 되기도 했다.

[1] 당나라의 고구려 백제 무관들 | 당나라에는 승풍령전투에서 활약한 백제 유민 흑치상지를 비롯해 사타충의, 고선지 등 우리나라 삼국 출신의 고위 무관들이 많았다.

아시아 680년 **후사인 살해 사건으로 이슬람교가 수니파와 시아파로 갈라지다**

'칼리파(영어식으로는 칼리프)'는 이슬람교의 최고 성직자이자 정치적 지도자이다. 그러한 칼리파의 선출 방식을 놓고 우마이야왕조 내에서 일어난 갈등이 끝내 이슬람교의 분열로 이어졌다. 본래 칼리파는 이슬람교도들이 공동으로 선출하는 것이 관행이었다. 그러나 우마이야 가문은 이를 무시하고 세습을 통해 칼리파 직을 독점했다. 그러자 반(反)우마이야파 교도들이 이에 반발해 후사인을 칼리파로 추대한 것. 후사인은 예언자 무함마드의 사촌이자 사위였던 알리의 아들이었고, 알리는 이슬람교도들이 공동으로 선출한 마지막 칼리파였다.

그렇게 추대된 후사인이 이라크로 가던 중 살해당하자, 반(反)우마이야파 교도들은 알리 가문을 중심으로 독자적인 교파를 이루기 시작했다. 우마이야왕조 아래에서 차별받던 비아랍인과 하층민도 그들 주변에 모여들었다.[2] 우마이야왕조의 차별 정책에 반대해 이슬람의 원칙을 지키려는 이들이 훗날 시아파를 이루게 된다.[3]

[2] 비아랍계에 대한 차별 | 우마이야왕조 시대의 비아랍인들은 무슬림인 경우에도 아랍인보다 훨씬 무거운 세금을 납부하고 공적 활동도 제한됐다. 이러한 차별이 없어진 것은 아바스왕조 때부터였다.

[3] 시아파와 수니파 | 시아파는 페르시아(지금의 이란) 지방의 마왈리(비아랍계 무슬림)들을 중심으로 발전했으며, 이른바 이슬람 정통파인 수니파와 대립해 왔다.

아시아 680년경 **당삼채 제작이 시작되다**

도자기를 만들 때 유약에 직접 녹·황·남 등의 색깔을 입혀 굽는 삼채 기법이 등장했다. 주로 귀족의 부장품으로 쓰여 그들의 취미와 생활양식을 잘 보여 준다.

서역 상인을 묘사한 당나라 때의 삼채 자기 수많은 상인들이 당나라의 비단과 맞바꾸기 위해 서역의 진귀한 토산품을 들고 장안으로 몰려오면서 당나라 귀족들 사이에서 서역 물건을 소장하는 유행이 생겨나기도 했다.

175

이견대에서 바라본 문무대왕릉

문무왕은 죽어서 동해의 용이 되어 왜구를 물리치겠다는 유언을 남겼다. 이에 따라 신문왕은 동해 한가운데 해중릉을 만들어 선왕의 유해를 모셨다. 이견대는 '용을 바라보는 정자'라는 뜻으로 문무대왕릉이 보이는 해변 언덕에 세워졌다.

681년 신라 31대 신문왕이 즉위하다

삼국 통일을 완성한 30대 문무왕이 죽고 그의 아들인 김정명이 신문왕(재위 681~692)이 되어 왕위에 올랐다. 국학을 창설해 학문을 장려하고 9주를 정비하며 귀족들의 녹읍을 폐지하는 등 삼국 통일 이후의 체제 정비와 왕권 강화에 힘쓴 왕이다.

682년 신라의 '국립대학' 국학이 서다

불교의 나라 신라에 유학을 가르치는 '국립대학'인 국학이 설립되었다. 정부 기관인 예부 산하에 세워진 국학에는 경(卿), 박사(博士), 조교(助敎) 등의 관직을 두고 『주역』, 『상서』, 『예기』, 『춘추좌씨전』 등의 유학 경전을 가르쳤다.

국학의 학생 자격은 관등이 없는 사람부터 대사보다 낮은 벼슬을 하는 관리까지이며, 나이는 15세부터 30세까지였다. 국학에서 공부하는 기한은 9년. 그러나 우둔해서 수업을 따라가지 못하는 자는 퇴학시켰고, 미숙해도 재주가 있는 자는 9년이 넘어도 계속 다닐 수 있었다.

유학을 가르쳐 국가에 필요한 관리를 길러내는 국립대학은 고려의 국자감, 조선의 성균관으로 이어진다.

1 대문 | 고구려 부흥 운동의 지도자였던 안승의 아들

684년 금마저에서 대문[1]의 난이 일어나자 금마저의 고구려 유민을 남쪽으로 옮기다

685년 신라가 5소경을 설치하다

신라가 동쪽으로 치우쳐 있는 금성(경주)의 단점을 보완하고 삼국 통일로 새롭게 영토가 된 지역을 효율적으로 다스리기 위해 5소경(다섯 곳의 작은 서울)을 설치했다. 5소경은 본래 신라의 영토가 아니었던 곳에 세워졌으며, 금성의 귀족과 정복한 나라의 귀족들이 5소경에 고루 옮겨 갔다. 대가야 귀족은 옛 고구려 땅인 중원경(지금의 충청북도 충주)에, 고구려 귀족은 옛 백제 땅인 남원경(지금의 전라북도 남원)에 이주하는 식이었다.

5소경

681년 **일본이 율령 제정에 착수하다**

즉위 이래 줄곧 왕권 강화에 힘썼던 덴무 천황이 율령[1] 편찬 사업에 착수했다. 이 사업은 덴무 천황이 죽은 뒤인 702년 다이호율령으로 최종 결실을 맺는다. 7세기 후반 당나라 세력이 커지자 일본은 이에 맞설 수 있는 강력한 국가를 만들기 위해 중앙 집권화를 서둘렀는데, 율령 편찬도 그 중 하나였다. 나라 안팎에 일본의 주권을 강조하기 위해 일본 국호와 천황 칭호를 만든 것도 이 무렵이었다.

1 율령 | 율은 형벌에 관한 법이고 령은 행정이나 민사 등 사회운영에 관한 법이다. 율령정치란 사전적으로는 법치를 뜻하지만, 실제로는 군주-관료-백성으로 이어지는 위계질서를 통해 국가가 운영되는 체제를 말한다.

685년 **우마이야왕조에서 압둘 말리크의 개혁이 시작되다**

압둘 말리크가 민족 갈등과 권력 다툼으로 혼란스러운 우마이야왕조의 칼리파로 즉위했다. 그는 드넓은 영토를 효율적으로 통치하기 위해 아랍어를 공용어로 지정하고 화폐를 통합하는 등 이슬람 세계의 통일성을 높이는 개혁을 시작했다. 이러한 개혁은 6세기 말~7세기 초 이슬람 대정복의 발판을 마련한 것으로 평가받고 있다.

압둘 말리크가 예루살렘에 세운 바위사원

압둘 말리크 시대부터 사용된 아랍의 화폐 디나르
아랍어가 새겨져 있으며 중세 지중해의 국제 통화로도 쓰였다.

690년 **중국에서 무측천이 중국 초유의 여황제가 되다**

남편 고종이 죽은 뒤 중국의 실질적인 지배자로 군림하던 무측천이 스스로 황제 자리에 올랐다. 국호도 '주(周, 보통 '무주'라 부른다)'로 고쳤다. 그는 권력을 공고히 하기 위해 조금이라도 위협이 될 만한 인물들을 대대적으로 몰아내고, 그 자리에 과거를 통해 발탁한 인재들을 채웠다.

이는 과거제를 정착시키고 적인걸, 요숭, 송경 등 유능한 관료를 키우는 결과를 가져왔다. 이를 바탕으로 무주는 8세기 전반에 태평성대를 맞이하게 된다. 과거를 통해 등용된 인물들 중에는 농업과 상업이 발달하면서 떠오른 신흥 부호들이 많았다. 이들이 권력을 바탕으로 자신들의 토지를 점점 늘려 나가자 당나라 지배 체제의 기초를 이루던 균전제는 흔들리기 시작했다.[2]

무측천

2 균전제의 붕괴 | 당나라 지배 체제의 핵심은 농민에게 국가가 토지를 나눠 주고(균전제), 그 대가로 조세와 노동력(조용조와 부병제)을 제공받는 것이었다. 이러한 체제가 유지되려면 국가가 충분한 토지를 가지고 있어야 한다. 그러나 7세기 말부터 인구가 늘고 신흥 부호들이 토지를 사들이면서 국가가 소유한 토지는 줄어드는 추세였다.

효소왕릉
경북 경주시 조양동에 있는 신라 제32대 효소왕의 능. 사적 제184호

1 대(大) | 대조영이 성씨로 삼은 '대'는 '왕'을 뜻한다.

동모산
대조영이 건국한 곳. 지금의 중국 지린성 옌벤 조선족 자치주 둔화시에 자리 잡은 성산자산성

692년 신라 32대 효소왕이 즉위하다

신라 32대 신문왕이 죽고 그의 아들인 김이홍이 효소왕(재위 692~702)으로 왕위에 올랐다. 관직 제도를 정비하고 과학 기술과 상업을 장려한 왕이다.

698년 대조영이 발해를 세우다

고구려 유민 대조영[1]이 옛 고구려 땅인 동모산 일대(지금의 중국 지린성 둔화현)에 '진국(震國)'이라는 나라를 세웠다. 고구려가 멸망한 지 30년 만에 고구려를 계승하는 나라가 세워진 것이다.

고구려 장수였던 대조영은 고구려가 망한 뒤 아버지인 걸걸중상과 함께 당나라 땅인 영주(지금의 중국 랴오닝성 차오양)로 끌려가 그곳에서 살았다. 695년 이진충이 이끄는 거란족이 영주에서 반란을 일으키자 걸걸중상은 말갈인 걸사비우와 함께 들고 일어나 동쪽으로 탈출했다. 무측천은 거란족의 반란을 진압한 뒤 거란족 출신 장수 이해고를 보내 걸걸중상 일행을 추격하도록 했다.

추격군을 따돌리며 동쪽으로 이동하던 도중에 걸걸중상이 병으로 죽자 아들인 대조영이 고구려 유민과 말갈족을 이끌게 됐다. 이후 대조영은 험준한 천문령에서 이해고 군대를 격파하고 건국의 기반을 마련했다.

713년에 '발해'로 이름을 바꾼 진국은 고구려 유민과 말갈족이 연합해 세운 나라로 국가의 지도층은 주로 고구려 계통이고, 말갈족은 사회의 하층을 이루었다. 926년에 거란의 침략을 받아 멸망할 때까지 '해동성국(동쪽의 융성한 나라)'으로 불리며, 만주와 연해주를 지배한 발해는 한민족의 조상이 세운 나라 가운데 가장 넓은 영토를 자랑한다.

700년경 **북아시아 최초의 문자인 돌궐 문자 제정되다**

돌궐(튀르크)족이 북아시아 최초의 문자인 돌궐 문자를 만들었다. 돌궐 문자는 알파벳 계열인 소그드[1] 문자의 영향을 받아 만들어진 것으로 보이는데, 이후 위구르 문자·몽골 문자 등으로 이어졌다. 소리글자인 이들 문자는 나중에 세종대왕의 한글 창제에도 영감을 주었다고 한다.

흑해에서 만주에 이르는 광대한 지역을 장악했던 돌궐족은 동서양 문명의 접점에 있었는데, 돌궐 문자도 그러한 동서 교류의 흔적을 잘 보여 준다.

1 소그드 | 오늘날 우즈베키스탄의 사마르칸트 일대에 있던 고대 유목 국가. 스키타이라고도 한다.

돌궐비문
8세기 초 번영했던 동돌궐이 칸들의 업적을 기리기 위해 세운 비석. 돌궐 문자로 기록되어 있다.

700년경 **영웅서사시 『베오울프』가 쓰이다**

현재 온전하게 남아 있는 게르만족 영웅서사시 중 가장 오래된 작품인 『베오울프』가 태어났다. 6~7세기 스칸디나비아의 전설과 역사를 버무려 게르만 사회의 이상적인 영웅상을 제시한 대작이다. 그러면서도 당시 새로 들어온 크리스트교적 세계관의 영향 또한 엿보이는 것이 이 작품의 특징이다.

『베오울프』의 첫머리(왼쪽)와 영국 초기 앵글로색슨족의 투구(오른쪽)
투구는 『베오울프』가 쓰일 무렵의 유물이다. 『베오울프』는 초기 영어 연구의 귀중한 자료로도 쓰인다.

당나라는 백제를 멸망시키고 사비의 언덕에
진영을 설치해 신라를 침략하려고 은밀하게 계획을
세웠다. 태종무열왕이 이를 알고서 군신을 불러 대책을
물으니, 다미공이 나아가

"우리 백성들로 하여금 거짓으로 백제인인 척하게 해
그들의 옷을 입히고 마치 적의 무리인 양 행동하도록 한다면
당나라는 반드시 그들을 공격할 것입니다. 이때 그들 (백제인들)
과 함께 싸운다면 뜻을 이룰 만하옵니다"라고 말하자,
김유신이

"이 말은 취할 만하니 청컨대 이를 따르시옵소서"라고 말했다.
왕이 "당나라군은 우리를 위해 적을 섬멸했는데 도리어
그들과 싸운다면 하늘이 우리를 도와주겠는가?"라고 말하자,
유신은

"개는 그 주인을 두려워하지만 주인이 그 다리를 밟으면
무는 법이옵니다. 어찌 어려움을 만났는데 스스로 구할
방법을 찾지 않겠사옵니까? 청컨대 대왕께서는 이를
허락하시옵소서"라고 말하였다.[1]

1 『삼국사기』 「김유신 열전」에서
당나라는 신라와 함께 연합군을 짜서 백제를 무너뜨렸다. 그러나 당나라는
백제 지역에 5도독부를 두고 직접 지배하면서 신라를 공격할 태세마저 갖췄다.
신라는 이를 알고 비밀리에 대책을 마련했다. 두 나라의 이런 암투는 고구려가
멸망할 때까지 계속되다가 한반도의 패권을 둘러싼 전쟁으로 발전했다. 신라는
마침내 당나라를 물리치고 진정한 삼국 통일을 이룩하게 된다.

나는 이슬람을 받아들인 후 매주
금요일마다 노예 한 명씩을 해방시켰다.
나는 나의 재산이 고갈될 때까지 노예를
해방시켰다.[1]

"상인들이여, 당신들의 권리도 갖되 구매자에게 권리를
주어 서로에게 피해를 주지 마시오. 현세에서 많은 것을
취하면 내세에서는 많은 것들이 금지될 것입니다."[2]

1. 탐나는 것이 있을 때는 족함을 알고 스스로 경계하는 생각을
   가져야 합니다.

2. 대규모 토목 공사를 할 때는 그칠 줄을 알고 백성들의 안위를 생각해야 합니다.

3. 위험하다는 생각이 들면 겸허하게 자제할 것을 생각해야 합니다.

4. 넘치기를 바라는 마음이 생기면 흘러넘치는 바다가 모든 강보다 낮음을 생각해야
   합니다.

5. 유희를 즐기고 싶을 때는 반드시 한도를 정할 것을 생각해야 합니다.

6. 게으른 마음이 생길 때는 처음의 신중한 마음을 생각해야 합니다.

7. 눈과 귀가 가려지는 것이 두려울 때는 신하의 말을 들을 것을 생각해야 합니다.

8. 중상모략이 두려울 때는 자신을 바르게 하여 사악한 마음을 쫓아낼 것을
   생각해야 합니다.

9. 은혜를 베풀 때는 순간적인 기분으로 상을 잘못 주지 않을까를 생각해야
   합니다.

10. 벌을 줄 때는 일시적인 노여움으로 지나친 벌을 주는 게 아닌지를
    생각해야 합니다. [3]

1 3대 칼리파 우스만

2 4대 칼리파 알리
'평등의 종교'이자 '상인의 종교'인 이슬람교의 면모를 잘 보여 주는 대목이다.

3 『정관정요』 중 '십사(十思)'
'십사'란 당나라 태종의 신하 위징이 군주가 늘 생각해야 할 열 가지 덕목을
추려 태종에게 올린 것이다. 당나라 황제의 권력은 율령을 기반으로 했다.
모두가 따르는 규범이 있었기에 지배 질서가 유지된 것이다. 따라서
황제에게도 황제의 법도를 잘 지키는 것이 중요했다. 훌륭한 몸가짐에 신경
쓴 태종의 처신은 단지 좋은 정치를 베풀겠다는 선한 의지에서만 나온 것이
아니라, 그 자체가 권력을 안정적으로 유지하려는 수단이었다.

찾아보기

자료 제공 및 출처

663highland

Antonio Attini/Archivio White Star

Bryan Derksen

CharlesS

ChrisO

Erine

Fabien Dany - www.fabiendany.com

geni

Gisling

Gunkarta

Jan Harenburg

Jean-Christophe BENOIST

Joseph Smith

Joshua W

Karthikeyan.pandian

MarsmanRom

Ministry of Land, Infrastructure and
Transport Government of Japan & moja

resized

Norman Finkelshteyn

pfctdayelise

PHGCOM

Prince Roy

Rasiel Suarez

Robster1983

sailko

Sicarr

Thelmadatter

wikimedia_PHG

Wilson44691

Wolfgang Sauber

Yvonnefm

국립경주박물관

국립공주박물관

국립부여박물관

국립중앙박물관

국립중앙박물관

국립중앙박물관

문화재청

부산대학교박물관

서울대학교박물관

강응천

김헌수

손승현

송호정

이재환

정주하

최계복

『조선유적유물도감』